朴槿惠新传
在苦难中微笑成长

朴槿惠新传
在苦难中微笑成长

朴槿惠,韩国第一位女总统,第一位第二代的总统(父亲也是总统),第一位至今未婚的总统,第一位得票率超过半数的总统,第一位主修工程学出身的总统。她是将自己的全部精力奉献给韩国的"三无女人"。这个尝遍人间艰辛的女子,从没有忘记笑对生活,甚至在她人生中最灰暗的日子,呐喊出:"要想征服世界,首先要征服自己的悲观。"

微笑着面对苦难并不是一件容易的事,但只有这样才能使自己拥有一种人生处处充满生机的心境。它是一种人生智慧,是用坚忍不拔的毅力支撑起来的一种风景。朴槿惠就拥有了笑对苦难的人生智慧,她将所有的苦难当做人生的历练,在成就自己的同时也成就了整个韩国的荣光。本书全景描摹朴槿惠的成长记录,聆听她关于人生、关于政治、关于心灵的动人故事,学习其坚忍、乐观的个性,以此来指导我们的生活。

朴槿惠新传

『在苦难中微笑成长』

张俊杰 ◎ 著

图书在版编目(CIP)数据

朴槿惠新传：在苦难中微笑成长 / 张俊杰著. —— 北京：
中央编译出版社，2015.7
ISBN 978-7-5117-2606-3

Ⅰ.①朴…
Ⅱ.①张…
Ⅲ.①朴槿惠–传记
Ⅳ.①K833.126.7=76

中国版本图书馆 CIP 数据核字（2015）第 067895 号

朴槿惠新传：在苦难中微笑成长

出 版 人：	刘明清
出版统筹：	董　巍
责任编辑：	邓永标
责任印制：	尹　珺
出版发行：	中央编译出版社
地　　址：	北京西城区车公庄大街乙 5 号鸿儒大厦 B 座（100044）
电　　话：	（010）52612345（总编室）　（010）52612371（编辑室）
	（010）66161011（团购部）　（010）52612332（网络营销部）
	（010）52612316（发行部）　（010）55626985（读者服务部）
网　　址：	www.cctpbook.com
经　　销：	全国新华书店
印　　刷：	北京嘉业印刷厂印刷
开　　本：	710 毫米×1000 毫米　1/16
字　　数：	260 千字
印　　张：	18
版　　次：	2015 年 7 月第 1 版第 1 次印刷
定　　价：	38.00 元

本社常年法律顾问：北京市吴栾赵阎律师事务所律师　闫军　梁勤
凡有印装质量问题，本社负责调换，电话：（010）66509618

前　言
PREFACE

对于韩国民众来说，2013年3月25日是一个历史性的时刻。因为在这一天韩国人民迎来了他们的新总统——朴槿惠，韩国也将迈进崭新的朴槿惠时代。这一天，全球媒体的焦点都凝聚在这位花甲之年的亚洲女性身上。

朴槿惠，韩国第一位女总统，第一位第二代的总统（父亲也是总统），第一位至今未婚的总统，第一位得票率超过半数的总统，第一位主修工程学出身的总统。她是将自己的全部精力奉献给韩国的"三无女人"。

这个坚忍平和的女人，经历了60年的沉浮和历练，终于王者归来，像木槿花般绽放出最自信的神采。有人评价她是"嫁"给韩国的女人，有人评价她是真正的巨人。"我没有父母，没有丈夫，没有子女，国家是我唯一希望服务的对象。"朴槿惠这样说。

这位在传统男权主导的韩国政坛中成功当选总统的女人，在带给人们震撼的同时，也带来了种种问号。她有着温婉的笑容、有着忧国忧民的家国情怀、有着传奇的故事人生，相信很多人都希望了解她经历的那些酸甜苦辣和深藏在心中的故事。

朴槿惠，9岁随父亲朴正熙入住青瓦台，成为韩国第一公主，并在那里度过了无忧无虑的童年和懵懂青涩的少年时光；22岁时，母亲陆英修被刺身亡，她匆匆结束短暂的法国留学生涯，来不及悲伤便接替母亲执行"第一夫人"的部分职责。也就是在那时，她与政治紧紧联系在了一起；27岁时，祸不单行，父亲朴正熙遇刺身亡。在饱尝亲人离世之苦的同时，她不得不带着弟弟妹妹离开青瓦台。一朝天子一朝臣，在父亲政敌的清算和父亲旧部的背叛下，朴槿惠被迫离开政坛，开始了长达近20年的蛰伏生涯。

可以说，朴槿惠的前半生充满了悲剧色彩，但是她并没有倒下去，父亲坚韧不拔的意志、振兴韩国的情怀和母亲的善良、博爱、忧国忧民都在她身上留下了深深的印记。年近半百的朴槿惠在痛苦的磨练中知道了什么是政治，什么是权力，也学会了如何处理国家大事，昔日的"冰公主"已经成长为当今韩国政坛的"铁娘子"。

1997年，韩国发生金融危机。45岁的朴槿惠决定重返政坛，参加大国家党，再次开启政治生涯，这个没有父母，没有丈夫，没有子女的"三无女人"要拯救这个国家！重返政坛的朴槿惠坚定、冷静，打破了韩国政坛男人的统治，被称为"韩国撒切尔"。

这位韩国政坛"铁娘子"带领着大国家党披荆斩棘，改革政治、改革政党、推动党内民主化、并对腐败进行严厉打击，对国民经济实施一项又一项的有力措施。与此同时，她得到了大多数韩国人的支持，最终在2013年成功问鼎韩国政治，入主青瓦台，实现了自己"为完成父亲未完成的事业尽一点力"的承诺。

我们相信，这个把自己全部精力都投入到韩国的女子，在未来五年或者更长的岁月里，一定会带领大国家党为韩国创造出平和、宽容的生活状态。因为她的梦想就是让每一个生命都得以自在安然地生长，尽情舒展，无拘无束。

朴槿惠，这个尝遍人间艰辛的女子，从没有忘记笑对生活，即使是在人生中最灰暗的日子。"要想征服世界，首先要征服自己的悲观。"这句话说得非常好，人生在世难免遭遇困难，如果一味地沉溺在不如意的愁苦之中，境遇只能变得越来越糟。"去留无意，闲看庭前花开花落；宠辱不惊，漫随天际云卷云舒"，是一种豁达的心态，更是笑对生活的从容。

即使面对同样的情境，心境不同，感受也截然不同。乐观的人能够在茫茫的夜空中读出星光灿烂，增强自己对生活的信心；悲观的人往往让黑暗埋葬了自己，且越葬越深。因此，无论何时何地，身处何境，都要用乐观的态度微笑着对待生活，微笑是击败悲观的有利武器。微笑着，生命才能将不利于自己的局面一点点打开。

微笑着面对苦难并不是一件容易的事，但只有这样才能使自己拥有一种人生处处充满生机的心境。它是一种人生智慧，是用坚韧不拔的毅力支撑起来的一种风景。朴槿惠就拥有了笑对苦难的人生智慧，她将所有的苦难当做人生的历练，在成就自己的同时也成就了整个韩国的荣光。

接下来，就让我们一起走进朴槿惠的世界，聆听她关于成长、关于政治、关于心灵的故事，用她的坚忍、乐观来指导我们的生活。

目 录
contents

第一章 无忧童年——走进青瓦台的"平民公主"

1961年，9岁的朴槿惠以总统女儿的身份走进青瓦台，这里记载了她对童年的种种回忆。在这里，她既享受了其乐融融的家庭生活，还承受着总统女儿身份给自己带来的种种限制。啊，青瓦台，这个让她又爱又恨的地方！

1. 搬进父亲的总统府，朝夕相处却成为奢望 …………………… 002
2. 父亲的浪漫诗情，令她对未来充满热情 ……………………… 006
3. 质朴低调的母亲影响了她一生 ………………………………… 011
4. 家庭教育决定孩子的未来 ……………………………………… 015

第二章 初涉政治——吾家有女初长成

不谙世事的小女孩成长为懵懂的少女，而作为总统的女儿势必会让朴槿惠承担更多的责任和义务。初次登上外交舞台的朴槿惠，用自己的风度征服了所有人，迎来了"平民公主"的绚烂绽放。

5. 蜕变从这一刻开始 ……………………………………………… 020

6. 难忘的"饭桌大学" ……………………………………… 023

7. 大学生涯是一笔财富 …………………………………… 028

8. 朴家有女初绽放 ………………………………………… 033

9. 法兰西留学岁月 ………………………………………… 038

第三章 临危受命
——从"第一公主"到"第一夫人"的无奈转身

面对母亲离世的噩耗，朴槿惠来不及悲伤便接过了"第一夫人"的重担。临危受命时的战战兢兢到后来的游刃有余，朴槿惠顺利完成了从"第一公主"到"第一夫人"的转身。

10. 母亲，她的坚强后盾 …………………………………… 044

11. 放下悲痛，扛起重任 …………………………………… 048

12. 父亲无处言说的悲伤 …………………………………… 052

13. 无处不在的"政治课" ………………………………… 055

14. 前途不管多迷茫，责任始终不抛弃 …………………… 059

15. 那些年，父亲影响了她将来的政治生活 ……………… 064

16. 接任"第一夫人" ……………………………………… 069

17. 在其位，谋其政 ………………………………………… 073

18. 早起的鸟儿有虫吃 ……………………………………… 077

19. 父亲萌生退意 …………………………………………… 081

第四章 韬光养晦——结水成冰的美丽是痛苦的蛰伏

没有得到上天眷顾的朴槿惠再一次承受了失去亲人的痛苦，这一次她褪去了总统女儿的光环，离开青瓦台，开始了长达18年的蛰伏生涯，只为了抓住机会，实现更有利的反击。

20. 噩耗袭来 …………………………………… 086

21. 最黑暗的日子 ……………………………… 090

22. 繁华落尽，人心薄凉 ……………………… 093

23. 再难，也要扛起这个家 …………………… 098

24. 苦难中，她爱上了中华文化 ……………… 102

25. 学会感恩，做生活的强者 ………………… 105

26. 18年的蛰伏，增长的不仅仅是年龄 ……… 108

27. 舍弃爱情和婚姻的女政治家 ……………… 111

28. 宽容他人的不完美，才能成就自己的伟大 … 113

29. 信念让她坚持到最后一刻 ………………… 117

第五章 重返政坛——尽力完成父亲未完成的事业

朴槿惠适时抓住契机，重返政治舞台。她以大国党为起点，开始重塑"第一夫人"形象，致力于完成父亲未完成的事业。为了实现这一梦想，她成为了为国家服务的"三无女人"。

30. 韩国"金融风暴"下的新契机 …………… 122

31. 东山再起，重返政治舞台 ………………… 125

32. 大邱大胜，成功当选国会议员 …………… 129

33. 热情，实现梦想的不竭动力 ……………… 133

34. 力排众议访问朝鲜 ………………………… 136

35. 面对排挤，要有坚持下去的勇气 ………… 140

36. 洁身自好是最好的名片 …………………… 144

37. 亲民社交，对待民众亲切有礼 …………… 148

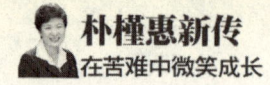

38. 力推改革，韩国再次引起世界关注 …………………… 151

39. 良好形象是最值得信赖的宣传片 …………………… 155

第六章 参与竞选——将苦难当做朋友，将真实作为航标

在激烈的国会选举中，朴槿惠将苦难当做朋友，将真实作为航标，把自己的满腔热忱全部投入到为民众服务中去。面对突如其来的暴力袭击，面对强劲的对手，她没有退缩，坚定勇敢地继续前行。

40. 帐篷党舍里走出的"选举女王" …………………… 160

41. "逐鹿中原"，成功问鼎权力之巅 …………………… 164

42. 漫长而艰难的"党内厮杀" …………………… 167

43. 人生在不断自我挑战中强大 …………………… 171

44. "冰公主"的说话秘诀：多说话不如少说话 …………………… 175

45. 有时无声胜有声 …………………… 179

46. 实干家永远优于演说家 …………………… 183

47. 巧妙利用女性身份优势 …………………… 187

48. 劲敌面前口吐莲花的"三无女人" …………………… 191

第七章 女承父业——韩国迈进全新的"朴槿惠时代"

数十载的隐忍和坚持，朴槿惠终于重返青瓦台，使韩国进入了全新的"朴槿惠时代"。这个目前将一生都"嫁"给国家的女人终于得到了最后的奖赏，开始了带领韩国不断向前的发展之路。

49. 击败文在寅，竞选成功的最后一步 …………………… 196

50. 重返青瓦台，"朴槿惠时代"正式到来 …………………… 200

51. "我胜利因为我忠于职守" …………………… 203

52. 将一生"嫁"给国家的女人 …… 207

53. 微笑,最温柔的杀手锏 …… 211

54. "笔记本公主"的神秘笔记本 …… 215

55. 慎独,时刻保持清醒的头脑 …… 219

56. 面对胜利切忌掉以轻心 …… 223

第八章 积极改革——"冰公主"火热的革新之路

朴槿惠坚信自己的使命就是"创造新的希望"。"冰公主"也开始走起了火热的改革之路,走别人没有走过的路,将革新作为自己毕生的追求,缔造韩国的共感时代。

57. 走一条别人没有走过的路 …… 228

58. "我是朴槿惠,我为韩国创造新希望" …… 232

59. Never give up,将改革进行到底 …… 236

60. 国民幸福是一切政策的前提 …… 240

61. 权力是一把双刃剑 …… 244

62. 高瞻远瞩,牵起未来的手 …… 248

63. 沟通,从信任开始,以信任结束 …… 251

64. 沉船事故后女总统的危机应对 …… 255

65. 中国梦连着韩国梦,朴槿惠邀请习主席访韩 …… 259

附 录

朴槿惠就职演讲稿全文 …… 264

朴槿惠清华演讲稿全文 …… 266

第一章 无忧童年
——走进青瓦台的"平民公主"

1961年,9岁的朴槿惠以总统女儿的身份走进青瓦台,这里记载了她对童年的种种回忆。在这里,她既享受了其乐融融的家庭生活,还承受着总统女儿身份给自己带来的种种限制。啊,青瓦台,这个让她又爱又恨的地方!

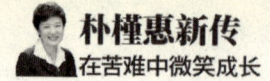
朴槿惠新传
在苦难中微笑成长

1. 搬进父亲的总统府，朝夕相处却成为奢望

1961年5月16日，朴槿惠的父亲朴正熙发动政变并成功夺取政权，成为第三任韩国总统。随后，全家人进入青瓦台，朴槿惠身为总统长女，以"第一女儿"的身份开始了在青瓦台的新生活。

青瓦台，别名蓝宫，乃是韩国的总统府。它由总统办公室、接见厅、会议室、配楼的秘书室、警护室和迎宾楼组成。顾名思义，青瓦台最显著的特征就是片片青瓦，曲线形的屋顶与青瓦相得益彰，展现出了一种无以言表的美感。根据韩国史料记载，这些青瓦总共有15万片，每一片的使用寿命都在100年左右，可见这些青瓦的不同寻常之处。

今天，青瓦台成了韩国最高权力中心的象征，但是在高丽王朝时代它只是离宫，即正宫之外供皇帝出巡时的临时住所，相当于现在的旅馆。1948年8月，大韩民国建立，青瓦台成为总统官邸，由此开始了它作为韩国最高权力中心的使命。

当时，朴槿惠还是一个不谙世事的小女孩，根本无法看到青瓦台里面的风起云涌和政治斗争，眼里只有一年四季的美丽。虽然贵为总统的孩子，但是朴槿惠姐弟三人并没有特权，反而因为特殊的身份受到了许多限制。由于国事繁忙，朴槿惠不能像其他的孩子一样可以随时在父母身边逗留，虽然心中充满了委屈，但是必须接受眼前的事实。也就是从那一刻开始，这个小女孩学会了微笑着面对困难，一路成长进步，最终成为韩国第一位女总统。家庭在很大程度上影响了朴槿惠的思想，因此青瓦台成了她梦想起飞的地方！

朴槿惠一家搬进青瓦台的那天是一个寒冷的冬日，但是这丝毫没有影响姐弟三人的兴致。在路上，三个孩子叽叽喳喳地表达着入住新居的兴奋之情。

"不知道是一座怎样的房子呢？"

"你们说那里也会有很多客人吗？"

直到抵达青瓦台，三个小家伙都因为第一次看到这么大的庭院而惊讶得说不出话来。朴槿惠清晰地记得，当时小弟弟志晚马上兴奋地表演起了踢球的动作。

在韩国人的眼里，进入青瓦台就相当于进入了天堂。不过，对朴槿惠一家人来说，搬进青瓦台之后的生活与之前并没有什么两样。最大的区别就是这里有很多房间，不但父母有各自的办公室，姐弟三人也拥有自己的活动空间。

此后，朴槿惠以韩国"第一女儿"的身份在青瓦台住了18年，她熟悉这里的一桌一椅、一草一木。走进玄关，宽敞的走廊向前延伸开去，沿着走廊尽头的阶梯上去就是二楼。走上二楼，首先映入眼帘的是宽敞的家族厅，这里是父亲用餐和家人聚会的场所。家族厅的右边是父亲的书房，平日里父亲在这里写作和阅读，左边是母亲的办公室，后边则是姐弟三人的卧室。

虽然相较于之前的房子，青瓦台宽敞了许多，但是母亲一向朴素低调，因此这些房间的布置简单实用，甚至找不到一件贵重、华丽的家具和摆设。当了总统之后,父亲更加繁忙了,姐弟三人不能像其他的小孩子一样每天都能跟父亲相处。也正因为如此,他们最期待的是父亲的休息日,而不是自己的生日。因为在父亲的休息日里,姐弟三人才能有更多的时间与父亲在一起,享受一家人团聚的美好时光。那个时候,他们不仅可以吊在父亲的手臂上撒娇,还能去市场烤肉店享用美食,而这样的美好时刻需要等待三四个月。

身为总统,父亲几乎每天都有许多要事在身,经常不在家。为了弥补家人不能经常团聚的缺憾,母亲陆英修肩上的担子就更重了。她经常向三个孩子解释父亲不能经常在家陪他们的原因,还会向他们讲述父亲恋爱的时候是多么温柔体贴,以及父亲是多么爱他们。如果这些还不能平复孩子们想念父亲的心情,陆英修就会让大家给父亲写信,并且在临睡前把父亲的回信读给他们听,从而感觉到父亲似乎就在身边一样。

朴槿惠曾经说过,在青瓦台并不十分自由的童年生活中,母亲是自己最大的安慰。每天,青瓦台都会有许多尊贵的宾客来访,这也直接导致陆英修变得非常忙碌,不但要以"第一夫人"的身份接待贵客,还要以普通母亲的身份照顾姐弟三人的饮食起居。

每天,朴槿惠都会被母亲温柔的声音唤醒:"槿惠已经醒了吗?那就赶紧起来洗漱一下吃早饭吧。"放学回家之后,母亲会把提前准备好的地瓜或者炸昆布(炸海带)塞进他们的手里。有时候,朴槿惠半夜起来喝水或者上厕所,经常会看到母亲在灯下专心地记账或者给远在军队的父亲写信。即使朴槿惠很早起床,看到的也总是母亲已经在厨房忙碌起来,为他们准备可口的饭菜。不论寒暑,母亲几乎每天5点准时起床,然后开始一天的工作。

一年四季,母亲陆英修都是在忙碌中度过的,朴槿惠甚至没有看到过母亲睡觉的样子。春夏时节，母亲会在家中种植豆芽菜，还会利用填满泥土的纸箱种一些葱和辣椒来丰富餐桌上的菜品；秋天，母亲会在阳光下翻晒辣椒和白菜，做韩国最传统的辣白菜；冬天来临之后，她又会为姐弟三人织帽子、围巾和手套，还要把发酵好的大酱搬进靠近厨房的角落里。

由于父亲终日忙于政事，家里的维修工作也都由母亲一手包办。不论是嘎嘎作响的衣柜门，还是被堵住的下水道，任何问题只要经过母亲的一双巧手就能迎刃而解。宽敞的青瓦台被母亲打理得井井有条。在小朴槿惠的眼里，母亲简直就是无所不能的神。在母亲的潜移默化下，朴槿惠也成长为一个朴素、能干的少女。

对于母亲对自己的影响，朴槿惠是这样说的："我想或许就是因为从小看着母亲什么事都能亲自解决的缘故吧，现在的我也和母亲一样，几乎所有家事都是自己一手包办。像换灯泡、用螺丝刀修理松脱的门把手，只要有工具箱，家里的任何角落我都能轻松搞定。对于这一点，我想应该是传承了母亲自己动手修理东西的手艺。"

多年以后，朴槿惠以真正的主人身份再次回到青瓦台，虽然早已经时过境迁，不过往事历历在目，那份亲近感仍在。她在一次接受采访时，对方提问："家里需要男人时该怎么办？"她的回答竟然是："有什么事情需要男人帮忙？"

朴槿惠在青瓦台的童年岁月有许多条条框框的限制，虽然不能与父母朝夕相处，但还是幸福的。因为这个家里无时无刻不弥漫着一股暖暖的亲情。在年幼的朴槿惠眼里，这种幸福会一直持续下去。不过对于未来，没有人知道明天会发生什么，唯一能做的是勇敢去面对和承受，哪怕前路的坎坷多么令人生畏！

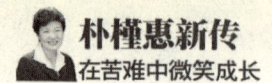

2. 父亲的浪漫诗情，令她对未来充满热情

作为第一总统的女儿，朴槿惠眼中的朴正熙与他人有很大的不同。在世人眼中，朴正熙是一位说一不二的总统，做事雷厉风行，但是在朴槿惠眼中，朴正熙不仅有着刚毅的外表、理性的思维，还有一颗温柔的心。

尽管朴正熙总是以刚强示人，事实上他也有着温柔平和的一面。在朴槿惠的记忆中，父亲不仅仅是一位军人，是总统，还是一个多才多艺的人。抛却繁忙的工作，他还会为妻子和孩子画一些幽默画、弹钢琴、吹笛子，而最喜欢的事情莫过于写诗了。他曾经在妻子探亲归去之后写了一首小诗，来表达对爱人浓烈的思恋之情：

春三月素描

樱花凋落　海鸥飞翔

似镜的湖面上　独浮一叶独木舟

靠在镜浦台栏杆的英与我

老松亭亭　亭子玉立

绣上美丽桃花

古人问道这是镜浦台否

那是东海　这是镜浦

雪白沙滩　青绿松树　海鸥飞翔

春三月过得漫长　不晓日子怎么过

微风煦煦　湖水平静

对面春天沙滩上海鸥飞翔

我俩一同划桨前去

这是一个拥有怎样浪漫情怀的诗人啊！虽然饱尝夫妻分离之苦，但仍然对生活充满了希望，尽情享受每一刻团聚的时光。也正是深受父亲的影响，朴槿惠才会在日后的生活中微笑着面对苦难，并且在苦难中不断壮大自己。

1917年，朴正熙出生于朝鲜庆尚北道善山郡，虽然他是家中排行最小的孩子，但是贫寒的家庭并没有给他一个无忧无虑的童年。也正是由于生活的历练，朴正熙在成长过程中被家庭灌输了一种支持自己日后成为总统的可贵品质，那就是任何困难都是可以克服的，任何挑战都是可以战胜的。这个品质一直贯穿于朴正熙的从军和从政生涯，他展现给世界的那种坚韧和刚毅，正是根植于童年时期的生活。

由于家住得偏远，朴正熙小时候要步行16公里去上学。对一个孩子来说，16公里绝对是一段遥远的路程。为了不迟到，买不起钟表的小朴正熙学会了在上学途中观察能否碰到按时投递信件的邮局投递员，以及京釜铁路线上疾驰而过的火车，并借此来推断自己是否会迟到。最难熬的就是冬天，一旦遇到雨雪天气就更痛苦了。小朴正熙不仅要忍受贫穷带来的身体上的痛苦，还要忍受由此带来的精神上的折磨。因为没钱交学费，朴正熙经常遭到同学们的歧视和嘲笑，这对一个有着强烈自尊心的人来说无疑

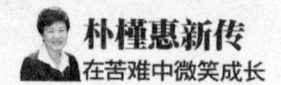

是一种摧残，但是他无力改变，只能选择接受。虽然忍受着物质和精神上的双重折磨，但是朴正熙以惊人的勤奋常常在考试中独占鳌头，成为一个不可多得的好学生。即使日后成为韩国最高权力的拥有者，他都毫不掩饰地向众人表明自己的出身，他是一个贫苦农民的儿子，希望自己的优良品质能够传及后人。

也许是由于家境贫寒，朴正熙从小就是一个不善言谈的孩子。小学期间，他被老师训斥的时候总是沉默不语，因为他不想违背自己的意愿来辩解。沉默寡言也成为了朴正熙性格的主基调，他默默地承受着一切困境与苦难。朴正熙毕业的时候，除了体育，其他各科成绩都要比同学优秀。

1932年，朴正熙顺利考入大邱师范学院。那时，他意识到自己的孤僻性格对今后的成长没有任何好处，因此开始有意识地融入到同学中去，积极参加社团活动，最终变成了乐于交往的人。与此同时，为了弥补先天瘦弱的体型，锻炼好自己的身体，他特意选修了田径和击剑这两个运动项目，然而遗憾的是，虽然他付出了颇多时间和精力，但是成绩仍然达不到优秀，仅仅及格。

1937年，年仅20岁的朴正熙从师范学校毕业，被分配到一所普通小学成为一个老师。那里的生活非常安逸，但是朴正熙并不满足，因为他怀着远大的志向，而这里只会消磨自己的意志。他在回忆教师生涯时曾经说过："这个令人恶心的小镇，使我犹如一只雄鹰困在笼中。我要冲出樊笼，在那片属于我的蓝天翱翔！"

两年之后，朴正熙辞去教师的工作，开始自己的从政之路，但因为特有的软肋而受到政敌的攻击。原来，朴正熙早年曾接受过日本奴化教育。在日本侵略亚洲各国越演越烈之时，他来到伪"满洲国国都"新京（也就是现在的中国长春）。当时，他拜访了曾经在师范学院担任过军事教官的有川大佐，并在其推荐下改名高木正雄，成为伪"满洲"新京陆军军官学院的第二批学员。

朴正熙进入伪"满洲"新京陆军军官学院也并非一帆风顺。因为学校要求学员的年龄在19岁以下，当时已经23岁的朴正熙显然不符合这个要求。为了表示自己的诚意，他在第一次报考的时候写下了血书，表达了对日本的忠心。后来，他终于如愿以偿进入军校。在校期间，朴正熙以刻苦闻名，甚至当时的校长都对他赞许有加。两年的预科学习之后，他以优异的成绩毕业，并得到了当时伪"满洲皇帝"溥仪的奖励———一枚金表。之后，他与240名日本学生、7名中国学生、2名朝鲜学生一起到日本陆军士官学校攻读本科。1944年，本科毕业的朴正熙到伪"满洲国"第六军管区第八步兵联队任职，后来被分到日本关东军齐齐哈尔635部队。

1945年日本战败，朴正熙也于1946年5月被遣返回国。凭借一身胆识，他回国4个月之后成为陆军士官学校教官，并晋升为陆军上尉。众所周知，政坛瞬息万变，稍不注意就会坠落万丈深渊，朴正熙自然也不例外。1948年5月，朝鲜南部举行大选，召开制宪国会，制定了宪法，定国名为大韩民国，并且选举李承晚为大韩民国第一任总统。为了巩固新政权，国防部命令在陆、海军中整肃，检举公开和隐藏的左翼人士，并交由军事法庭判罪。朴正熙也在整肃名单上，后来多亏陆军本部情报局局长说情，才幸免于难。

时间转瞬而逝，到了1959年，在政坛摸爬滚打多年的朴正熙已经成长为一名少将，并担任负责京畿警备要职的第六管区司令官。而当时的韩国政治形势并不乐观，再加上经济长期处于低迷状态，这就导致了朴正熙等一批掌握军队兵权的人对韩国现状越发不满。1961年，朴正熙顺势而为，发动了政变，他于第二年12月当选总统，并连任5届。

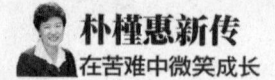

作为一个有日军背景的军人，并以政变的方式坐上总统宝座，朴正熙长期以来备受诟病，但是人们又不得不承认他是一位领导能力超强的总统。身为韩国总统，朴正熙依然保持着简单朴素的生活。韩国经济陷入危机后，国内大米紧缺，政府号召百姓吃麦面。他率先做出表率，每天必吃面食。当时韩国生产的领带质量很差，打出来的结松松垮垮，为了保持良好的形象，朴正熙只好选用进口领带，但除此之外，他所有的日用品都是国货。

朴正熙很重视老百姓的生活，经常到乡间视察，询问收成。在乡下逗留期间，他从不搞特殊化，都是在小吃店就餐，别人吃什么，他也吃什么。对于贪污腐败，朴正熙也毫不留情。1962年5月，他曾经罢免了350名高级官员，而这些官员看起来似乎没有什么大的过失，比如跳舞、喝咖啡、打高尔夫球、听日本音乐、为孩子请了家庭教师等。朴正熙为发展韩国经济做出了许多努力，而这些努力也颇具成效。

1979年10月26日，朴正熙死在任上，是第一位享受国葬的韩国总统。无数韩国民众在他的葬礼上痛哭流涕，大家既希望结束他的铁腕统治，又怀念他带来的富足生活。

朴正熙是一个复杂的人，人们对他的评价也各不相同：有的人批评他是牺牲韩国人民主权和尊严的大独裁家，有的人赞扬他是实现韩国经济腾飞的救世主。作为总统的女儿，朴槿惠一直生活在人们对父亲功过评论的争议中。

朴正熙的一生历尽坎坷，朴槿惠的成长也并不是一帆风顺。正是继承了父亲心系天下的胸怀和笑对困难的勇气，才成就了今天大韩民国的第一位女总统。

3. 质朴低调的母亲影响了她一生

身为韩国第一夫人，朴槿惠的母亲陆英修并没有让家人过着奢华的生活，她不仅严格要求自己，更不放松对孩子的约束。年幼时，母亲的言传身教深深印在朴槿惠的记忆中。

朴槿惠三姐弟在幼时几乎没有什么玩具，并且父母也很少给他们买玩具。在朴槿惠的印象中，小弟弟志晚唯一的玩具就是一个足球。曾经有亲戚去美国买了一只上了发条就会走路的小狗送给朴槿惠三姐弟。看着这样新奇的玩具，三姐弟都很兴奋，竟然一起拿着它玩了一整天。一旁的母亲看着兴致高涨的三姐弟，却显得忧心忡忡。

当时，秘书劝慰她："何必因为小孩子拿一两个玩具而担心呢？"对此，母亲却有自己的忧虑："那个并不是随手可得的普通玩具。拥有别人没有的贵重东西，对孩子的教育没有一点好处。而且我们家的孩子已经拥有了一大片可以尽情玩耍的院子啊，这也是普通孩子所没有的。更严重的是，如果大家听到我们家没有玩具的传闻，一定会有很多玩具被送上门，但是他们听到穷困家庭没饭吃也会如此热心吗？我们知道很多人都喜欢趋炎附势，因此也请您千万不要跟其他人提及我家缺少玩具这件事。我并非舍不得花钱给孩子买玩具，只是这里已经有更宽敞的院子供他们玩耍，因此玩具也只是不必要的奢侈品而已。"

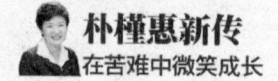

朴槿惠回忆说，即使小时候没有玩具，三姐弟也玩得非常开心。小弟弟志晚经常不分场合地用射箭、摔跤逗大家笑；等到了晚上，则会乖乖地在两个姐姐旁边画画。姐弟三人最喜欢比赛谁画得好，并请父亲来做评审。这时，小志晚就会把提前画好的父亲肖像画拿出来，硬说自己是第一名。其实，他只是把父亲的脸画得大大的，再加上歪歪的眼睛、鼻子和嘴巴而已，一家人常常被志晚逗得哄堂大笑。这是朴槿惠记忆中最幸福快乐的时光。

身为长女，朴槿惠自然也受到母亲更加严格的培养。有一天出门上学，外面下着倾盆大雨，朴槿惠像往常一样撑着伞去上学，没想到雨伞竟被风吹翻了，她只好返回去告诉母亲伞坏了，并再次拿了一把雨伞。此时，事务官跟母亲说："外面的风雨这么大，伞还是会被吹坏的，今天就让槿惠坐车去学校吧。"母亲没有说话，而是望向朴槿惠，脸上带着"槿惠你可以自己去吧"的神情。朴槿惠大声回复母亲："我可以自己去学校。"随后，她便冲进了雨中。

朴槿惠后来说，如果母亲当时答应让自己坐车，可能会比其他同学更舒服地上学，但是肯定就少了很多与同学打成一片的乐趣。在母亲的坚持下，朴槿惠一直过着与其他同学一样平凡的学生生活，让她真正感受到了学生生涯的方方面面。显然，这是母亲在教朴槿惠懂得低调做人的道理：生活中学会放低姿态，明白谦卑是一种智慧。而这位柔弱的女子也逐渐领悟到，只有谦卑的人才会得到人们的尊重，用平和的心态对待人和事才称得上是迈出了成功的第一步。当条件不成熟的时候，凡事学会让步，分清轻重缓急，该舍弃的就忍痛割爱，该容忍的就从长计议，无疑都是低调的应有之义。而在低调的背后，一旦时机成熟便可绝地反击，掌握事情的主动权。

不可否认，住在青瓦台是一件很让人纠结的事情。身为总统的女儿，朴槿惠不但没有享受过某些特殊待遇，反而受到了更多的限制。从入住这里的那天起，母亲就这样教育三姐弟：不能向别人炫耀自己所拥有的东西，因为作为总统的孩子很容易沾染上特权意识。

就读于圣心女中的时候，朴槿惠曾经邀请几个好朋友到家中做客。有个朋友看过她的房间之后满脸失望，说："我还以为会布置得像公主的房间一样，结果和我家没什么两样。"不仅如此，朋友们都认为朴槿惠的便当菜色会很丰富，并经常偷瞄，结果发现并无特殊之处，也是掺杂着大麦的杂粮饭、蛋卷、蜜黑豆、萝卜泡菜等。总统女儿的身份并没有让朴槿惠与其他同学有什么不一样，这显然离不开母亲的教诲。所以，朴槿惠从小就懂得，一个人如果不合时宜地过分卖弄自己，就容易遭到明枪暗箭的攻击，财大而不气粗，居功而不自傲，才是做人的根本。

朴槿惠在升二年级的时候，学校为了扩大规模废除宿舍，她也结束了住宿生活，重新搬进青瓦台，开始每天坐电车上学。后来，总统女儿坐电车上学的消息便传开了。此后有人开始留意每一位圣心女中的学生，猜猜哪一个是总统的女儿。朴槿惠也遇到了一件非常有意思的事儿。

一天，车长看到她身上别着圣心女中的校徽，便靠过来搭讪，两人之间发生了一段有意思的对话。

"听说总统的女儿在你们学校读书啊？"

"是的。"

"听说她每天都搭电车上学放学，这是真的吗？"

"好像是的。"

"她长得漂亮吗？"

"这个我不清楚。"

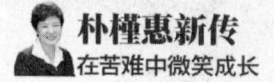

"那她功课怎么样呢?"

"听说还不错。"

"她有多高?"

"我想应该跟我差不多高。"

朴槿惠表面上镇定地回答着车长的问题,其实心里非常紧张,害怕有人认出自己。那天晚餐时朴槿惠提到了这个小故事,大家笑成了一团。朴槿惠从父亲和母亲的眼神中看出了他们很庆幸大家并不认识自己,母亲更是对她的机智回应提出了赞扬。这件事告诉朴槿惠在言辞上必须要低调,要做到得意时少说话,保持谦和的态度;面对他人的赞许也要谦恭有礼;不揭人伤疤,不伤害他人的自尊。俗语说祸从口出,真正低调的人会管住自己的嘴巴,知道什么可以说,什么不能说。

母亲从来没有受到身份的影响,尽力让朴槿惠三姐弟在平凡的环境中成长。也正是这样的教育,朴槿惠才形成了质朴的生活习惯和低调的作风。

母亲不仅严格对待孩子,对自己的管理也更加严苛。她从来不在国外购物,巡访回来也不会给孩子们带礼物。她唯一的爱好就是搜集各国的汤匙,因此出访回来的行李顶多是多了几把餐具。

身为第一夫人,母亲非常注意维护国家的形象。有一件事朴槿惠记得非常清楚:陪同母亲海外巡访的一位秘书曾经说,因为有时要站一整天,脚会肿得很厉害,当时韩国的国产皮鞋弹性没有那么好,第二天要穿上硬邦邦的皮鞋是一件很痛苦的事。有一天,她的脚肿得非常厉害,秘书建议找一双舒适的皮鞋,但是被她一口否决了,理由是,"万一传出去说韩国国产皮鞋质量不好怎么办呢?"就这样,她每天依靠冰敷消肿,从没有显现出自己的不适。

母亲一直是朴槿惠心目中理想的女性形象，她的质朴和低调也影响了朴槿惠的一生。学会低调做人也是人生中的必修课。任何时候，低调都是一种看似平淡，实则高深的谋略。

4. 家庭教育决定孩子的未来

父母是孩子的第一位老师，也是对孩子影响最深远的老师。家庭教育往往在孩子的一生中起着至关重要的作用。

由于父亲常年忙于政事经常不在家，朴槿惠更多地受到母亲言传身教的影响。母亲陆英修出身于朝鲜王朝的一个地主家庭，虽然出身富贵，却表现出和善的一面，生活中能够与百姓打成一片。

后来，陆英修从事中学教育工作，通过陆军情报局下属宋在千与朴正熙相识。虽然两人一见钟情，但是却没有得到父亲陆钟宽的同意，理由是门不当户不对。陆钟宽在当时是沃川郡的首富，拥有大量的房屋和农田。陆家还是当地第一个拥有私家轿车、摄影机和放映机的家庭，陆钟宽自然也看不起朴正熙这个"大兵"，并且他一直反对自己的女儿嫁给军人。

虽然没有得到陆钟宽的认同，但是朴正熙没有放弃对爱情的渴求。1950年9月，朴正熙和陆英修在陆母的支持下顺利订婚，并于同年12月12日在大邱举行了婚礼。33岁的朴正熙和26岁的陆英修终于在几经波折

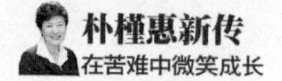

之后组建了自己的家庭。

对于朴正熙、对于朴槿惠姐弟、对于韩国民众,陆英修都是完美妻子、完美母亲和完美第一夫人的典范。出身于富商之家,她端庄大方、温柔娴淑,并以其朴实、善良的气质为朴正熙赢得了超高的支持率,可谓是成功男人背后的女人。

在普通韩国民众心中,陆英修就像一位邻家大姐姐,亲切、朴素、善良、博爱。她多次参与慈善活动,人们经常可以在医院和孤儿院看到她穿着新浆洗过的韩服忙碌的身影。陆英修默默地做着一些不起眼的善事,每次遇到晕倒在路上的孩子,她都会主动将他们带回青瓦台,为这些孩子洗澡和理发,再派人送这些孩子回家。日复一日,陆英修做的这些小事不胜枚举。在其短暂的一生中,她致力于改善妇女地位、改善底层子弟的教育,并在麻风病人的治疗方面做出了巨大贡献。陆英修的这些善举深得各界人士的好评和尊重。

朴正熙入住青瓦台之后,身为第一夫人的陆英修意识到还需日臻完善自我,成为一个体面的总统贤内助。她曾经说过:"在家里,我打算扮演反对派的角色。我的家门尽量经常性地向公众开放,我想听听他们的建议和抱怨。我相信用这种方法可以为总统和我们的国家提供最佳服务。"

对于子女的教育,陆英修非常重视培养平民化的美德,朴槿惠姐弟三人都是坐公共汽车上学。她教育孩子:即使是总统家人,也要把自己当做普通人而非贵族。

刚刚进入青瓦台的时候,朴槿惠在首尔奖忠小学读书。其实作为总统的女儿,有专车接送是一件理所应当的事情,但是陆英修担心这样会滋生孩子的"特权意识",势必会对孩子今后的成长带来不良影响。几番权衡之后,陆英修把年幼的朴槿惠送到离学校比较近的外婆家居住。

很多人都认为，总统一家肯定过着富足的生活，然而事实并非如此。朴槿惠一家在青瓦台过着质朴的生活，与其他普通人家没有任何区别。不仅如此，朴槿惠姐弟三人有着比普通孩子更多的限制。为了让三个孩子健康地成长，陆英修经常对他们下达各种"禁令"。她要求孩子们出门禁止坐专车，必须乘坐公交车。就读圣心女子中学时，朴槿惠经常带着酱土豆和大麦饭到学校，她从来没有用过外国文具，只能羡慕同学手里的进口文具。

为了给全国官员和百姓做出榜样，在朴正熙任职总统期间，陆英修从没有为青瓦台的家中添置一件华丽的家具和贵重的装饰品。后来，朴槿惠也承袭了母亲朴素、干练的品性，她的寓所也沿袭了这种质朴的装修风格。

母亲陆英修信奉佛教，她认为任何宗教都要跟随自己的内心来信奉。在朴槿惠家，宗教信仰是自由的，父母从不干涉。中学期间，朴槿惠就读的学校是信奉天主教的圣心女子中学。即使如此，她也经常和母亲、外婆一起去寺庙坐禅。

身为第一夫人，陆英修不仅要照顾一家人的饮食起居，还要成为丈夫的贤内助，扮演好韩国第一夫人的角色。陆英修每天都会收看、收听新闻和时事节目，除此之外，她还主动承担起替丈夫搜集情报和谏言的责任。久而久之，陆英修得到了"青瓦台新闻库"的美称。

陆英修尊重身边的每一个人，始终站在普通民众的立场上帮他们解决各种问题。这种悲天悯人的情怀深深地影响着朴槿惠——这个"嫁"给韩国的女人。

不善言谈的朴正熙曾经写过许多诗句送给自己的妻子。陆英修，这位善良朴实的韩国第一夫人，是丈夫的贤内助，是朴槿惠姐弟三人的慈

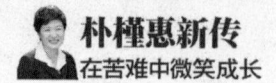

母，是国民心中博爱的国母。她之于朴槿惠，是一生的偶像，是一生学习的榜样。

朴正熙是一个真正的军人，有着军人特有的刚毅、坚强。他赋予了朴槿惠坚强的意志和永不服输的精神。有一天，朋友看到穿着军装的父亲，竟然问朴槿惠："你爸爸不会很可怕吗？我听说军人都是用门牙拔钉子的！"当然这只是一个小笑话，但是却真实地表现了军人刚健、勇敢的品质。

朴正熙在当选韩国总统之后，面临的政局动荡不安，那时候战争刚刚结束，南北分裂，形势危急。在朴槿惠的眼中，穿着军装的父亲是最帅气的人，远远超过电视上的任何一位明星。看到着军装的父亲，朴槿惠就有一种深深的满足感和安全感，因为他不仅保护着一家人，更保护着全国人民。

父亲休假的日子是全家最开心的时候，一顿烤肉是父亲为了犒劳母亲的辛苦工作最好的礼物。但是对于久违的肉食，朴槿惠姐弟三人总是争先恐后地抢着吃。而母亲一边忙于烤肉，一边微笑着看着孩子大口大口吃肉。有时候父亲看不下去了，就会主动让给母亲吃，而母亲却往往以"早上吃太多，现在一点儿也不饿"为借口，把肉留给孩子和父亲。幼时的朴槿惠天真地认为母亲不喜欢吃肉，直到长大了才了解到她的良苦用心。烤肉时，围绕在餐桌上的浓浓亲情是朴槿惠最向往的，也是最怀念的。

在朴槿惠的家中，父亲如山，教给孩子们刚毅的品格；母亲如水，教会孩子们要善良、博爱。

第二章 初涉政治
——吾家有女初长成

不谙世事的小女孩成长为懵懂的少女,而作为总统的女儿势必会让朴槿惠承担更多的责任和义务。初次登上外交舞台的朴槿惠,用自己的风度征服了所有人,迎来了"平民公主"的绚烂绽放。

5. 蜕变从这一刻开始

在朴槿惠的记忆中,她的童年时光基本上是在新堂洞的家中度过的。1952年,朝鲜战争的硝烟已经蔓延到大邱市,此时,朴槿惠正好出生,动荡的年代使她从小就争强好胜。童年时代,她非常顽皮,经常和小朋友们一起玩丢沙包、捡石子、跳皮筋儿、捉迷藏等游戏。朴槿惠每次玩游戏都会尽自己最大的努力,希望能够做到最好,成为小伙伴们崇拜的"巷口老大"。

其实,凡事说起来容易做起来难,要想当上"巷口老大",没有过人之处是不行的。为了称霸巷口"运动界",朴槿惠往往要花费很多时间来练习"技能"。为了在捡石子大赛中拿到第一,她会和妹妹在家里事先练习;为了在跳皮筋时撑到最后一刻,她还会和妹妹在家里练习吹气球,一直吹到脸蛋涨红为止。功夫不负有心人,朴槿惠在各种游戏中都能拔得头筹,自然而然成为小区里的孩子王,被大家尊称为"巷口老大。"从这些简单的游戏中不难发现,朴槿惠与生俱来具有一种上进心,凡事都争强好胜。显然,这为其后来在困境中的沉着应对打下了良好的基础。

除了喜欢运动,小学时期的朴槿惠还喜欢读书,尤其喜欢看男孩子偏爱的战争历史题材的小说。她几乎数不清自己读了多少遍大仲马的《三个火枪手》,每次阅读的时候既紧张又兴奋。书中剑客们多展现出来侠义之举,这让朴槿惠满怀激动,尤其是为了正义不惜牺牲生命的三剑客和充满勇气的达达尼亚，让她难以忘怀。徜徉在这本精彩的小说中，朴槿惠似乎也跟三个火枪手一起行侠仗义、闯荡江湖。

父亲朴正熙非常支持朴槿惠大量阅读，也很欣赏她的阅读品味。有一天，父亲送给朴槿惠一本《三国志》，对她说："这本书对于你来说虽然有点儿难，但是我想你一定会非常喜欢的。"拿到这本小说之后，朴槿惠仿佛进入了一个崭新的世界，就连上课的时候也想赶紧放学奔回家看这本书。于是，朴槿惠把所有的业余时间全部投入到这本小说之中，并且对其中的内容越来越沉迷，她也开始喜欢起了几个角色，尤其是赵云。成年之后的朴槿惠甚至怀疑自己的初恋对象就是赵云，因为每次小说中一出现赵云，她的心就不自觉地砰砰乱跳。

有一天，父亲问道："槿惠，你最喜欢《三国志》里的哪个角色啊？"

"赵云！"她毫不犹豫地回答。

朴槿惠在玩耍时也能体现出自己的阅读喜好。当她在读《三国志》的时候，经常和朋友们用树枝玩打仗游戏。

千百年来，书籍是人类进步的阶梯。朴槿惠通过阅读能够了解人类浓缩几千年的科技文化，完成大量的知识储备。在阅读中，朴槿惠与先贤们博古烁今，与文人骚客们煮酒论歌，从无数正反面的故事中吸取教训，增长见识，去粗取精，从而形成正确的价值观。通过读书，朴槿惠开拓了视野，不再局限于小小生活中的一隅，无拘无束地畅游古今中外，学识遍布四海。随着书籍涉猎范围的不断扩大，她也练就出了广博的心胸、远大的理想和信念。

不知不觉中，朴槿惠一天天长大，开始经历成长过程中的蜕变。从活泼贪玩的"巷口老大"到青涩少女，其转折点是父亲当上总统之后。

虽然朴正熙当上了韩国总统，但是朴槿惠姐弟并没有得到身为总统子女的特权，反而在言行举止上受到母亲更加严格的要求和教育。虽然陆英

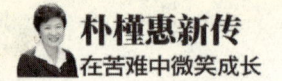

修是一个温和慈善的人,但是面对犯错的孩子却毫不留情。通常,孩子常用的装病和撒娇的手段在这里完全行不通。哪怕是一个小小的错误,只要孩子没有真正意识到自己的错误,母亲都会严厉地教育他们。

陆英修对如何教育子女有着独特的一套理论,她认为成绩好坏并不能代表什么,重要的是每时每刻都要有一颗正直的心。陆英修是一个非常了不起的母亲,她能够对孩子循循善诱,秉承公平原则让孩子们清晰地区别是非黑白,从而树立正确的人生观和价值观。正是由于母亲的教育,朴槿惠姐弟三人得到了人生中最宝贵的财富,即对人的关怀。

母亲对朴槿惠有着非常重要的影响,有一件小事令她终生难忘。一天,妹妹无意中发现一个漂亮的彩色袋子,她很高兴,打算第二天上学的时候当做鞋袋使用,但是母亲却坚持让妹妹用普通鞋袋,理由是妹妹的鞋袋已经很好了,没有必要用其他同学没有的东西。通过这件事,母亲不仅教育了妹妹,也教育了朴槿惠和弟弟,告诫他们要自爱自足。除此之外,母亲也从来没有让姐弟三人使用他人送的贵重文具。

小学毕业后,朴槿惠进入天主教教会学校"圣心女子中学",开始了活泼紧张的中学生涯。入学的时候,圣心女中是一所寄宿制学校,母亲认为集体住宿是一种很好的体验,于是朴槿惠离开青瓦台,在学校宿舍和同学们一起生活了一年。这一年,她感到非常愉快。那时候,好几个同学睡在一个房间里,每一张床都用帘子分隔开来,保证同学们既有大家一起相处的时间,也有自己的空间。几个豆蔻年华的女孩子在一起会瞒着修女偷偷吃夜宵聊天,还会相互传阅言情小说。

轻松愉快的集体生活只持续了一年,在朴槿惠升二年级的时候,学校为了扩大教室规模废弃了宿舍,她也重新搬回青瓦台,开始了搭电车上学的生活。

在一年的寄宿生活里，朴槿惠学到了很多东西，像遵守纪律、与同学们和睦相处。其中最重要的一点是在这一年里，她和朋友们一起分享好书，改掉自己"偏食"阅读的习惯，结识了一帮朋友，扩大了社交圈子。通过分享阅读，她找到了志同道合的朋友，跟这些人在一起，可以谈天论地，开怀舒心，这是一个人阅读所享受不到的益处。通过阅读各种书籍，朴槿惠的思想也到达了一定的深度。

根据母亲的要求，朴槿惠养成了每天写日记的习惯。她会在睡前记录下自己当天做得好和做得不好的事情，还会记录下需要改进的缺点。也正是因为这个习惯，朴槿惠能够及时意识到自己的问题并改正。虽然改掉一个不好的习惯需要一些时间，但是看到被划掉的坏习惯还是很能给人成就感的。

升入中学的朴槿惠终于明白了父母的苦心，也终于了解到母亲所说的"即使父亲是总统，我们也不会有任何改变。我们终会有一天要离开青瓦台回到新堂洞，因此不要觉得住在青瓦台便高人一等，这里只不过是我们的临时住所"。于是，朴槿惠变得安静起来，而这种性格也伴随了她之后的人生。

6. 难忘的"饭桌大学"

朴正熙当选韩国总统之后，带领家人搬进了青瓦台。进入新的居所，大家做的第一件事就是将厨房里的米缸和木炭全部填满。年幼的朴槿惠对

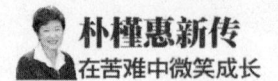

于母亲的这一行为非常不解，母亲给出了这样的解释："一个人离开生活多年的家来到青瓦台，难道我们不应该为他准备一个温暖的小窝吗？"这种时时刻刻为他人着想的优秀品质，或许就是朴槿惠在青瓦台"饭桌大学"上的第一课。即使现在身为总统，朴槿惠依然不忘自己在青瓦台"饭桌大学"上接受的教育。她处处学习母亲的勤俭与博爱，佩戴母亲的首饰，模仿母亲的发型，希望成为像母亲一样伟大的女性。朴槿惠继承了母亲的温柔有礼、安静谦逊，也继承了父亲的坚毅刚强。她质朴平和的作风、坚毅勇敢的意志、忧国忧民的情怀都帮助她在几十年后赢取总统大选的胜利。

当时，朴槿惠姐弟三人在青瓦台并没有过着人们想象中养尊处优的生活。作为韩国最高权力中心的象征，青瓦台不是每个人都有机会入住。朴槿惠认为能够在青瓦台生活是一种非常特别的经历。虽然贵为总统的女儿，但是她能够享受到的特权几乎没有，甚至比在新堂洞时有了更多的束缚，因此她从来不觉得青瓦台的生活非常美好。因为在这里有太多的"不准做这个"、"不准做那个"，并且青瓦台的母亲比新堂洞的母亲更是多了一份严厉，少了一份温柔，她会时刻提醒槿惠，不要向别人炫耀你所拥有的东西，尤其是那并不是通过自己的劳动所获得的。

在母亲陆英修的精心培养下，朴槿惠姐弟三人没有形成特权意识，他们和其他同龄的孩子没有什么两样，一步步脚踏实地地度过了十年寒窗苦读的成长岁月。回想起那段有着诸多约束的日子，朴槿惠心中并没有抱怨，而是感激父母做出了正确的选择。

父亲和母亲都非常忙碌，常常不能抽出时间陪伴姐弟三人，而饭桌上就成了一家人畅所欲言的地方。朴槿惠也在青瓦台的"饭桌大学"上逐渐树立了人生的理想和对梦想的追求。父母经常在饭桌上讨论国家大事，涉及社会现状的方方面面，比如社会问题、经济现状、国防安全问题、文化发展、出口贸易、医疗卫生等方面，他们会就这些问题交换彼此的意见。如果某天的话题是达成出口目标、国家体育选手在亚洲杯取得了金牌等好消息时，那这天的饭桌上就会有一段愉快的谈话，那天的饭菜也会显得格外美味。

在与父母的"饭桌对话"中，朴槿惠也在耳濡目染中学到了很多东西。其中，她最感兴趣的就是涉及国政时事的话题。如果某天的话题涉及这一方面，朴槿惠常常会忘记吃饭，仔细听父母的对话，并且会不时发表自己的意见。

有时候父亲还会在餐桌上问："如果你们是政府某个部门的长官，会实施怎样的政策来让国家强大、国民生活得更好？"这时小弟弟志晚会抢先回答："我要做科学部长，我要制造最厉害的机器人！"志晚的回答常常引得大家哈哈大笑。朴槿惠则会认真思考问题，给出条理清晰的答案，有时还会得到父亲的称赞。

朴正熙始终认为，要想发展韩国经济，首先要做的就是大力发展科学技术。他不止一次在饭桌上对朴槿惠说："槿惠，你一定要牢牢记住，一个国家国防工业的水平决定着这个国家的现代化程度。要想让国家变得强大，一定要重视科学技术。"朴正熙告诉女儿，每一位国家领导人在开拓新的道路时，都会遇到各方的阻挠和现实的困难，但即使背负再多的骂名，面对再多的困难和危险，也要对得起"国家领导人"这个称号。如果因为恐惧而选择放弃，那么将愧对祖国和国民。这些在餐桌上与父母的对话，深深地影响了朴槿惠，形成了她忧国忧民的博大情怀。

为了节省电力资源，朴正熙要求在没有客人到访的时候，青瓦台要关闭所有房间的空调。即使在烈日炎炎的盛夏，他也一直使用扇子。朴正熙

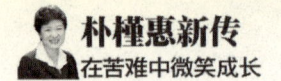

一直都保持着勤俭节约的生活态度,青瓦台的各种物品绝大部分都是韩国的国产货,全家人都强烈抵制奢侈的生活。朴正熙勤俭节约的生活态度也影响着朴槿惠姐弟。

除了父母的教诲,青瓦台也经常出入各国专家和各领域的学者。一旦有专家学者到访,朴槿惠总会在父亲接待这些专业人士时安静地站在旁边,听他们的谈话。送走客人之后,父亲还会就刚才的交谈内容与她进行交流。后来,朴槿惠在大学时选择电子工程专业,就源自于这样的一场谈话。

一次,一位博士到青瓦台访问,在与朴正熙的交谈中说到一个很小的话题,博士说:"一个小小的半导体竟然能够卖20到30美元,一个小小的007皮包也能有几万美元的分量。韩国要想实现经济的腾飞,就要在电子产业方面拼出一条出路。"这段话深深地刻在了朴槿惠的脑海里,后来大学选择专业时她毅然选择了电子工程专业,希望自己学成之后能够成为一名热爱祖国、服务人民的人民卫士。

后来,父亲问朴槿惠关于报考大学的问题,她毫不犹豫地说想读电子工程。她是这样说的:"父亲一直教导我,要实现韩国经济腾飞一定要振兴高科技产业,我觉得韩国也应该发展属于自己的电子产业,因此我想成为这个产业的人才,为振兴民族经济做出贡献。"

听到朴槿惠的这番话,母亲陆英修很震惊,因为她已经帮女儿选择了历史专业,并且认为电子工程晦涩难学,一个女孩子很难学习。但是父亲却很乐观,非常支持女儿的选择,并相信朴槿惠一定会实现自己的梦想,成为韩国电子领域的领军人物。

朴槿惠不负众望,中学毕业之后顺利考取了西江大学电子工程系。在大学里,她像一颗渴望阳光雨露的小树苗,每天刻苦学习。她从不允许自己虚度光阴，同学们甚至评价她不在教室就在实验室。在大学里，朴槿惠极尽所能地抓住一切机会丰富自己的头脑，汲取一切可以学到的知识，为实现理想创造条件。

朴槿惠性格中有着与生俱来的好强属性，她认为如果自己出现失误，父母就会很失望，因此她一直处于一种小心翼翼的状态，时间长了，就养成了过分谨慎的习惯。在大学四年里，朴槿惠没有像其他女同学一样谈恋爱，甚至没有出入过社交性质的派对、夜店和舞厅。

四年的大学时光转瞬即逝，朴槿惠的勤劳没有白白付出，她以全系第一名的成绩拿到了毕业证书。作为总统的女儿，朴槿惠依然有着对学习的极度热情、对朋友的无比忠诚、对梦想的勇敢坚持，这也为她将来成长为大人物打下了基础。

在毕业典礼上，虽然朴槿惠穿的韩服是母亲穿过的，虽然不是新衣，但是经过母亲亲手缝补修改还是令她感到温暖。但是让人遗憾的是，这件母亲改过的旧韩服是朴槿惠收到来自母亲的最后一件礼物。因为不久之后，她的母亲因为被暗杀永远离开了。

从西江大学毕业之后朴槿惠选择了前往法国格诺勒布尔大学继续深造。在留学期间，她并没有像其他高官子弟一样另寻住所，而是住进了学校的集体宿舍。这就得益于朴槿惠在"饭桌大学"接受的教育，她与父母一样，生活简朴，没有丝毫特权意识。

每天饭桌上的谈话很有启发意义，它以一种轻松愉快的方式给朴槿惠上了人生中许多重要的课程。通过"饭桌大学"，朴槿惠扩展了全面思考的能力，学会了如何通过追踪某个问题的发展趋势进行思考并发现、总结其中的规律。有一年，韩国全国遭受到了罕见的干旱，父亲每天忧心忡忡，担心农作物欠收影响百姓的生活；母亲也整日满面愁容，害怕

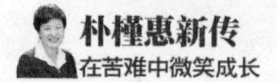

干旱导致颗粒无收。在父母忧国忧民的感召下,朴槿惠也产生了浓厚的爱国情怀。她与父母一样,深深地爱着这个国家,并为发展祖国贡献着自己的力量。

7. 大学生涯是一笔财富

身为总统的女儿,相较于其他人丰富多彩的大学生活,朴槿惠显然没有太多的自由空间,因而求学的日子显得单调了许多。因为是从文科转到理科,所以除了数学,她在其他科目上也要付出比别人更多的努力。

在整个大学期间,朴槿惠几乎把所有的精力都放在了学习上。平时,她很少参加联谊活动,也从来没有和同学一起在街头逛到很晚。正因为是总统的女儿,她更要对自己的每一个行为负责。心思善良的朴槿惠知道,追随别人的生活起舞既乏味又疲倦,反而不如过自在的日子,还能尽量减少突发事件的发生。

大学生活是轻松的。女同学们下课之后会聚在一起听音乐、看电影、逛街、参加派对等;那些做家教的同学也会聚在一起叽叽喳喳地讨论自己的学生;男同学们也会邀上几个人一起去喝酒。虽然朴槿惠也会对他们的生活产生浓厚的兴趣,但是她依然没有办法说服自己和一群男孩子喝酒聊天。刚刚进入大学的朴槿惠才20岁,正是青葱岁月,是一个敏感且容易害羞的年纪。

当然，朴槿惠并没有完全脱离集体生活，偶尔也会和一群同学在迷人的春日赏花。大学时候的朴槿惠是一个名符其实的好学生，规矩，守纪律，在学习上非常上进，各种知识储备相当深厚。

即使自律如朴槿惠，也曾经做过一些叛逆的事情。有一天，她突然心血来潮想要过一天自由自在的生活，便大胆地摆脱了随从的跟随，整整一天都在逃学。那天对于朴槿惠来说像是一次奇妙的探险。她从前门进了教室，然后悄悄地从后门溜了出去，直奔学校大门。出了学校之后，朴槿惠直奔明洞，一个人坐上了公交车，挑选了靠窗的座位。打开车窗，外面的景色迎面扑来，美得令人沉醉，她觉得自己的眼睛都不够用了。和煦的春风轻轻吹来，像母亲的手温柔地抚摸着自己的脸；湛蓝的天空中漂浮着朵朵白云，白云像棉绒一样轻轻地在天上游走，不停地变幻着形状。此时，任何景色在朴槿惠的眼中都是可爱的，大概这就是心情对人的影响吧。

到了明洞之后，朴槿惠无拘无束地逛着，游走于这里的各个角落。因为心情不错，她也像是长了一对翅膀，脚步轻盈得像要飞起来一样。就在街上漫无目的闲逛的时候，她在不经意间抬头看见了远处中央剧院的大幅海报——《安妮的一千日》。她毫不犹豫地买了一张票，由于是工作日的上午，剧场里的人寥寥无几，朴槿惠同另外两个人一起看了这一部悲剧电影。电影讲述的是16世纪都铎王朝亨利八世与安妮·博林的故事，这段爱情故事的结局令人叹息。亨利八世希望安妮·博林能够诞下王位继承人，但遗憾的是她始终没有能生下一个男孩儿。随着时间的推移，亨利八世对安妮失去了兴趣，移情别恋。安妮则因通奸罪而遭到逮捕，被关进伦敦塔，最终遭到斩首。看到这个结局，朴槿惠唏嘘不已。

电影散场之后，朴槿惠走出电影院。春日阳光慷慨地洒在地面上，路上的行人也穿着色彩鲜艳的衣服,这一幅明媚的春日风景很快就打散了她因电影产生的阴霾。明洞路是韩国最时尚的商业街,很多衣着时髦的人悠闲地在路上逛着,他们穿着时下最前卫的喇叭裤、迷你裙,偶尔还有极具文艺气息的吉他男孩。看着这些活力四射的少男少女,朴槿惠也忍不住心神荡漾,不自觉地跟随着周围人的动作起舞。当看到橱窗里的漂亮衣服,她也走进去拿起来试穿一下,有时候营业员会问:"我看着您有点眼熟,是不是上过电视呢?"面对这样的问题,她也会微笑着回应:"看来我长了一张大众脸,经常会有人说我像某人。"

整整一天,朴槿惠都漫无目的地走在大街上。突然,一家咖啡厅引起了她的注意。推门进去,那是一间格调温馨的咖啡厅:温暖的阳光从宽大的落地窗倾泻进来,照进咖啡厅的每一个角落,她依然挑选了一个靠窗的座位,透过窗户凝视着熙熙攘攘的人群。虽然有的人步履匆匆,有的人优哉游哉,但是每个人脸上都带着开心的微笑,在春日阳光的普照下,人们显得更加幸福,这一切都令她感动。咖啡厅里,莫扎特的音乐轻轻飘荡,听着优美的旋律,品尝着香醇的咖啡,这可能是她一生中最难得的宝贵时光,没有总统女儿头衔的约束,没有繁重的功课,像鸟儿一般自由。

天色渐渐暗了下来,咖啡厅里的灯亮了起来,朴槿惠这才意识到应该回家了,于是转身离开咖啡厅。大街上霓虹闪烁,朴槿惠没有马上回家,而是走进了一座教堂。此时,教堂里正在做礼拜,所有人都带着虔诚的表情祷告,真诚地向上帝诉说着自己内心的感受,倾诉着自己的痛苦和快乐。这些人的祷告有一种神奇的感染力,使得她也变得平静恬适起来。

从教堂出来之后,朴槿惠强烈地意识到应该马上回家了。虽然逃学是她一时兴起做的决定,但是并没有一点后悔,只是想到自己突然失踪一天会令随从焦虑、令父母担心,心中就生出深深的歉意。从教堂出来之后,显然已经过了晚餐前回家的时间，她也做好了挨骂的准备。然而意想不到的是，回到家以后她发现父母显得非常平静，就好像什么都没有发生一样，没有责骂，也没有询问，一家人像平时一样用了晚餐。第二天，她像往常一样自然地走进教室，就好像这一切都没有发生过。这次逃学是朴槿惠平淡学生生涯中的一个小插曲，也是她一生唯一一次的逃学经历。在这一天里，朴槿惠尽情地享受着一个人的精彩时光，也是她羞涩社交的一个缩影。

午餐时间可以说是朴槿惠大学生活中最大的乐趣。那时候学校餐厅的午餐菜只有三种：30 韩元的炸酱面，50 韩元的炒饭和 70 韩元的蛋包饭。每个人的口味不同，所以大家每次点的都不一样，几个人一边分享午餐一边聊天，同样也很热闹，大家在交谈中拉近了彼此之间的距离。

精力充沛的学生往往对新生事物有着最强烈的好奇心，他们年轻、单纯，往往很容易就投身到一些社会活动中去。有一天，一个男生突然朝朴槿惠走来，说："槿惠，过一会儿我要去参加游行。"说完这句话，他没有做任何解释就转身离开。朴槿惠看着男生远去的背影，问道："你为什么要去参加游行呢？"男生回过头来微笑着说："锻炼锻炼。"然后，就继续走了。他们对待游行就像对待上课一样稀松平常。一次，一位男同学上课迟到了，在向教授讲明迟到原因的时候，谈到了游行；但是，他的脸上并没有游行过后的激动，反而带着上课迟到的歉意。

虽然朴槿惠的特殊身份不能让她随心所欲地参加各种社会活动和联谊活动，但是她仍会积极参加一些团体活动。

日子一天天过去，转眼就到了大三，实验作业逐渐变多，而且经常要求团队协作，这也在一定程度上增强了朴槿惠的社交能力。物理实验要求必须两个人一组，有一次朴槿惠的搭档是一位 ROTC（预备长官学生军）

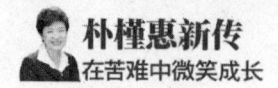

报考生。那天，他们约定好晚上7点一起做实验，不见不散，而当天这位搭档有一场训练。

晚上7点钟，朴槿惠准时来到实验室，半个小时之后，她的搭档依然没有出现。那时候没有手机，她也不能及时同对方取得联系，但是为了遵守承诺，她一直在实验室等待。三个小时过后，那位同学终于出现了，朴槿惠的守信精神深深打动了他。

因为学校12点会关门，所以两个人决定把还没有完成的实验推迟到第二天来做。走出实验室，两个人在夜幕下散步，畅谈梦想、未来，憧憬着毕业之后的生活。

同学问她："你认为以后我们会过怎样的生活呢？"

她答道："我希望每个人都能过上自己想要的生活。"

"那你有什么梦想呢？"同学接着问。

她说："暂时还没有，不过我希望自己能一直读书，将来成为一位学者或者研究员。"

虽然梦想有点遥远而又稍显沉重，但是她很喜欢和朋友谈论这些话题，志愿、希望、梦想，这些都会让她热血沸腾，觉得人生是如此美好。在与朋友们的聊天过程中，朴槿惠变得健谈了，在社交场合也不再羞涩。

西江大学在迎接十周年校庆的时候，要求每个系都要出一个节目。下课之后，同学们聚集在一起商讨要演出什么节目。有一位同学提议，可以搞一个化装游行，于是大家饶有兴致地讨论自己扮演什么角色。有的同学在讨论中就开起玩笑来："我们的经费少得可怜，与其绞尽脑汁想穿什么衣服，还不如干脆脱个精光！""哈哈，数你智商最高，能想出这种办法，那我们就听你的吧！"

朴槿惠听着大家七七八八的讨论不禁笑出声来，同学们又开始追问她:"槿惠,你说要怎样才能凸显出我们电子工程系的与众不同呢?"最后,大家达成了一致意见,就是扮演非洲土著。男同学全都穿着简单的土著装,用煤炭把脸涂得黑黑的,朴槿惠则举着电子工程系的牌子走在化装游行队伍的前面。他们的创意成功吸引了众人的目光,路人纷纷驻足围观,哈哈大笑,而男同学们也互相打量着对方滑稽的样子,笑得合不拢嘴。

四年的大学生活,不仅让朴槿惠学到了丰富的知识,也学习到了许多为人处世的道理。毕业的时候,昔日那个羞涩的小女孩也能在公共场合谈笑风生、淡定自若。这就是大学生活带给她的一笔财富。

8. 朴家有女初绽放

从得知朴槿惠想读电子工程专业开始,父亲朴正熙便开始利用各种机会把她带往各种场合,希望借此开拓她的眼界,增长见识。而朴槿惠也十分珍惜这些机会,在不同场合也学习到了课本之外的生活智慧。

有一次,在对澳大利亚和新西兰的公开访问中,父亲在朴槿惠毫不知情的情况下将她的名字加入到随访名单上。这次出国访问对于朴槿惠来说并不能算是登上了外交舞台,仅仅是一次小小的访问,她并不是以"总统女儿"的身份出现,而是一名普通的随行人员。通过这次访问,朴槿惠看到了与自己国家完全不同的世界，绝对称得上是一场震撼、新鲜的教育。

位于大洋洲的澳大利亚和新西兰隔海相望。在这里，朴槿惠看到了一望无垠的沙滩和苍翠的草木，那一座座历经岁月侵蚀的火山和开阔的草原似乎在诉说着这个国家的历史。新西兰属于温带海洋性气候，由南北两个岛屿组成，这个绿色的国家有着优质的草场和数不尽的羊群。这次出访似乎让朴槿惠进入了一个童话世界：原野上的每座房屋都有着洁白的屋顶，从宽敞的窗户就可以看到外面迷人的景色；几乎每个庭院里都有植物，芳草萋萋、鲜花绽放、花果飘香；街道整洁、错落有致，显示着这个国家的文明程度；傍晚，人们悠闲地散步，脸上洋溢着幸福满足的笑容。

看到异国的人们过着这样富足悠闲的生活，朴槿惠既羡慕又有无限感慨，她深切体会到自己国家的贫穷和落后，了解到为什么自己的国家需要快速发展经济。她认为不能做井底之蛙，要大力发展经济，赶上甚至超过他国人民的生活水平。就这样，年少的朴槿惠怀揣着让国家富裕起来的理想结束了对澳大利亚和新西兰的访问，回到了日思夜想的祖国。

这次对澳大利亚和新西兰的访问，只不过是朴槿惠登上政治舞台的一次试水，而她首次登上政治舞台是在1972年。那年，她刚满20岁，还是西江大学的一名学生。有一天，她突然接到通知：需要参加一个访问国外的行程。

那一年10月，韩国Gui公司与西班牙联合制造的油轮顺利竣工了，即将举行下水仪式。西班牙方面发来了一封邀请函，希望第一夫人陆英修能够参加典礼，但是由于母亲太过忙碌，实在无法从满满的行程中抽出时间访问西班牙，因此只好由朴槿惠代表母亲参加。这是她第一次真正意义上以外交使节的身份参加这种典礼。因为事发突然，她甚至来不及对这个国家进行大概了解，就匆匆奔赴西班牙了。

1923年，美国著名战地记者海明威来到西班牙的潘普洛纳市，他在这里第一次看到了激烈的奔牛节，写下了著名的小说《太阳照常升起》。在这部小说中，他用生动的笔墨描述了奔牛节惊险刺激的场面，而西班牙的奔牛节也因为这部小说名扬四海。朴槿惠对西班牙奔牛节的最初认识也是来自于海明威的这本小说。

朴槿惠代表母亲参加了油轮下水庆典，她在众人的目光中登台，用西班牙语发表了五分钟的讲演，并宣布这艘油轮被命名为"天佑号"。演讲结束之后，热情的西班牙人报以雷鸣般的掌声，并大声吹口哨庆祝油轮顺利下水，整个典礼现场马上成了一片欢乐的海洋。在访问中，朴槿惠感受到了传闻中西班牙人的热情，这里处处都有笑容，是名符其实的节庆国度。

访问结束之后，朴槿惠表示希望有机会能来西班牙参加著名的奔牛节，西班牙政府当即表示随时欢迎她的到来，并承诺一定会让她感受到西班牙人民的热情和崇尚自由的精神。

访问西班牙的第二年，美国夏威夷举办"韩国移民七十周年庆祝典礼"，主办方也发来了邀请函，希望总统夫人陆英修能够出席庆祝典礼。母亲一方面没有时间，一方面也想锻炼朴槿惠，就决定依然让她代替自己出访。

但是，这次访问夏威夷的目的和意义与上次完全不同。这次访问具有国家性意义，是一次非常重要的国家高层活动。如果朴槿惠出席，则代表着韩国全体国民，意义重大，不能有丝毫闪失。当时朴正熙的秘书提出了异议，认为朴槿惠年纪尚小，没有足够的经验，万一出错将会带来不良影响。显然，21岁的朴槿惠在秘书们的眼中还只是一个没有长大的孩子。但是陆英修却坚持自己的意见，表示朴槿惠一定会做得很好，

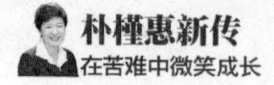

不会让大家失望。

在得知自己要访问美国之后,朴槿惠既紧张又期待。她知道这次出访非比寻常,是代表全体国民进行国际交往,不能有一点差池。为了能够在这次访问中顺利完成任务,她不仅阅读了典礼的相关资料,还特意研究了当地的风俗习惯、经济水平、政治纠纷等,并进一步了解到了韩美两国的文化差异。通过一系列严谨认真的准备工作,不难发现年轻的朴槿惠已经具备了沉甸甸的责任感,花样年华的她已经懂得了应该如何承担和面对困难,这也成为她在今后的政治生涯中激流勇进的资本。

翻阅了大量相关资料之后,朴槿惠开始着手准备出访夏威夷需要穿戴的服饰。为了配合典礼和宴会的不同气氛,她需要准备不同的衣服、皮鞋、手表、手提包及配饰。但是当时朴槿惠还是一名学生,全部买新衣服显得非常奢侈,最后的解决办法就是在母亲的衣服和饰品中挑选合适的借来佩戴。这个决定也得到了母亲的大力支持。

为了让朴槿惠准备得更加充分,母亲给她出了一道看似简单实则很难的题目,那就是送一件什么礼物给邀请方。在经过几天的思考之后,她列出了几样极具韩国特色的礼物,其中包括金弘道(朝鲜李朝晚期的画家)的画册。这些礼物不仅仅表示感谢,更是为了弘扬韩国文化。从头至尾,母亲都没有插手,她把决定权完全给了朴槿惠,希望借此来锻炼女儿的外交能力。

出发前的那天晚上,朴槿惠因为压力很大而没有办法入睡,无奈之下便想通过看书平复自己的心情。午夜时分,母亲做完一天的工作来到她的房间,用略带疲倦的声音问道:"怎么还没有睡呢?"

"有点紧张,睡不着。"

"不要紧张,我相信你一定会做得很好,就像平时那样就没有问题了，赶紧睡吧。"母女简短的对话赐予了朴槿惠莫大的力量，让她变得镇定起来。

1973年1月12日上午6点10分，朴槿惠到达夏威夷机场，前来接机的有夏威夷州政府的官员以及许多侨胞。

此次的行程中还有一个小插曲，夏威夷政府安排了一项事先没有议定的日程，即邀请朴槿惠作为主宾参加夏威夷参议院开院式。这个待遇的规格很高，史上从未出现过，属于突发状况，朴槿惠和随行人员又忙碌起来。

在夏威夷参议院开院式的直播现场，朴槿惠镇静地宣读了祝贺词。仪式一结束，她便被大批记者团团围住，随之而来的是一大堆问题。她用流利的英语一一解答，直到最后一个问题回答完毕，随行人员的脸上露出了笑容。

通过电视转播，侨胞们的反响非常强烈，主办方又邀请她参加了一个有500位侨胞参加的聚会。通过这次聚会，她再次感受到祖国强大对这些侨胞多么重要。一位老奶奶握着她的手忍不住哭泣起来，悲伤的眼神中透露着对祖国的思念。那些最早到达夏威夷的侨胞，为了生存被种植园主雇佣，在甘蔗园里做苦工。身处异国他乡的人们流着辛酸的眼泪，这是韩国的耻辱。聚会过后，朴槿惠心中只有一个念头，那就是韩国一定要跻身于发达国家之列，让那些背井离乡的第一代侨胞因为祖国的富强扬眉吐气。

最后，在卡哈拉·希尔顿饭店举行了答谢晚会，到场的有美军太平洋区司令官及夏威夷的所有头面人物，场面异常热闹。在回国的路上，朴槿惠的心里五味杂陈，虽然访问很顺利，但是同胞期待的眼神令她无法安心。她深知，只有祖国强大起来才能对得起那些远离故土的同胞。当飞机降落在汉城机场，朴槿惠看到了前来迎接的家人，包括父亲母亲、外婆和

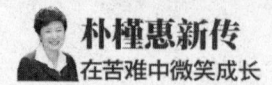

弟弟妹妹，瞬间她的眼泪夺眶而出。

父亲非常关心此次访问，在当晚的餐桌上询问有没有什么印象最深刻的东西。朴槿惠回答："在那里我参观了夏威夷博物馆的韩国馆，但却没有发现一件值得骄傲的东西。我觉得我们要努力弘扬国家文化，争取能够在国际上占据一席之地，这样才能让远在海外的同胞扬眉吐气。如果我们做不到这一点，那些在海外生活的同胞只能忍受屈辱。"父亲对她的这番话大加赞赏，并专门定制了一套体现韩国传统的韩服，赠送给夏威夷博物馆。

在20岁出头的年纪，朴槿惠的外交能力就已经初露峥嵘。她拥有独特的见解、冷静的分析能力、敏锐的政治嗅觉，再加上岁月的打磨，这些都预示着她经历千辛万苦之后必将成为韩国第一位女总统。

9. 法兰西留学岁月

大学毕业之后，朴槿惠前往法国留学。那里有一个地方叫格勒诺布尔，是一座久负盛名的文化艺术都市，当地随处可以见到拉着小提琴的琴师，还有大大小小的表演。此外，这里也是第二次世界大战中反抗德国法西斯的著名基地之一。

位于法国东南部的格勒诺布尔市，坐落于阿尔卑斯山区、罗讷河的支流伊泽尔河畔。阿尔卑斯山脉是欧洲最大的山脉，位于欧洲中部，横穿意大利北部、法国东南部、瑞士、列支敦士登、奥地利、德国南部以及斯洛文尼亚多个国家。阿尔卑斯山下有美丽的小镇，前来这里旅游的人通常会在霞慕尼或梅杰夫落脚，在这里你会感觉到进入了世外桃源。冬日的夜晚，阿尔卑斯山大雪封顶，在清冷的月光下闪耀着圣洁的银光；夏季，阿尔卑斯山像一个人间仙境，山上树木郁郁葱葱，山脚下鲜花盛开、绿草茵茵。众所周知，白雪皑皑的阿尔卑斯山是滑雪胜地，每年冬季都会有世界各地的滑雪爱好者前来感受滑雪的刺激和乐趣。

法国大文豪司汤达生于格勒诺布尔，这里为他专门建造了一个博物馆。格勒诺布尔市的城徽很漂亮，也很有特色，金黄的底座上点缀着三朵红玫瑰，玫瑰象征着这个城市的三大经济支柱产业：旅游业、工业和科教。朴槿惠非常喜欢城市东南角的法国大革命博物馆，那是一座中世纪的巴士底城堡。徜徉在古老的城区里，从这些残垣断壁中依稀可以看出古罗马时代给这个城市留下的深深烙印。

朴槿惠就读的格勒诺布尔大学是一所名牌大学，1339年建校，有100多年招收外国学生的历史。这里有很多来自世界各地的留学生，因此朴槿惠典型的"东方女性"的身份在这里并不引人注目。虽然在留法之前她已经明确了自己的目标，也开始依靠书本和录音自学了法文，但是为了能更加灵活自如地使用法语，她决定先修完格尔诺伯勒的语言课程，然后再进行正规的专业学习。

相较于韩国，朴槿惠在格勒诺布尔的生活还是很自由的，虽然至少会有一个随从，但由于对方非常低调，竟然连朴槿惠本人都没有觉察到他的存在。

学校附近有很多家庭为留学生提供寄宿，朴槿惠寄宿的是一个单亲家

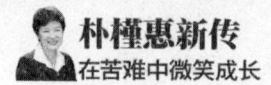

庭。女主人的丈夫很早就过世了，她靠着经营家庭旅店独自抚养两个女儿，虽然日子并不富裕，但是母女三人也乐得其所。除了朴槿惠之外，还有一个加拿大学生也住在这里。寄宿家庭的女主人心态积极乐观，还有一手好厨艺。她曾经梦想着自己能过着吉普赛女郎的生活，浪迹天涯、四海为家。

女主人对韩国非常好奇，尤其对韩国料理情有独钟，经常问朴槿惠一些关于韩国的问题。她担心朴槿惠因为思念家乡而情绪低落，特别允许这位大韩的女儿能在厨房做自己喜欢吃的韩国菜。朴槿惠也非常喜欢这种寄宿生活，亲切地称呼女主人为阿姨。每天，她们在愉快的气氛中享受早餐，分享各种有趣的见闻和故事。

有一次，女主人的朋友邀请朴槿惠参加一年一度的复活节派对，那次绝对是她在法国留学期间一次不可多得的愉快经历。派对的举办地点在阿尔卑斯山脚下，那里距离格勒诺布尔大学有几个小时的车程。一路上风景如梦似幻，迎面扑来，朴槿惠沉醉在了这迷人的画卷中。

朴槿惠在那个山村逗留了几天，体验了普通法国家庭简朴的生活方式，而这也成为一生中最美好的记忆之一。法国人的一天从丰盛的早餐开始，父亲一大早就去镇上买面包，母亲则在家里煮咖啡，准备美味的汤、热牛奶和沙拉。法国人非常重视秩序，做任何事都井井有条。早餐过后，每位家庭成员都会按照分工安静地做自己的事：父亲负责洗碗，小孩子负责收拾餐桌，而母亲则准备甜点。品尝甜点可以称得上是一天中最温馨的时光了，大家一边享用甜点，一边畅所欲言。看着一家人伴着吉他唱着法国民谣，朴槿惠也不禁畅想起自己以后的生活：她想象着今后自己会有一个心仪的男朋友，然后与他组成一个温馨的家庭，抚养属于自己的小孩……

格勒诺布尔大学的课堂上聚集了来自世界各地的学生，其中包括美国、德国、英国、荷兰、新加坡、墨西哥、加拿大、日本等国家。因为大家来自不同的国家，所以彼此都很好奇，在课程上也充满了交流的欲望。朴槿惠与同样有一些法语基础的同学组成了一个班级，因此他们的日常交流基本没有障碍。一个班级大概有15名学生，上课的方式也很自由：通常情况下大家会坐在一起，确定好一个主题，然后开始讨论，这些主题包括法国历史、文化差异、动物虐待、人权问题等各个方面。每个人都有强烈的求知欲，大家会在讨论中随时翻开法文大字典，一遇到不懂的单词和语句就会马上查字典。课堂上，同学们的主要任务就是发现问题，解决问题。

有一天，老师问朴槿惠在上课期间有什么地方是印象最深刻的。经过一番思考，她的回答是韩国和法国的上课方式不同。接着，她详细地进行说明：在法国，老师并不是课堂上的主角，他最主要的工作是引导学生积极参与、自由讨论，这种方式会给学生带来良性刺激；而韩国课堂上更多的是老师单方面讲授知识，结果学生会比较害羞，在面对老师提问时也常常会有犹豫不决和缺乏勇气的表现。

欧洲的同学对东西方文化差异有着浓厚的兴趣，经常会问朴槿惠许多问题。其中令她印象最为深刻的是一位金发碧眼的德国女孩，她对韩国非常感兴趣，一方面是因为当时韩国和德国有着相似的政治状况，另一方面是因为她对东方文化情有独钟，希望将来能在联合国工作。

德国女孩经常会问一些令朴槿惠哭笑不得的问题，比如："听说韩国的地板会发热？""在你们国家在大街上接吻也会被骂？"这些都是女孩从曾在驻韩的德国公司工作过的亲戚口中得知的。

德国女孩的法语并不是很好，为了向她解释韩国的地暖文化、风俗习惯、礼仪等，朴槿惠着实费了一番力气。后来发现德国女孩的英语比较

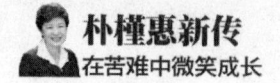

好，两个人转而用英语交流，之后还会翻开法语词典查询比较难的单词。

德国女孩有着与她年纪相衬的幽默活泼，与安静沉稳的朴槿惠形成了很好的互补关系，两人成为了好朋友，平时也经常在一起用餐。但是遗憾的是几个月之后她因为家中有事回到德国，而不久之后朴槿惠也回到了韩国，两个人至此失去了联系。

一个人远离家乡在外求学，往往要面临很多困难，非常容易迷失方向。但是朴槿惠心中一直有一个非常明确的目标，那就是必须尽快进入格勒诺布尔大学开始专业学习。为了早日实现这个目标，她将与朋友喝茶聊天的次数减少到每周一次，其余时间全部用来学习。

通常情况下，朴槿惠会尽量早一点回家，和阿姨一起吃晚饭，还会帮助她洗碗和准备茶点。如果有时间，她还会做最具韩国特色的料理烤肉与大家一起分享。

异乡留学的日子里，朴槿惠经常在深夜思念家人，她想念唱着《艺城古迹》的父亲，也想念在夜灯下织毛衣的母亲。留法期间，朴槿惠一直通过书信与家人联系，等待家书也是她生活中的一大乐趣。父亲有时候会亲自拍下青瓦台院子里盛开的花朵寄给她，也会在信中表达对她的思念。在安静的夜里，细细地阅读家书，朴槿惠品尝到了幸福的滋味。

在计划中，朴槿惠会在这个充满浪漫风情的异国他乡生活好几年，但是计划永远赶不上变化，仅仅在法国生活了6个月，一场突如其来的变故令她不得不踏上归途。由于这次噩运，朴槿惠失去了亲爱的母亲，也丢弃了自己的梦想。那年，她只有22岁，原本美好的生活被画上了一个休止符，但她不知道的是这仅仅是一个开始，更大的苦难还在后头。面对这场变故，坚强的朴槿惠唯有以强大的心去承受。

第三章 临危受命
——从"第一公主"到"第一夫人"的无奈转身

面对母亲离世的噩耗,朴槿惠来不及悲伤便接过了"第一夫人"的重担。临危受命时的战战兢兢到后来的游刃有余,朴槿惠顺利完成了从"第一公主"到"第一夫人"的转身。

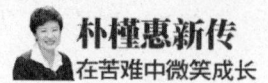

10. 母亲，她的坚强后盾

　　噩运往往突然间降临，让你在毫无准备的情况下遭到当头一棒，甚至瞬间失去生活下去的全部希望。有一天，朴槿惠在出门旅行的途中接到了寄宿阿姨的电话，内容很简单，只是说母亲出事了，要她早点回家。

　　朴槿惠匆忙赶上返程的火车，一路上心情非常不安，始终记挂着母亲。一到家门口，她便发现已经站满了大使馆派来的官员，虽然大家看起来非常冷静，但是朴槿惠从这些冷静的面孔中隐隐读出了一种不祥。

　　官员让朴槿惠赶紧收拾行李回国，那一刻带来的紧张感更令人无法安心了。一定有不好的事情发生了，强烈的焦虑立刻涌上了心头。但是当朴槿惠询问到底发生了什么事，大家只是面露难色，并没有给出明确的回答。

　　强烈的不安紧紧包裹着朴槿惠，她不知道到底发生了什么，只知道事态一定非常严重。她甚至没有完全收拾好行李就匆忙赶到了机场，在办理登机手续的过程中，忍不住走向了角落里的新闻区。她看到了一张报纸上有父亲和母亲的照片，标题是斗大的黑体字"暗杀"。她赶紧拿起报纸，第一页就是母亲被刺身亡的报道。"母亲去世了？"朴槿惠不能接受这个事实，她的心脏像是被利刃刺穿般疼痛，泪水像决堤的海水倾泻而下。在返回韩国的飞机上，她的眼泪始终没有停过，显然一个弱女子无法接受最爱的母亲已经永远离开自己这个事实。

出了机场，朴槿惠看到了前来接机的父亲，虽然他极力克制着心中的悲痛，但是内心的痛苦依然无法彻底掩饰。看到女儿伤心欲绝的样子，朴正熙的眼神也有了短暂的动摇，但是他马上恢复了平日里冷静、严肃的表情。为了安抚朴槿惠，父亲默默地咬紧双唇不断地拍着她的背。朴槿惠咬紧牙关，强忍着想要落下的泪水，整个人都麻木了。母亲被刺让朴槿惠陷入了恐慌的状态，没人知道他们到底经受了怎样的痛苦与恐惧。

悲剧发生在 1974 年 8 月 15 日，那一天是韩国光复 29 周年纪念日，按照惯例，韩国政府当局在国立剧场举办盛大的庆祝大会。朴正熙总统和夫人陆英修出席了庆祝大会。当天上午 10 点，庆祝大会正式开始，朴正熙总统致辞。然而刚刚过了 5 分钟，有一个青年男子突然从观众席中站了起来，一边冲向主席台，一边拔出手枪向总统开枪射击。令人遗憾的是，人们并没有听清这是枪响，朴正熙很显然也没有听到，因为他仍然在继续演讲。枪声仍在继续，朴正熙意识到危险后立刻躲到讲坛后面。身边的警卫迅速掏出手枪还击，震惊全国的"8·15"惨案就这样发生了。

当人们都在躲避子弹的时候，只有陆英修一个人端坐在椅子上，突然她的脑袋垂了下去，朴正熙第一个发现了陆英修的异样，大喊救人！警卫人员赶紧抱着已经没有意识的陆英修离开现场。经过一阵混乱，开枪的罪犯被制服了，逃离中的观众也逐渐回到现场。朴正熙再次走上讲台，接着念完了纪念辞。庆典结束之后，朴正熙面无表情地走向陆英修刚才坐过的位置，空椅子旁边散落着她的鞋子和手包，然后他弯下腰，捡起了鞋子和手包，才匆匆离开现场。而此时，朴正熙还以为陆英修只是受了轻伤。

陆英修从剧场出来之后就失去了意识，她被迅速送往医院，长达 5 小

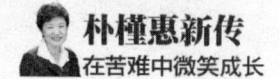

时40分钟的手术也没有将她从死神的手里夺回来。8月15日晚间7点，陆英修就这样离开了她的亲人和百姓。听到妻子去世的消息，朴正熙突然起身直奔客厅里的卫生间，久久没有出来。他当时该有多么悲痛，妻子连一句话都没留下就离开了自己。

归国后，朴槿惠通过电视看到了母亲被刺杀前后的画面，仍然无法接受眼前的现实。那段日子电视里连续好几天都在重复播出同样的画面，这对朴槿惠一家来讲是难以忍受的折磨。经过调查，嫌犯被证实是持有日本护照的间谍，受到朝鲜方面的指派进行暗杀活动。身为长女的朴槿惠没能陪母亲最后一程，这是她一生之中最大的遗憾。

回到青瓦台以后，朴槿惠看到母亲就像睡着了一样，安详地躺在会客厅。她心如刀绞，为了大韩民族，母亲就这样献出了宝贵的生命。每天凌晨，父亲都会哭灵，他轻轻地抚摸着棺木，目不转睛地看着母亲，毫无顾忌地失声痛哭着，不断喊着母亲的名字："英修，英修啊……"听到父亲的哭声，朴槿惠肝肠寸断。每次从帷帐后走出来，父亲总是满脸泪水，随从侍卫们无不动容。

8月16日早上10点，青瓦台开放一般民众前来参加告别仪式。还不到9点，外面就来了一万多名市民，有被儿子背来的老奶奶、白发苍苍的老爷爷、刚刚学会走路的小朋友、穿着麻布衣的中年男女等，大家都向为人民尽心尽力的总统夫人告别。国外记者也非常关注这起暗杀事件，几乎每一个小时都会有一次报道。

1974年8月19日是母亲出殡的日子，出殡队伍将经过的那条路上，从凌晨就聚满了人。上午，朴槿惠和弟妹进香之后整齐地站在灵前，这是他们最后一次和母亲道别。灵车载着母亲缓缓向永诀殡仪馆驶去，父亲带着姐弟三人跟在车后面，每前进一步，朴槿惠的心都会痛得抽搐一下。在回韩国的飞机上,她的眼泪始终没有停过,显然一个弱女子无法接受最爱的母亲已经永远离开自己这个事实。

出了机场,朴槿惠看到了前来接机的父亲,虽然他极力克制着心中的悲痛,但是内心的痛苦依然无法彻底掩饰。看到女儿伤心欲绝的样子,朴正熙的眼神也有了短暂的动摇,但是他马上恢复了平日里冷静、严肃的表情。为了安抚朴槿惠,父亲默默地咬紧双唇不断地拍着她的背。朴槿惠咬紧牙关,强忍着想要落下的泪水,整个人都麻木了。母亲被刺让朴槿惠陷入了恐慌的状态,没人知道他们到底经受了怎样的痛苦与恐惧。

悲剧发生在1974年8月15日,那一天是韩国光复29周年纪念日,按照惯例,韩国政府当局在国立剧场举办盛大的庆祝大会。朴正熙总统和夫人陆英修出席了庆祝大会。当天上午10点,庆祝大会正式开始,朴正熙总统致辞。然而刚刚过了5分钟,有一个青年男子突然从观众席中站了起来,一边冲向主席台,一边拔出手枪向总统开枪射击。令人遗憾的是,人们并没有听清这是枪响,朴正熙很显然也没有听到,因为他仍然在继续演讲。枪声仍在继续,朴正熙意识到危险后立刻躲到讲坛后面。身边的警卫迅速掏出手枪还击,震惊全国的"8·15"惨案就这样发生了。

当人们都在躲避子弹的时候,只有陆英修一个人端坐在椅子上,突然她的脑袋垂了下去,朴正熙第一个发现了陆英修的异样,大喊救人!警卫人员赶紧抱着已经没有意识的陆英修离开现场。经过一阵混乱,开枪的罪犯被制服了,逃离中的观众也逐渐回到现场。朴正熙再次走上讲台,接着念完了纪念辞。庆典结束之后,朴正熙面无表情地走向陆英修刚才坐过的位置,空椅子旁边散落着她的鞋子和手包,然后他弯下腰,捡起了鞋子和手包,才匆匆离开现场。而此时,朴正熙还以为陆英修只是受了轻伤。

陆英修从剧场出来之后就失去了意识,她被迅速送往医院,长达5小

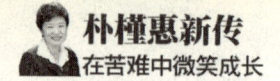

时40分钟的手术也没有将她从死神的手里夺回来。8月15日晚间7点，陆英修就这样离开了她的亲人和百姓。听到妻子去世的消息，朴正熙突然起身直奔客厅里的卫生间，久久没有出来。他当时该有多么悲痛，妻子连一句话都没留下就离开了自己。

归国后，朴槿惠通过电视看到了母亲被刺杀前后的画面，仍然无法接受眼前的现实。那段日子电视里连续好几天都在重复播出同样的画面，这对朴槿惠一家来讲是难以忍受的折磨。经过调查，嫌犯被证实是持有日本护照的间谍，受到朝鲜方面的指派进行暗杀活动。身为长女的朴槿惠没能陪母亲最后一程，这是她一生之中最大的遗憾。

回到青瓦台以后，朴槿惠看到母亲就像睡着了一样，安详地躺在会客厅。她心如刀绞，为了大韩民族，母亲就这样献出了宝贵的生命。每天凌晨，父亲都会哭灵，他轻轻地抚摸着棺木，目不转睛地看着母亲，毫无顾忌地失声痛哭着，不断喊着母亲的名字："英修，英修啊……"听到父亲的哭声，朴槿惠肝肠寸断。每次从帷帐后走出来，父亲总是满脸泪水，随从侍卫们无不动容。

8月16日早上10点，青瓦台开放一般民众前来参加告别仪式。还不到9点，外面就来了一万多名市民，有被儿子背来的老奶奶、白发苍苍的老爷爷、刚刚学会走路的小朋友、穿着麻布衣的中年男女等，大家都向为人民尽心尽力的总统夫人告别。国外记者也非常关注这起暗杀事件，几乎每一个小时都会有一次报道。

1974年8月19日是母亲出殡的日子，出殡队伍将经过的那条路上，从凌晨就聚满了人。上午，朴槿惠和弟妹进香之后整齐地站在灵前，这是他们最后一次和母亲道别。灵车载着母亲缓缓向永诀殡仪馆驶去，父亲带着姐弟三人跟在车后面，每前进一步，朴槿惠的心都会痛得抽搐一下。在青瓦台门口,灵车短暂地停留了一下,父亲最后一次轻轻摸了摸灵车,向母亲告别。泪眼婆娑的父亲看着灵车渐渐消失,他转身走进母亲生前的办公室,所有的一切都安静地摆放在那里,但是深爱的妻子已经离开了,这一切让父亲痛不欲生。

母亲的告别式设在中央厅正门前广场,父亲独自留守青瓦台。朴槿惠清楚地记得当他们回到青瓦台的时候,父亲浑身颤抖地张开双臂紧紧地抱着他们。

看着母亲在青瓦台留下的痕迹,朴槿惠的心像被刀凌迟般痛苦。母亲喜欢在自己的卧室放一张练习书法的桌子,空闲时间便会泼墨。但是在朴槿惠看来,这并不是母亲单纯的爱好,因为母亲每次遇到困难和烦心事时都会写字,像是要努力让自己的心绪重新平静起来。有时母亲在深夜也会在灯光下写字,那一定是她遇到了极大的考验,以至于深夜都无法安睡。母亲经常对朴槿惠说,很期待以后回到新堂洞的日子,即使住在小房子里,只要一家人其乐融融就是幸福。

但是现在,母亲已经永远地离开了这个世界。朴槿惠怎么也想不到会有一枝黑洞洞的枪口残忍地对着母亲。她只活了49岁便孤独地离开了,甚至连一句话都没有留下。每天早晨醒来,朴槿惠似乎都能看到母亲推门进来,穿着洗得干净的白色丝绸韩服,温柔地喊着"槿惠……"

母亲去世之后,朴槿惠像是被掏空了一样,食之无味,夜不安寝。在极度悲伤之下,她甚至出现了停经的现象,身体也开始到处疼痛,免疫力下降。这时,她才意识到悲伤除了摧毁人的意志以外,并不能给人们带来走出困境的力量,如果父亲看到自己的样子会更加痛心。她决定振作起来,好好地活下去,让忙碌赶走自己内心的悲伤。

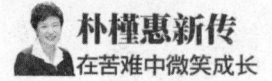

11. 放下悲痛，扛起重任

陆英修去世之后，朴正熙一直郁郁寡欢，没有再娶的打算。由于父亲不肯续弦，22 岁的朴槿惠不得不中断自己在法国的学业，放弃进入格勒诺布尔大学学习的机会。这样一来，她想成为一名大学教师的梦想在丧母之痛中结束了，随后开始代替母亲履行"第一夫人"的职责。

人的一生会有很多无法解释的奇遇，有时候很多事冥冥之中会有所预感，有的梦境会在事实还没有发生之前就提前出现，朴槿惠在大学之前曾经做过两个奇怪的梦，都印证了这一点。

第一个梦是朴槿惠站在波涛汹涌的岸边，汹涌的大浪令她和周围的人站不稳脚跟，他们不得不退到一个灯塔下边。转瞬之间，眼前的场景像魔术般突然转变，一条宽阔平坦的大道在阳光的照耀下延伸到远方。在路的尽头有一座小山丘，山丘上面有一轮火红的朝阳。第二个梦是宇宙中闪烁着耀眼的蓝光，她像是宇宙的中心被包围在蓝光之中，蓝色的光环环绕着她缓缓转动，璀璨的光环显得美丽又神秘。

朴槿惠清晰地记着这两个梦，并把它们记录在了日记中，作为一个秘密藏在心底。她没有办法解释这两个梦意味着什么，但是总是隐隐感受到一种无法释怀的惶恐，还有一种大祸临头的不安。从这两个梦中，朴槿惠意识到自己将要面临某种严峻的考验，显然不是之前预想的毕业之后进入社会，然后开始崭新的生活。她经常揣摩这两个梦和自己的未来有什么关联，直到母亲的突然离去让她的人生轨迹彻底改变方向，她才想起那两个梦已经揭示了自己今后将会面临的问题。

生活还要继续，坚强的朴槿惠很快从悲痛中走出来，开始履行母亲生前的全部工作。那是一大堆纷繁复杂的事务：她每天都要处理寄到青瓦台的信件，这些信件基本上都是反映民情；还要监督相关职能部门解决民众反映的问题，包括环境改造、中小企业调研、慰问弱势群体，开展公益服务等等。这时的朴槿惠忙得几乎没有一分钟属于自己的时间，恨不得每天能多出来几个小时。她的作息时间是这样的：凌晨5点起床，深夜12点才能休息，每天只有短短五个小时的休息时间。一旦遇上外宾来访，她还要花费大量的时间来做接见前的准备工作，而且日常工作也不能停止，这就意味着连五个小时的睡眠时间都不能保证。即使累得嘴唇起泡，甚至发低烧，朴槿惠也没有丝毫抱怨。

这种忙碌的生活带来的唯一好处就是，能够暂时忘记痛苦。在忙碌中，朴槿惠开始了一种全新的生活。一年早春，路边的小草争先恐后地探出了嫩绿色的小脑袋，叫不出名字的小野花也开始热闹地绽开了笑脸。春意越来越浓，青瓦台庭院里的白色木莲花也相继开放了。有一天，朴槿惠打开窗子，突然被眼前的美景感动了，便邀请父亲一起喝茶。父亲并没有被迷人的春色吸引，他沉默了很久之后突然说道："看到你们母亲最喜欢的白色木莲花，我心疼得不能自已。槿惠啊，你的母亲从来没有对我要求过什么，她从来没有为自己争取过什么。虽然身为总统的妻子，但是她和过去贫寒的军人妻子没有任何区别。你母亲在世时总是说希望我不再当总统，然后我们在山坡上买一栋小房子，在花园里种上鲜花和树木，像平凡

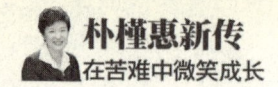

普通的老百姓那样过安静的生活。但是，就连这么一个小小的愿望我都没能帮她实现，就永远分别了，我的心里充满了愧疚。槿惠呀，如果你也离开我，那我还怎么能活得下去呢？"说完这些话，父亲的眼泪忍不住流下来。看着平日里以坚强著称的父亲，朴槿惠心中五味杂陈，既有对父亲的心疼，也有对母亲的思念，还有对自己今后的严格要求。

母亲生前对弱势群体有着深切的同情，也为改善他们的生活状况做出了很多努力。有一次，母亲到麻风病院去看望患者，她毫无顾忌地拉着一位年轻女患者已经溃烂的手，随行人员担心她被传染，立刻加以阻止，但是母亲却没有听从随行人员的意见。她说："虽然他们得了这么严重的疾病，但还有着明亮的眼神和甜美的笑容，我现在只知道他们是非常可爱的人。"通过这次走访，母亲毅然决定帮助那些被麻风病折磨的人。通过各种努力，最后找到了一个好办法：为当时全国37个麻风病村配送了470头种猪，这就为他们自食其力开了一个好头。

在履行"第一夫人"的责任中，朴槿惠无时无刻不受到母亲的影响。她知道母亲最大的愿望就是让韩国百姓过上富足的生活，她对那些生活在社会下层的贫苦人民有着深切的同情。母亲经历过"6·25"，知道贫穷带给人的摧残。正如圣雄甘地所说："贫穷者才是最糟糕的暴力。"母亲也深刻地意识到贫穷是韩国最可怕的敌人，因此为了消灭它不懈努力。

朴槿惠记得自己在读高中时，有一天放假返回青瓦台，在路上看到一个瘦骨嶙峋的少年乞丐趴在地上。她回家之后和母亲说起了这件事，母亲听完立刻让她把那个少年带回了青瓦台。母亲亲手脱掉那个少年破破烂烂的衣裳，帮他洗了澡、修剪了指甲，还给他换上了干净的衣服，最后为他准备了可口的饭菜。最开始，那个少年眼中满是惊恐，母亲坐在他身边，不停地给他夹菜，还温柔地劝他多吃一点儿。后来，少年放松下来，开始高兴地享受晚餐，他吃得非常香甜，一直吃得肚子圆圆的。吃饱之后，少年说要回家了，如果回去晚了，哥哥会出来找他。母亲让秘书长把少年送回家，并且叮嘱如果见到少年的哥哥，无论如何也要帮他找到一份工作，以维持一家人的生计。

那天，母亲的眼神非常复杂，充满了怜悯、忧伤和深深的歉意。一旦遇到什么困难，朴槿惠脑海就会浮现母亲那天的眼神，以此激励着自己继续前行。她要像母亲一样辅佐父亲，为韩国民众贡献自己的力量。

朴槿惠这样告诫自己："现在摆在我面前最大的责任是，让韩国民众看到有与父亲并肩作战的人。我必须放弃自己的潇洒生活和梦想。"朴槿惠一直努力让自己成为不懒惰的"第一夫人"，所以她比任何人都努力地处理政事，这样才能高效地完成每天的工作。成为"拼命三娘"的朴槿惠没少让她的辅佐官员吃苦头，她时刻以母亲为榜样，常常亲自到现场处理民怨，因此赢得了民众的一致爱戴。

每当朴槿惠疲惫的时候，她总会看看母亲的照片，就像母亲还在自己身边一样。她一直坚信，母亲一定在某个地方守护着自己和家人。

12. 父亲无处言说的悲伤

母亲陆英修去世之前,她的大姐也就是朴槿惠的大阿姨就不幸离世了。当时朴槿惠一家都感到十分悲伤,尤其是母亲陆英修伤心地哭泣了好几个晚上。

陆英修和大姐自小感情就非常深厚,两人也十分孝顺母亲。自从大姐离世之后,都是陆英修在认真照顾生病的母亲,甚至把她接到青瓦台悉心照料。每次完成繁忙的工作之后,陆英修总是会抽出时间到母亲的房间,检查那里的温度和湿度,还会同母亲分享一些工作和生活中的趣事,让老人不感觉到无聊。

有了朴正熙和陆英修的精心照顾,朴槿惠外婆的病情有所好转,身体也慢慢康复起来。但是让人们意想不到的是陆英修在韩国光复29周年纪念日当天不幸遇刺身亡。外婆刚从失去大女儿的悲伤中走出来,顷刻之间又陷入到了更大的痛苦之中。朴槿惠记得,当得知这一消息的时候,外婆像是失去了活下去的意志,异常脆弱。

母亲的离世给父亲带来的打击更加巨大,不过看到老人的状况,他只能隐下自己的悲痛,因为他不想岳母再为自己担心。对于朴正熙来说,岳母就像是自己的妈妈一样。想当初,朴正熙在娶陆英修的时候遭到了未来岳父的强烈反对，只有岳母大人表示赞同，愿意把女儿交给他。甚至在婚礼当天，也只有陆英修的母亲来参加。也正是因为如此，朴正熙一直把岳母当做自己的母亲，尽心尽力地加以照顾，即使陆英修去世之后也没有改变。朴正熙从来不叫朴槿惠的外婆为岳母，而是直接称呼为母亲。他听到岳母不舒服的消息时，总是非常紧张。从这些小细节里中，不难发现他们之间的深厚感情。

有一次，外婆病情恶化后住在朴槿惠小阿姨家接受治疗，朴槿惠和家人准备去探望老人。父亲告诉他们，外婆在这么大年纪遭受了接连失去两个女儿的痛苦，这是一件非常残忍地事情，你们要记住经常去探望她。

朴正熙不仅这样教育朴槿惠姐弟，自己也身体力行。他每隔几天都会去朴槿惠小阿姨家看望外婆，每次都会亲自询问外婆的病情是否有所好转，想吃些什么，有什么需要等。尽管母亲不在了，但是父亲对外婆的照顾没有任何变化。

母亲陆英修去世后的第五个月，恰好是外婆的八十大寿。看着每天都沉浸在失去女儿悲伤中的老人，朴正熙非常心疼。有一天，他悄悄地把朴槿惠叫到身边说："外婆每天都郁郁寡欢，我很担心。我想帮她筹办一下八十大寿。虽然她说自己不想办，但是你还是想办法准备一下，让外婆高兴一下，就当我们替你妈妈尽一些孝道。"

听了父亲的话，朴槿惠准备了一顿简单餐宴，只邀请了30多位至亲参加。在听到亲人们的祝福之后，外婆似乎又想起了两个已经离开的女儿，忍不住流下了眼泪。当看到孙子孙女们精心准备的礼物之后，外婆露出了难得的笑容。经历了一连串的不幸遭遇，外婆已经不能说话，但是她还是通过纸笔表达了自己愉悦的心情。

朴正熙平日里忙于国事，很少有机会见到那么多亲戚，所以当天非常

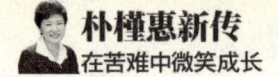

　　高兴,一整晚都露出开心、满足的神情。晚餐之后,大家开始自发地唱起自己最喜欢的歌,朴正熙也唱了一首曾经和妻子时常吟唱的歌,但是在唱歌的时候由于频频忘词常常会停下来,最后只唱了半首就没有再唱了。

　　外婆是一个非常虔诚的佛教徒,她在身体状况还没那么糟的时候经常去庙里拜佛。后来,随着身体越来越差,外婆的行动也越来越不方便,只有放弃每个月固定去庙里祭拜的习惯。这时候,全家人都很担心外婆的身体,害怕有一天她会突然离开。大家担心的事情终于还是发生了,不久之后,外婆因为病痛离开了这个世界。当听到外婆过世的消息时,朴正熙非常悲痛,沉默了很长一段时间。朴正熙在外婆的灵堂前嚎啕大哭,像个孩子一样。看到眼前因为失去两个亲人而崩溃的父亲,朴槿惠既难过又心疼,一直默默地陪在他的身边。

　　亲人的接连去世给朴正熙沉重的打击,但是他依然知道自己的责任,很快收起悲伤,投身到繁忙的工作之中。有了这样一位父亲,朴槿惠也学习到了即使面临再大的困境,都要想办法承受,努力完成自己肩负的使命。

13. 无处不在的"政治课"

母亲陆英修在世的时候，每天都会处理大量的民众来信，然后根据这些信件给父亲提出建议，因此被称为"青瓦台内的在野党"和"青瓦台内的新闻库"。从母亲手中接过来"第一夫人"的沉重担子，这让曾经梦想成为一名学者的朴槿惠感到了巨大的压力，但是她又不得不做好这项工作。此时的朴槿惠就像是一只困兽，她要努力冲破牢笼，向着明媚的阳光前进。虽然有过犹豫，也有过退缩，但是父亲坚定的意志给了朴槿惠无穷的力量，她很快接受了自己的新角色，并且立志要让由于母亲离世而沉寂的青瓦台焕发出新的活力。

为了提高工作效率，能够像母亲一样干得出色，每天的早餐时间，朴槿惠都要和父亲围绕当天的报纸展开讨论，包括时下的国际国内政治、民生、经济、国防、外交等。通过这些探讨，她与父亲商讨着如何让韩国变得更加强大。朴槿惠年纪不大，却表现出超越同龄人的政治素养，这让父亲朴正熙十分欣慰。

从政多年的父亲有着丰富的政治阅历，因此朴槿惠很注意随时随地从父亲那里学习经验，并把它们视为珍贵的精神财富。"国益优先"已经深深地根植在朴正熙的脑海中，他穷尽一生要做的就是让韩国富强、让韩国民众富足。在父亲的谆谆教诲下，朴槿惠的目标逐渐清晰，信心也有所提升，在工作中越发显得游刃有余。

1974年，朴槿惠开始担任女子童子军名誉总裁。随后，如火如荼的新心运动拉开了序幕。所谓的新心运动是一项含有"新农村运动"的全民动员行动，本质上是一项意识形态领域的改革。因为要想让民众的生活变得更好，不仅要提高全民收入，更要让他们拥有与收入水平相符的精神风貌。

为了更好地工作，朴槿惠经常陪同父亲到各地视察工作，而路上的时间就是父亲教授政治课的最好机会。父亲对历史非常感兴趣，尤其崇拜朝鲜历史上的民族英雄。比如，李舜臣就享誉朝鲜半岛，他曾经发明改造龟船以作为水师军舰，大大提高了朝鲜水师的战斗力。作为一代忠臣，李舜臣曾经因为日本的反间计陷入囹圄，继任者的能力实在是不值一提，从而导致朝鲜水师连连败退，闲山岛大营落入敌军之手。在国内舆论的重压之下，朝鲜政府不得不重新启用李舜臣。他不计个人得失，在危险之中挺身而出，承担起挽救国家的重任。

父亲外出视察的时候，经常在半路上停下来，对朴槿惠说："这里是忠武公李舜臣将军疗伤的地方，我们去看看。"或者说："李栗谷先生的墓地就在附近，我们过去看看吧。"李栗谷先生在政治上代表着中小地主阶级利益，对朝鲜教育事业做出了突出贡献。在当时，李栗谷先生的观念极其超前，他为国王提出了很多改革措施，其中的改革军妓、改革贡纳、合并州县和庶民、许通仕路等，对国家富强和国民安全等方面起到了良好的促进作用，同时他还为国家培养了一大批经世济国的人才。为了纪念李栗谷先生对朝鲜做出的杰出贡献，2006年韩国发行的新版5000元纸币，正面是李栗谷先生出生地乌竹轩图案和竹子，反面是李栗谷母亲申师任堂的一幅名画草虫图；2009年发行的50000元纸币，正面是申师任堂母子的肖像。不同面额纸币的图案与同一个人相关，这在韩国历史上从来没有出现过，足以见得韩国对李栗谷先生的重视程度。

父亲朴正熙的内心一直有一种历史情结，对历史遗迹也有着浓厚的兴趣，这种兴趣不是单纯的好奇，而是珍重历史的延续。以铜为鉴，可以正衣冠；以人为鉴，可以明得失；以史为鉴，可以知兴替。而历史遗迹就是在诉说远古时期的故事。他曾经告诫朴槿惠："为子孙后代保留下历史遗迹，这比任何政策都重要。"在朴正熙总统的大力倡导下，韩国推行了"净化事业"，目的就是保护历史文化遗迹，让有才德的人流芳百世，为后人讲述先祖们的故事。

当时，有一个"七百义冢"的墓地没有人照管，一片荒草丛生的样子。由于长期得不到照料，墓地眼看就要塌陷荒废了。父亲得知后非常愤怒，认为愧对为国捐躯的先烈们，多次强调要好好保护先烈们的长眠之地。在父亲的种种努力下，"七百义冢"得到了很好的保护，同时韩国还复原了在"6·25"战争时期遭到破坏的水原城。

父亲不仅重视文化遗产，还非常重视绿化工程，因为国土和经济的发展休戚相关。一旦被他发现某地的绿地遭到破坏，那么主管领导都要受到严厉追究，并且一查到底，此外还被要求及时进行整改，恢复到被破坏以前的状态。朴槿惠在父亲身边观察他的一言一行，每一件事都令她受益终生。每次与父亲巡视的时候，她都会把父亲做过的事、说过的话，以及自己的感悟记录下来，随时重温一下，鼓励自己要像父亲一样心系国家和百姓。

朴槿惠在大学学习的是电子工程，这一专业在国民经济发展中起着重要的作用，然而最初韩国发展电子产业的条件并不成熟。20世纪50年代，

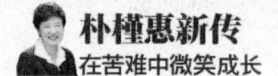

美国的信息通讯产业、计算机技术、半导体产业已经得到了飞速发展,当美国早已从电子产业中挖到第一桶金的时候,韩国向海外出口的产品还停留在棉织品上。当时,韩国的尖端科技领域是一大盲区,这就制约了经济的发展,即使制定了电子产业相关政策,也不过是一纸空文,没有任何意义。朴槿惠意识到快速发展国民经济,必须对电子工程领域提供必要的人力和财力支持。1979年,朴槿惠说服父亲参加了第十届韩国展览会的电子展,以便鼓舞士气,促进韩国电子产业的发展。

韩国资源匮乏,经济相对落后,要想发展经济,就必须依赖韩国人的力量,靠大脑研究科学技术,然后将科技转化为生产力,促进经济发展。1966年,韩国在鸿陵设立了科学技术研究院,同时号召海外科学界回国为祖国效力。当时的韩国可谓是一穷二白,但是仍有200多位科学家放弃国外的优厚生活回到韩国。为了保持科技人才队伍的纯洁,朴正熙总统将人事大权下放给当时的国防科学研究所所长,并赋予所长抵制外部干涉和压力的权力。国防科学研究所的第一任所长是沈文泽博士,朴正熙在他提交的自律性文件上签署了自己的名字,此后一旦遇到人事方面的外部干预,沈文泽博士就会拿出这份文件以保证科研队伍的质量。

朴正熙总统非常重视国防工作,他对韩国的科技工作者保持了绝对的信任。他曾经到大德科学园区视察,之后参加了潜水桥的开通仪式。在回青瓦台的路上,他告诉朴槿惠,国防工业可以反映出一个国家的工业水平,这是一个重要的衡量标准。国防工业最重要的目的是为了国防安全,但是也可以发展坦克生产和汽车出口,只有自己强大了,才不用看别人的脸色过日子,韩国要依靠自己的能力生产所有的生活必需品。显然,韩国处于经济发展的起步阶段,首先要发展的就是国防工业和重工业,这个过程虽然艰苦,但却是国民赖以生存不可或缺的重要产业基础,也是提升国家实力的重要步骤。有人认为,韩国起步太快,但眼下正是最好的时机。身为领导人,要有开拓创新的勇气和披荆斩棘的魄力,有时候不能被外界言论所困,一旦认准了你要做的是对的,就要坚持下去,永不退缩。

在父亲朴正熙的身边,年轻的朴槿惠学会了如何从事政治活动。即使很难,但是她也微笑着面对,去解决面临的问题,这也许就是她的伟大之处。

14. 前途不管多迷茫,责任始终不抛弃

朴正熙是出身于贫苦农家的平民总统,他从小便经历过各种苦难,因此为民请愿的情结非常强烈。他曾经给朴槿惠讲过一个与饥饿相关的故事,而故事的主角就是他自己。

小时候家境贫寒,朴正熙很少能吃到肉和鱼。每逢邻居烤鱼,香味蔓延到朴正熙家时总会挑起他强烈的食欲,也会增加他比平时更强烈的饥饿感。其实,邻居一家也是贫苦的农人,但是生活却比朴正熙家要好一点,因为他们每个月至少有一两次吃烤秋刀鱼的机会。对于正在长身体的朴正熙来说,烤秋刀鱼的香味惹得他直流口水,心酸得想掉眼泪。但是懂事的他知道自己家穷,从来不敢开口向父母要鱼吃,那些饥饿的日子成了朴正熙童年生活挥之不去的阴影。

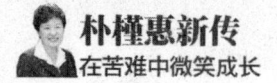

在朴正熙的童年时代，韩国经济低迷，人们普遍贫穷，因此不觉得这有什么丢脸之处，但是这个未来的韩国总统却对此有着更深的思考，直到他最终找到了答案。经过许久的思考，他认为韩国人民的贫困就是韩国民族的贫困。在日本占领韩国的时候，国破家亡，国民在日本帝国主义的压榨下过着困窘的生活。从那个时候起，朴正熙就萌生了一个梦想，那就是让大家能够挺直腰杆过日子，这也是他能在那么艰苦的环境下坚持读书的原因。

"6·25"战争刚刚结束，人们还没有从战争的摧残中缓过神来，自然灾害又接踵而来，韩国遭遇了罕见的大饥荒。大街上，到处都能够见到乞讨的人，他们衣衫破烂、面黄肌瘦。更糟糕的是，失业人数与日俱增，而工作机会却越来越少，人们常常会为了一份工作而不惜一切，只要能够拿到报酬，不论是如何卑贱的工作，都会有人抢着去做。甚至有人在找工作时都不敢问报酬，只要有人雇佣自己就会马上答应。农村的情况更加糟糕，即使每天累死累活也不能解决温饱问题。面对这种百废待兴的局面，父亲朴正熙施政纲领的首要任务就是要让韩国摆脱贫穷。他曾经说："因为我们不能为国民提供相应的工作机会，很多人认为我们都是游手好闲的人，只喜欢喝酒赌博。其实，大韩民族自古以来就是一个勤劳的民族，我们要证明给世人看，那种认为我们是懒惰民族的观念是极其荒谬的！"

在这个困难时期，父亲朴正熙发挥带头作用，成为勤俭节约的楷模。不论夏天的气温有多高，只要没有外宾来访，那么他的办公室绝对不会开空调，电扇也很少使用，结果整个夏天他都是用扇子来消暑的。朴槿惠自然也不会例外，她也很少开冷气，如果发现没有人的房间里开着灯会马上关掉，甚至从不浪费一滴自来水。

当时的韩国经济十分低迷，在联合国120多个国家中，韩国的贫穷程度列居第二，仅次于印度。那时菲律宾的人均国民收入为170美元，而韩国只有76美元。一穷二白的韩国又没有其他国家的援助，就像是一块漂在大海上的小舢板，随时都有被浪头掀翻的危险。要想在绝境中找到一条出路，需要总统和全体民众上下一心，同舟共济。

父亲和母亲都崇尚简单的生活，只要物品仍旧可以使用就不会轻易丢掉，直到确实无法使用才会依依不舍地放弃。朴槿惠也继承了父母的优良传统，她从母亲的遗物中挑出一些可以用的东西继续使用。在青瓦台的饭桌上，菜单和母亲生前几乎一模一样：主食麦米混合饭，午餐配一些小鱼干汤面或拌面。父亲坚持认为领导者是不允许奢侈的，当然他也是这么做的。

为了更好地辅助父亲，朴槿惠决定代替母亲承担好"第一夫人"的责任。那时韩国最突出的问题就是社会底层人民生活极其贫困，而解决这个问题又不是一朝一夕的事。朴槿惠四处走访，深入孤儿院、养老机构，越是深入人民内部，越能够得到第一手资料，这些都是制定人民脱贫方案的重要资料。她一点都不敢怠慢，全国各地到处巡视。朴槿惠继承了母亲陆英修的遗志，几乎把所有的精力和时间都给了社会最底层的民众，他们不仅无法填饱肚子，还要面临一个更大的威胁，那就是疾病。当时，许多人因为生病之后根本没有钱治疗，只能听天由命。

母亲陆英修在生前建立了受惠免费诊疗所，目的就是照顾那些生病并没有钱治疗的人。她还记得和母亲一起去诊疗所亲眼看到的情景：看病的人排成长长的人龙，每个人的脸上都因病痛的折磨而露出痛苦的神情。这些人的眼睛里流露出深深的忧伤，那是一种不得不屈从于命运压迫的无奈。他们对生活没有任何奢望，只要求能够身体健康、有衣穿、有饭吃，这一切都令人心痛不已。

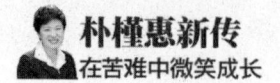

母亲离世之后，朴槿惠积郁成疾，第一次感受到了疾病的滋味，这也让她知道了拥有健康的身体是一件多么重要的事。她经常到诊所去做义工，和护士一起照顾病患。在与患者聊天的过程中，她了解到大家共同担心的一个问题，就是最害怕家里有人生病。因为本来连吃饭都成问题，如果家里有人生病了，又哪来的钱买药呢？有人说，如果生病了能够得到免费的治疗该有多好啊！一位白发苍苍的老奶奶伤心地说："我家儿媳妇生病了，但是没钱去医院看病，只能就这样撑着，不知道能不能挨过去。"一边说着，老奶奶流下了眼泪。

朴槿惠看到人们贫苦的生活，听着他们的心声，心如刀绞。对于这些还没有解决温饱问题的人来说，生病吃药简直比登天还难。只有少数富人能够承担起高额的医药费，而穷人只能在这道高不可攀的门槛外苦苦观望，这就是韩国的现状。针对于社会底层民众的治疗卫生问题，朴槿惠认为政府应该承担起相应的责任。那段时间，朴槿惠将所有的心血都倾注在医疗卫生问题上，致力于建立免费的医疗制度，这样才能在一定程度上缓解民众无法就医的问题。但是说起来容易做起来难，早在1963年，韩国就拟定了《医疗保险法》，但是一直没能实施。社会各界对于医疗保险都持着谨慎的态度，只有少数医疗保险协会做了一些尝试，小心翼翼地开展着医疗保险业务。

在朴槿惠的努力下，韩国终于在1976年12月建立了一所夜间医院。这所夜间医院建立在圣洁尔汉城神学大学里，很多医生和医学院的学生都积极参加这项活动，免费为民众治疗，一时间得到了各界的广泛好评。在这家医院里，老年患者可以无条件享受免费治疗，一般患者只收取基本的费用，以前看不起病的穷人都非常高兴，也感谢朴槿惠做出的种种努力。不久之后，夜间医院还首次创立了捐血站。三年之后，这家医院更名为

"新心医院"，截止到1987年底，这里治疗了430万人次的病人。后来，新心医院还开设了小儿麻痹症青少年会馆，专门进行小儿麻痹症患者的治疗和康复工作。

朴正熙偶尔会到夜间免费诊所巡视，看到那么多患者之后非常震惊，他满脸忧伤地看着那些排队治疗和领取药品的人。朴槿惠告诉父亲，韩国必须建立完善的医疗福利制度，这已经是刻不容缓的事情了。

随后，朴正熙经过一段时间的权衡，终于下定决心推行医疗保障制度。当时，这项制度遭到了经济学家等相关人士的反对，原因是当时韩国人均国民收入不到1000美元，推行医疗保障制度还为时过早。但是父亲经过深思熟虑之后决定是时候推行医疗保障制度了，因为国民健康才是一切的根本，所以他决定即使再困难也要推行这项制度。

1976年，在朴正熙的强硬推行下，韩国全面修正了1963年拟定的《医疗保险法》，对原法规进行了必要的补充和完善，并且于1977年7月1日在全国正式实施。新《医疗保险法》规定，对于五名员工以上的公司就必须实施强制入保方式。这一保险制度的实施是韩国国家福利政策的开始，此后韩国成立了麻风病医院研究所，也建立了具有政策优惠的敬老医院。

韩国医疗保险制度的实施是一个创举，它取得了令人意想不到的效果。通过医疗保险制度的确立，国民看到了希望，这种希望为之后的经济建设提供了强大的精神力量。

作为政治领袖，不论是朴正熙还是朴槿惠都遇到不少困难和阻碍，但是他们并没有因此停下前进的脚步，而是克服困境，跨越阻碍，朝着自己的目标奋进，最终一步步接近既定目标。

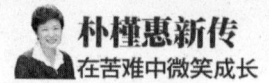

15. 那些年，父亲影响了她将来的政治生活

众所周知，"第一夫人"是西方文化的产物，"夫人外交"也是国家首脑外交的重要部分。如果首脑夫人在外交活动中表现良好，那么就能在一定程度上增强异国公共外交的效能，提高国家的"软实力"。从1974年母亲去世，由于父亲不肯续弦，22岁的朴槿惠便开始代替母亲承担起"第一夫人"的重任，其中一项重要工作内容就是处理外交事务。

在辅助父亲处理政事期间，朴槿惠与世界各国重量级的政事人物都有接触，那些在世界政坛上举足轻重的大人物给她留下了深刻的印象，并且她也一直保持着与这些人的友好往来。在辅助父亲的五年时间里，朴槿惠接待了来自德国、日本、英国、法国、美国、瑞典等国家的贵宾，也与突尼斯总务处长官、芬兰和以色列大使等人有过会晤，此外还和澳大利亚大使夫人、新西兰副首相夫人、危地马拉外相夫人、泰国大使夫人、肯尼亚和哥斯达黎加外相夫人等进行过亲切友好的"夫人外交"。

在外交活动中，亲和力是非常重要的，它甚至可以起到起死回生的效果。1979年，青瓦台迎来了美国总统卡特的来访，这里一下子变得异乎寻常的忙碌。因为当时韩美两国关系正处于敏感时期，双方就是否撤出驻韩美军这一问题僵持不下。在这个节骨眼上，接待美国总统当然不允许出现丝毫问题。

朴槿惠在青瓦台参加了父亲朴正熙和卡特的会见。她对美国总统卡特的第一印象非常好，这位来自西方大国的总统看上去和邻家大叔一样，看起来非常和善，眼睛里闪烁着智慧、慈祥的光芒。美国第一夫人罗莎琳女士与朴槿惠更是一对一见如故的朋友，她温柔婉约的气质让人感到非常亲切。罗莎琳女士是一位非常有爱心的总统夫人，她曾经说过这样一句话："世界上只存在四种人——正在被别人关爱的人，正在关爱别人的人，将要关爱他人的人，需要得到他人关爱的人。"不仅如此，她还是一位身体力行的人，其倡导和促成的爱心事业在全世界发挥了重要作用，因此被人们称为"爱心第一夫人"。

美国总统卡特来到韩国之后，首先拜访并不是总统朴正熙，而是反对朴正熙政权的宗教界人士，随后与民主党派的首领金泳三会见，最后才与朴正熙会谈。不出所料，双方的第一次会晤就陷入了僵局，就是否撤出驻韩美军一事各持己见，无法达成共识。众所周知，驻韩美军是朝鲜战争遗留下来的产物，战争结束之后美国不但没有把军队撤出韩国，还签订了长期驻扎的条约。美国总统科卡特没有接受朴正熙提出的暂时将驻韩美军撤出韩国的建议，反而要求韩国改革政治制度，保障人权、释放关押的政治犯。不仅如此，美国国务卿还提交了一份政治犯的名单，要求韩国政府立刻释放名单上的100多人。朴正熙当即拒绝了美国方面的种种要求，他义正言辞地说："阁下所说的都是韩国的内政问题，韩国的人权问题就不劳阁下费心了，还是先清理好自己家的事吧。"两位总统谁都不肯让步，气氛非常紧张，在场的人都不敢出声。这场并不怎么愉快的会谈结束之后，卡特总统拒绝下榻韩国国宾馆，而是径直前往美八军的营房。

朴槿惠全程参与了这次会晤，也亲眼看到了事情已经发展到了如此尴尬的地步。她深刻地了解到处理国事果然是一件如履薄冰的事，一句没有深思熟虑的话、一个不合时宜的动作，都可能会导致事情发展到无法收拾的地步。就在父亲和卡特总统激烈辩论的时候，朴槿惠却和罗莎琳女士展开了一场推心置腹的谈话。朴槿惠的话题切点十分巧妙，她以卡特总统的慢跑为由头打开了局面。当时，美国总统卡特和龙山美军慢跑的电视画面在韩国引起了广泛的关注。朴槿惠利用这个看似普通的话题将她与罗莎琳女士的谈话提升到两个国家文化差异的高度，她说："电视台播出美国总统慢跑的新闻之后，韩国民众的反响非常热烈。"

"是这样的吗？总统之所以能有强健的身体就得益于每天坚持慢跑。不论他在哪儿，或者到哪个国家走访，这个习惯也没有中断过。"罗莎琳女士也友好地谈论起这个话题。

朴槿惠接着说："我看了之后也很有感触，慢跑对人的身体健康确实有很多好处。一个身体健康的人如果每天跑上几公里也不成问题，但是对于一个大病初愈的人，身体尚未恢复，那么跑步对于他来说就是一个超负荷的运动，您说他承受得了吗？"

"您说得对，如果生病的人在身体还没有康复的情况下就运动，反而会有害健康。"罗莎琳女士表示赞同她的观点。

这时，朴槿惠话锋一转说："所以我们在对待某一问题的时候就要具体问题具体分析，对于一个国家也应该如此。现在朝鲜半岛依然处于分裂的状态，朝鲜战争给人们带来了巨大的伤害，韩国还处于百废待兴的伤痛愈合阶段。目前朝鲜仍然等待时机南下，意图派间谍嵌入韩国，甚至还挖掘了进攻韩国的地下通道，即使青瓦台也遭受过特别行动队的袭击。"

"事态竟然有这么严重？"罗莎琳女士显得非常讶异。

朴槿惠接着说："时下，我们国家面临着巨大的危险，政府必须首先要做的就是捍卫国家的安全,一方面要防止战争再次爆发,一方面还要尽快发展经济,让人民摆脱因贫穷带来的饥饿和疾病,这就是目前我们所面临的最大的困难。韩国现在正在高速发展,这是全世界都能看到的事实。"

"美国总统十分关注韩国的人权问题,此外,因为驻韩美军撤离韩国一事双方也陷入了争执,这的确让人烦恼。我们也清楚,一个国家文明程度的最主要标志之一就是人权问题,但是如果强迫一个还大病初愈的人参加剧烈运动,我想不仅不能增强他的体质,还会对他的健康造成第二次伤害。目前韩国和朝鲜处于紧张的对峙阶段,韩国还需要抽出一部分精力来发展经济,这和其他国家的情况是有所不同。希望您和总统能理解我们。"

之后,卡特总统的态度发生了很大的转变,据说是因为在当天的晚宴上,他从夫人那里了解到了朴槿惠的意见。晚宴上,卡特总统对这个年轻的韩国"第一夫人"产生了极大的兴趣,不停地就某些问题向她提问,朴槿惠不敢有丝毫怠慢,每一个问题都经过严密思考之后不卑不亢地说出了自己的看法,以至于后来人们戏称那天的晚宴是"卡特——朴槿惠会谈"。

晚宴之后,让所有人都没有想到的是,卡特总统的态度发生了一个一百八十度的大转弯,双方也没有再提过争执最激烈的驻韩美军撤离一事。媒体采访的时候,罗莎琳女士谈到了这次富有戏剧性的转变。两位总统原本各执己见,僵持不下,导致会谈陷入僵局,出现转折的原因是卡特总统听到了朴槿惠有见地的分析。

朴槿惠在这次会晤中起了关键性的作用,父亲对她赞赏有加,连连称她了不起。通过这次经历,朴槿惠意识到要想最大限度地维护国家的利益,领导人的的外交能力非常重要。她认为在外交活动中必不可少的就是相互信任,只要能做到以诚相待,找到合理的对话切入点,很多问题都能取得意想不到的效果。

朴槿惠的外交能力日趋成熟，这让父亲非常欣慰，他经常带着得意的微笑对她说："恭喜你，事情又得到了圆满的解决。"朴槿惠非常重视外交能力，因为它在关键时刻往往能够起决定性的作用，甚至反败为胜。

此后，父亲每次接见外宾，都会让朴槿惠参与，她的主要作用就是利用轻松的话题化解僵局。当然，这并不是一件简单的事，有时候看似几分钟的事儿，她就需要花费很多时间进行准备，以便能够应对各种突发情况。朴槿惠出色的外语能力也帮了很多忙，她在参加父亲与外宾会见中积累了很多经验。

在朴槿惠担任代理"第一夫人"的五年时间里，朴正熙不断地传达给她经世治国的政治理念，帮助她在政治上不断成长。在父亲的帮助下，朴槿惠也形成了自己独有的风范，相对于父亲的冷面铁拳政策，她更加温柔，也因此赢得了民众的喜爱和支持。朴槿惠在成为韩国总统之后，回想起代理"第一夫人"所做的努力时这样说过："外交能力并不能一蹴而就，需要长时间的练习和用心体会，就像是熟透的葡萄才能酿出沁人心脾的红酒一样。在那几年里，通过反复的预习和复习，我的确培养出了对政治的敏感。"

16. 接任"第一夫人"

对朴槿惠来说，母亲陆英修不仅是自己的老师，也是最好的朋友。母亲在世时，朴槿惠可以尽情地把自己的心里话讲给她听而不用感到害羞。在与母亲的相处中，她深刻地感受到了母亲的智慧和从容，也在不经意间从那里获得了许多启迪。

22岁的朴槿惠，只有22年的人生阅历，对人世间的经验和思考都不充分，但是她也意识到了自己应该秉承母亲的遗志，承担起"第一夫人"的责任和义务，尽自己最大的努力帮助孤军奋战的父亲。虽然这对朴槿惠来说并不是一件简单的事，但是有了众人的安慰和鼓励，她毅然开始了踏入政坛的努力，并有了精神上的坚强支柱。

在母亲的葬礼结束一个月之后，朴槿惠极力克制住内心的悲伤和痛苦，戴着丧章，代替母亲陆英修以韩国"第一夫人"的身份出席了预定的"总统夫人杯母亲排球比赛"开幕式。在赛场上，朴槿惠看到韩国民众还没有从失去陆英修的悲痛中走出来，她用泰然自若的表情来面对他们泪眼婆娑的脸，而实际上她的心里比任何人都难受。但是自己现在是韩国"第一夫人"，这不仅仅是一个身份，更是一种责任，这份责任不允许朴槿惠因为个人原因而出现任何差池。

与以前不同,那一年的开幕式从齐唱吊丧歌、哀悼这个比赛的创始人——陆英修女士开始。因为大家还没有从失去陆英修的悲伤中走出来,奖忠体育馆内的观众和从全国各地赶来参加这次排球比赛的选手们的表情都非常严肃。不知道哪位选手最先开始小声哭泣起来,后来哭泣声蔓延到整个参赛队伍,到最后整个体育场的人都流下了眼泪。

虽然体育场内响起了不绝于耳的哭泣声,但是朴槿惠没有掉下眼泪,即使她的心里比任何人都难过。朴槿惠强忍着泪水致了简短的祝贺词:

"虽然我的母亲谢世不再出席,但是希望大家节哀,请大家尽情展示自己,让我们看到比我母亲在世时更加精彩的比赛吧!"

致辞结束之后,朴槿惠离开了体育馆,她听到了周围人这样的议论:"我们在哭的时候,槿惠非但没有哭泣,反而保持着沉着、冷静的态度,真是太令人敬佩了。我想她的母亲在九泉之下也会因为这个女儿感到骄傲吧。"对于那时的朴槿惠来说,这番话给了她巨大的力量,她也需要这样话来支撑自己走下去。

看看与朴槿惠同龄的女孩在做什么吧:她们可能忙着朋友聚会,可能在为自己的梦想而努力,可能在工作岗位中证明自己的价值,还可能谈着甜蜜的恋爱。可是朴槿惠根本没有第二种选择,她面前只有与他人大相径庭的"第一夫人"之路。在成为"第一夫人"之后,朴槿惠开始接见各国首脑政要和社会各界名流,积极活跃在国内外政治舞台上。虽然只有22岁,但是她深知自己肩上承担着怎样的重任,她整日忙于国事,根本都没有时间照顾自己。

多年后,她这样描述自己成为韩国"第一夫人"之后的经历:在我接任"第一夫人"后,工作和母亲平时处理日常民情申诉并没有两样。我每天都要翻阅数百封民众的来信后才回房睡觉。填补母亲离去的空位确实是件繁重的事情,"第一夫人"的角色一点也不轻松,这是一个无限的责任的延续。母亲总是在看完民情来信后把信上的情况反映给父亲,并给他提出建议,正是因为这样,母亲才会被称为"青瓦台的在野党"。而我原本一心只想成为学者,面对如此繁重的事情实在是感到压力巨大。但是母亲榜样的力量以及内心坚定的使命感给了我强大的动力,我相信这是支撑我坚持下来的巨大力量。我知道这是不能推脱,也无法推脱、无法逃避的责任。我没有可以逃生的"安全通道",只有深重的责任。想要成为像母亲一样优秀的"第一夫人",我只能拼尽全身心的努力,我在内心不断地鼓励自己。

母亲陆英修还在世的时候,朴槿惠和其他普通的女孩一样,希望自己也能够拥有甜蜜的爱情和幸福的家庭。但是男孩们即使对她心生爱慕,只要一听到她是朴正熙的女儿就"不战而退"。也正是在代替母亲行使"第一夫人"职责的时候,朴槿惠获得了"冰公主"的称号。

年轻的朴槿惠在"第一夫人"这个位置上不敢有丝毫的懈怠,因为母亲已经做出了良好的榜样,她只能勤勤恳恳、如履薄冰地按照母亲在世时的标准去做。这一段独特的经历也为她多年之后走上政治舞台,并成为一位杰出的政治人物打下了良好的基础。

很多人误以为朴槿惠在青瓦台过着像贵族一样奢侈安逸的生活,而实际上却恰恰相反,她每天都非常忙碌,甚至来不及按时吃饭。朴槿惠在成为代理"第一夫人"之后,她的所作所为都与母亲陆英修一模一样。即使工作再忙,她都会抽出时间参加各种服务性质的志愿者活动;即使再忙,她都会帮助父亲处理各种国事。有时候为了能尽快处理那些堆积起来的工作,她不得不牺牲自己的睡眠时间。

在忙碌的工作之余,朴槿惠还会跟随父亲到全国各地考察民情。在这一过程中，她不仅了解了韩国的现状，并且从父亲那里学习到了许多治国经验，扩展了自己的政治视野。

对于五年的"第一夫人"生活，朴槿惠对自己的评价很简单，只有一句："我真的是很认真地去做了。"她的确也是这么做的，她不仅用尽全力扮演好青瓦台女主人这一角色，还学习到了一般人根本没有办法接触到的政治经验。虽然那五年很忙碌，也很辛苦，可也正是由于这段经历让她体会到了政治的艰辛。朴槿惠曾经说过，记得在大学念书的时候，从来没有想到竟然会有这么多的社会活动，她认为自己所学的电子工程学是最难的，但是母亲突然离世让她意外地成为了韩国"第一夫人"，随后才发现原来当好"第一夫人"比学好电子工程学难多了。

对于一个22岁的年轻女孩来说，朴槿惠甚至无法准确地知道"第一夫人"到底肩负着怎样的责任，她只知道一旦出了问题将会有严重的后果。因此，她每走一步路，每说一句话都小心翼翼，生怕一个不经意就出现问题。但是，付出之后总会有收获，五年"第一夫人"积累的宝贵经验后来都成为了朴槿惠活跃在政坛上的雄厚资本。

17. 在其位，谋其政

据身边的工作人员透露，朴槿惠经常对大家渗透一个观点，即"在其位，谋其政，厘清职责"。朴槿惠说，作为一个工人，他的职责就是完成好今天的任务指标，让生产出来的产品既有数量又有质量；作为一个秘书，你的职责就是安排好我的日常工作，整理好我所需要的各种资料文件，随时为我的各种行动进行准备工作。

朴槿惠将这种观念传递给身边的人，而她自己更是几十年始终如一日地按照这个理念来执行自己的行动。

在担任"第一夫人"期间，她的职责就是代替母亲来照顾那些被社会遗忘的贫苦阶层的人们。那个时期的韩国，虽然已经基本解决了人们饿肚子的问题，但是人民生病仍旧是一大难题，仍有很多生病的民众因为贫穷使得疾病无法得到及时的治疗。有些困难的家庭，勉强能够维持基本生活，最害怕的事情就是家里有人生病，倘若病情不严重还可以去亲戚家借一些钱，先把病治好，一家人过一段拮据的日子，再把钱慢慢还上；倘若病情严重，需要很多钱治疗，那对百姓来说就是天大的灾难，因为那就意味着自己的亲人可能会因为没钱治疗被活活病死，即使那并不是不治之症。

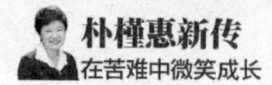

在当时，流行着这样一句话："一辈子只要能健康活到死去，就是最大的福气。"面对这样的场景，母亲陆英修女士在全国设立了很多受惠免费诊疗所，顾名思义，到这种诊疗所来看病的人都能享受免费的服务，这是陆英修为那些接受不到医疗照顾的人们开通的免费的"医务通道"。

直到今日，当朴槿惠回想起那段和母亲陆英修一起去服务所探望的日子时，她都会对当时所见到的场景触目惊心念念不忘。她说，"为了领取免费药物，人们自觉排起了长龙般的队伍，在他们的脸上我看不到任何表情，也看不到任何对生活的希望。"

母亲陆英修过世后，照看服务所的任务自然而然地落在了朴槿惠身上。作为"第一夫人"，她的职责就是照顾好自己的国民，这是她责无旁贷的事情。但是作为一个刚刚失去母亲的女儿，她的心理和生理都遭受到了很大的打击，现实的状况让她很难去为人民服务。

当时的朴槿惠体质飞速下降，这使原本身体就不强健的她变得更加虚弱。当时，正好是在夏天，每天37、38度的温度，朴槿惠也还不停地打喷嚏。不仅如此，还特别容易疲惫困倦，身体不舒服的时候，整个人都没有精神，还昏昏沉沉地提不起劲儿。有一次，还发了高烧，并且一烧就是好几天，让朴槿惠受尽了折磨。经过了这次病痛的磨难之后，朴槿惠这才意识到"原来拥有健康的体魄是一件如此幸福而重要的事情"。

虽然身体在生病，但朴槿惠心里一直惦记着母亲生前创建的免费诊疗所，惦记着那些和她一样在生着病却看不起医生的百姓。在她心里，这就是她的职责，她现在坐在这个职位上，就要厘清这个职责。因此，身体刚刚有所恢复，朴槿惠就立刻投入到免费诊疗所的照理之中。她积极地参与到职工中去，与职工一起为百姓服务，照顾生病的患者。与此同时，她还不忘关心护士们的工作生活，在闲暇之余与护士们谈天说话，了解她们的种种情况。在与护士们的交谈中，朴槿惠得知了这些生活在社会底层的民众的生存现状，"他们生活中最大的担忧就是生病的时候，他们最大的心愿就是生病时能够毫无担忧地买药、去医院接受治疗，解决了这些就是卸下了他们肩上最大的负担。"

在朴槿惠参与职工服务的时候，有一位老奶奶向她哭诉道："医生先生，我们儿媳妇生病了好几天，可是都没敢去医院，连药也没吃过啊。"老奶奶的哭诉让朴槿惠的心如刀绞般疼痛，她终于知道，对于生活贫苦的百姓来说，医院的门槛到底高到什么程度。从这一刻，她下定决心，一定要努力建立医疗保险制度，这是当务之急最重要的事情。

其实早在上世纪60年代，刚上台不久的政府为了稳定政局就推出了一部《医疗保险法》，但是由于那个决策过于匆忙，很多具体问题没有考虑清楚，加之当时紧迫的经济状况，使得这部《医疗保险法》没有得以贯彻实施就流产失败了。

朴槿惠亲眼目睹了那些受苦受难的人们是多么可怜。因此，1976年12月，她在圣洁教首尔神学大学大楼里设立了夜间医院。夜间医院的医生、学校里的医师和医学院的学生们轮流当值，这些医师和学生们都很乐意参与到这项活动中来，积极主动地前来帮忙诊疗。

当时，人民对这件事的反应也非常热烈。在这所夜间医院里，老年人看病可以享受无条件免费治疗的优惠，年轻的人民来看病也只是收取实际的医疗费用，不会出现抬高药价、胡乱收费的情况。另外，朴槿惠还在这所夜间医院里首度成立了捐血本部，由人民自愿捐血，获得的血源再运用到需要血浆的人民身上去。而这所红极一时，为人民所感恩的医院就是现在的新心医院。

朴槿惠的这些行动被父亲朴正熙看在眼里，朴正熙非常支持朴槿惠的

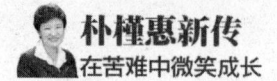

做法，他在有空的时候也会去夜间免费诊疗所查看诊疗现场，面对人山人海的患者露出悲伤的神情时，父亲的表情也是非常沉重，看到父亲和自己有着一样的担忧，朴槿惠大胆地向父亲说出了自己的心愿："父亲，我认为我们的国家迫切需要一个完整的医疗福利制度。"

朴正熙知道女儿朴槿惠继承了妻子的优点，心思细，有担当，但当女儿说出这番话时，朴正熙还是有些吃惊。他觉得女儿朴槿惠能够苟尽其责，实在是自己的骄傲。经过一番深思熟虑之后，朴正熙决定切实实行这项医疗福利制度，虽然在执行的过程中遭到了很多经济学家和相关人士的反对，但朴正熙还是坚持了自己的观点，将这项制度进行到底。

1976年，韩国陈旧的《医疗保险法》终于有了全方面的改正，从1977年7月1日起，以五人以上员工的公司作为对象，实施了强制加保方式的医疗保险制度。医疗保险制度的执行，为国民福利造了一定的舆论，也因此成为启动国家福利政策的钥匙。在这之后，政府又通过国家支援，建立了韩国麻风病医院研究所，而这，也为日后韩国敬老医院的设立打下了有利基础。

追根溯源，这些良好的社会福利制度，起因都是朴槿惠当时恪尽职守的坚持。她知道自己的职位是"第一夫人"，就必须尽到为人民服务、造福于民的责任。正是这样，她才积极地推动福利制度的建立，最后取得如此巨大的成果。后来，朴槿惠也对当时的自己给予了肯定："这件事对我来说也有着相当大的成就感。"由此可见，在其位，谋其政是多么重要的一件事。

18. 早起的鸟儿有虫吃

谈起自己成为韩国首届女总统的事情,朴槿惠这么说:"成功就是比别人更勤奋一点。"朴槿惠说她之所以有这样的认识,一方面是这些年来自己在政坛摸爬滚打的经验,另一方面,则来源于母亲陆英修对自己的教诲。

朴槿惠回忆说,那个时候母亲总是对我和弟妹们说这样一句话:"早起的鸟儿有虫吃"。当时,我们虽然不能百分百理解这句话的深层含义,但是也懵懵懂懂知道一些意思。正是因为母亲陆英修这样的教诲,朴槿惠从小就确立了一个做事的原则,那就是"要比别人更勤奋"。后来,母亲陆英修去世后,朴槿惠代替母亲成为韩国"第一夫人",她更是以"勤奋"严格要求自己,时刻谨记自己的原则,不让自己成为"懒惰的第一夫人"。

那么,朴槿惠的母亲陆英修为什么会从小对自己的孩子实行这样的教育呢?不可否认,陆英修真的是一个极具智慧和魅力的女性,她年纪轻轻就成为丈夫朴正熙在政治上的"贤内助",同时,她也时刻没有忘记自己"母亲"的职责。那个时候孩子们还小,陆英修就将自己经过十几年的实践得出的深刻道理,用浅显易懂的话语传授给自己的孩子,希望他们能从自己潜移默化的影响中得到一些宝贵的启示,希望自己有限的理论能对孩子们未来的道路提供一些帮助。

　　从一个平凡的女子到第一夫人,陆英修清楚地知道,一个人若想获得成功,除了勤奋努力没有第二个办法。即便自己的孩子是总统的女儿,倘若不勤奋努力,也不会获得一个光明的未来。因此陆英修就对自己的儿女们从小进行这样的教育,以防他们为了成功投机取巧,误入歧途。

　　朴槿惠深刻地了解了母亲的用意,不仅如此,她还在母亲教诲的基础上得出了自己的见解。朴槿惠说,政坛一直以来都是男人的天下,政治也是男人的游戏。作为一个男人,想要在政坛中打下属于自己的一片天地尚且需要付出努力和汗水,我一个女人,想要在男人的领地站稳脚跟,不付出比别人更多的努力怎么能行?

　　朴槿惠说,母亲的话是有道理的,只有早起的鸟儿才会有虫吃,因为它比别的鸟儿更早起来,所以比别的鸟儿拥有更多抓虫的机会,也拥有更多选择质量上好的虫儿的机会。而现在我说,早起的鸟儿不仅有虫儿吃,还有可能成为一只开拓新征途的领路人。

　　因为早起的鸟儿受外界因素的干扰比较少,没有其他鸟儿对它的诱导,它可以按照自己的想法去开辟新的领域。虽然这个发现探索的过程会遇到很多崎岖坎坷,遇到问题也没有其他的鸟儿可以求助,只能依靠自己的力量去探索解决,但是它也因此得到很多经验教训,从而知道什么样的路是适合自己的。同时,它也在不断探索中提升了自己的素质和能力,具备了一个"领头鸟"的能力,使自己的人生得到了升华。

　　这只鸟所得到的一切都是源自于它比其他的鸟儿早起了一会儿。它可以选择和其他的鸟儿一样,那样它就会减少很多探索中的痛苦,但是它也会因此失去探索中的乐趣。有一句话是这么说的:"所谓的路不是找来的,而是自己一步步走过来的。"

朴槿惠的这句话和中国著名的文学家、思想家、革命家鲁迅先生曾经说过的一句话非常相像，鲁迅先生说："希望是本无所谓有，无所谓无的，这正如地上的路。其实，地上本没有路，走的人多了，也便成了路。"

的确如此，古今中外，回首历史上各个时期的成功人士，大部分人都是在孤独探索中走向胜利的，他们勤奋而努力，他们没有人云亦云地选择那条人多的道路，而是孤独地选择了一条人迹罕至的道路。因此他们知道，只有在那条路上，他们才能发挥自己的才能和聪慧，才能做自己心目中最有价值的事情。

朴槿惠是一个非常有理想的人，她清楚地知道自己想要的是什么，她也清楚地知道要想获得自己想要的东西需要付出什么，这种付出就是比别人高数十倍的勤奋和努力。只有自己比别人更"早起"一点，才有时间和精力去考察那条没有人涉足过的路，才能将那条路开创成所有人都能跟她一起走的平坦大路。

有些人会产生疑问，朴槿惠做这些究竟是为了什么？答案只有两个字，那就是"国民"。从朴槿惠代理"第一夫人"的第一天起，她就用"不能偷懒"四个字来告诫自己。虽然那个时候的她只有 22 岁，但是她已经清楚地知道了自己肩上的责任以及自己的重要性，她知道自己的懈怠和懒惰也许不会对自身产生立时性的影响，但却会直接影响国民的生活和工作，她必须尽最大努力，时刻让自己的心保持工作的状态。

1993 年 5 月 21 日，朴槿惠在日记中写下了这样一段话："在我的人生中有三件东西，我把他们看作是无价之宝。

第一件东西，是我所拥有的正直明朗的心。这是我的父母馈赠给我的礼物，我的这颗心给我带来了一个干净明亮的世界，我透过这颗心，看到

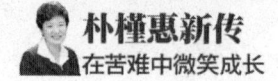

了周围的爱和希望。

第二件东西，是我的正直明朗之心反馈给世界的平安与祥和。因为透过这颗心我看见了安静和祥和，所以我也将自己变得安静与祥和，同时用尽自己的力量使周围的人也过得平安、祥和。

第三件东西，是我每天都过得勤勉充实的分分秒秒的时间。每一天将要结束的时候，我都为自己在这一天里没有浪费时间，昏庸度日而感到骄傲。我庆幸自己将宝贵的时间用在了勤奋努力上，这会让我离自己的梦想越来越近。"

朴槿惠在《点滴的人生》中说道："一条条的小小溪流之所以能够形成大川江河，一个重要的原因就是他们一直勤奋努力地流淌，没有因前方的山川和沟谷而停下自己前进的脚步。"朴槿惠用这段话告诉我们，一个人如果想获得成功，方法只有一个，那就是勤奋。成功的路上没有捷径可寻，只有踏踏实实脚踏实地，一步一个脚印地走下去，才能到达自己梦想中的殿堂。朴槿惠和母亲陆英修都用自己的人生印证了这一真理，希望你也能从中得到一些启示，为自己寻到一把开启胜利的钥匙。

19. 父亲萌生退意

在韩国民众的眼中，父亲朴正熙是一个冷面总统，但是在女儿朴槿惠的眼里，父亲有着与众不同的领袖风范，令她受益颇多。关于父亲的很多细节，一直存留在她的记忆中，久久挥之不去。比如，父亲也有温柔体贴的一面，知道如何从细微之处关心他人。

韩国庆尚南道臣济岛的西南方向是闲山岛，在壬辰倭乱初期，著名的民族英雄李舜臣将军率领水师，利用他发明、改良的龟船，在闲山岛打败日军，为保卫大韩民族做出了杰出的贡献。直到现在，闲山岛的丛林里还有李舜臣将军当年指挥作战的智胜堂，以及当年战争留下的遗迹。有一次，朴正熙前往闲山岛的海军驻地视察。他在军舰上看到了挺直腰身坐在甲板椅子上的年轻海军，突然想到战士们坐这种椅子好受吗？为了验证自己的想法，朴正熙亲自坐上去体验了一把，感觉椅子不适合人体力学原理，如果长时间久坐势必影响到战士们的身体健康。他当即指示相关人员，为海军战士更换了一批坐着更舒服的椅子。从这些细节上，朴槿惠学习到父亲关心他人的可贵特质，得到了许多人的拥戴。

除了是一位叱咤风云的政治家，父亲朴正熙也是一位多才多艺的人，尤其喜欢制作花环和作诗。这不仅是休闲方式，也是一种优雅的生活习惯。休息日里，朴正熙经常像画家一样带着画笔和画本去写生。母亲陆英修还在世的时候，有一次随父亲一起到澳大利亚访问。在飞机上，朴正熙展示了一幅自己亲手为妻子画的肖像。在这幅肖像画上，每一个细节都生动传神，甚至清晰地画下了陆英修脖子上的一颗小痣。除此之外，父亲还有一定的音乐修养，他擅长乐器，比如钢琴、风琴、洞箫。这种种休闲方式，是父亲朴正熙在闻庆当教员时养成的习惯，一直保持到现在。

公众面前的朴正熙总是一副铁腕形象，但是生活在他身边的人经常会感受到他的优雅和温柔。陆英修去世后，朴正熙经常作诗来表达对妻子的思念，其中一首《猪岛的回忆》给朴槿惠留下了深刻的印象：

岁月如歌，潮起潮落，

涛声依旧，传入耳中，

佳人已逝，无处觅踪迹，

追随那苍天白云，

向天国飘去。

或者，在那九万里银河边上，有一间蓝色的小屋，

从遥远的天际凝视夜空下的岛屿，

是那颗闪烁的星星吗？

是的，就是她。

岁月是条河，

花开花谢，年复一年，

人生如梦，

是大自然匆匆的过客，

人世间短暂的岁月，

瞬间即逝，永不复返。

在父亲朴正熙的心中，妻子占据了最重要的位置，是任何人都无法取代的。而朴槿惠不仅是他的女儿，也是他的朋友，甚至是他并肩作战的战友。

有一天，朴正熙满怀伤感地对朴槿惠说："你母亲昨天晚上又回来了，她穿着黄色的衣服，手里拿着一个竹篮，篮子里装满了黄橙橙的橘子。梦里见到也是好的啊，如果每天都能梦到该有多好啊，唉……"

从一些细节中，朴槿惠隐隐感觉到父亲似乎在做某种准备，即使他什么都不说，但是他的行为已经透露出心中所想，又怎么能瞒住自己的女儿呢？

每到周日，朴正熙就会整天时间都沉浸在一件事情中，那就是把那些悼念母亲的新闻整理出来，做成剪报，放进档案袋里收藏起来。除此之外，他还亲自整理自己的办公室和卧室。朴槿惠知道，这些事情都是父亲特意做的，他在为自己突然离世做准备。把这一切都看在眼里的朴槿惠既心酸又心疼。

有一年过父亲节，朴槿惠姐弟三人为父亲精心准备了礼物——三朵康乃馨和祝贺的卡片。可是朴槿惠却看到弟弟哭着跟父亲走出办公室，她问弟弟为什么哭。弟弟抽咽着回答说："我看到父亲把花和卡片轻轻放在母亲的照片前，他把礼物都给了母亲。"弟弟的话让朴槿惠心如刀绞，既有对父亲的心疼，又有对母亲的思念。

有一天，朴正熙突然问朴槿惠："你觉得下届总统谁是最合适的人选？"这个问题问得太突然了，朴槿惠根本不知道怎么回答。但是也由此看出，父亲朴正熙已经有了卸任的打算，他看到了韩国不断加速的现代化

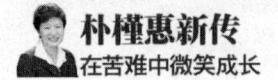

进程，也为政权顺利过渡做着准备。自从母亲去世之后，朴正熙经常憧憬着自己卸任之后可以过上简单的田园生活。他希望能到南方去安度晚年，每天看书、写字、画画，弹奏乐器，还可以在院子里种种花草，过一种安静恬适的生活。如果大家协商一致，每到假期一家人热热闹闹地聚在一起，那就更好了。

朴槿惠看到父亲已经有了离开政治舞台的念头，他大概是太累了，尤其在母亲离世之后，他承受了太多的伤痛，此时已经没有了最初担任总统时的激情，而是向往普通人家的平静生活。

虽然朴正熙萌生了退意，但是他没有丝毫懈怠，仍然每天忙碌地工作。朴槿惠也深深明白，只要还在岗位上，就要尽到自己应尽的责任。

第四章 韬光养晦
——结水成冰的美丽是痛苦的蛰伏

没有得到上天眷顾的朴槿惠再一次承受了失去亲人的痛苦,这一次她褪去了总统女儿的光环,离开青瓦台,开始了长达18年的蛰伏生涯。只为了抓住机会,实现更有利的反击。

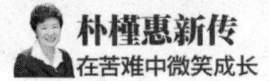

20. 噩耗袭来

母亲陆英修被刺身亡让朴槿惠一家人陷入了无尽的悲痛之中,当一家人渐渐从悲痛中走出来,并且已经开始考虑离开青瓦台的时候,悲剧却再次悄然无息地降临,朴槿惠的父亲朴正熙被当时的韩国情报部长射杀。那天,朴槿惠流着泪清洗了沾满父亲血迹的衣物。她从来没有像那天一样抱怨这个残酷的世界:短短的五年时间里,母亲和父亲相继去世,而原因是最令人无法接受的暗杀。那晚,朴槿惠流下了这一生中最多的眼泪,也度过了比死更艰难的岁月。

当时,也就是1979年10月26日清晨,朴正熙像往常一样开始了一天的工作,其中有一项重要安排是参加插桥川仪式。与平时一样,吃过早餐后父女告别,朴槿惠也开始忙着迎接贵宾。谁都没有想到的是,这竟然是一次永别。当天下午4点,朴正熙参加完插桥川仪式之后回到青瓦台,他是坐直升机回来的,因此即使在贵宾室,朴槿惠也能听到直升机的声音,知道父亲已经回来了。她原本想出门迎接父亲,但是当时有贵宾来访,因此只好把与父亲见面的时间推迟到了晚上。

接待完贵宾之后,朴槿惠立刻去了父亲的办公室,但却没有发现父亲。从工作人员那里得知,父亲朴正熙晚上与人在宫井洞有约会,已经先过去了。一般情况下，如果父亲在外用餐都会电话通知朴槿惠，但是因为下午朴槿惠在接见外宾，所以父亲就让秘书转告她先在家里吃晚饭。

晚上，朴槿惠通过电视看到了插桥川完工典礼的转播画面：当按下排水阀门的按钮之后，巨大的水流从闸门奔涌而下。看到这幅场景，父亲脸上也露出了欣慰的笑容。但是不知道为什么，朴槿惠发现父亲那天的脸色异常苍白，即使是通过白色电视屏幕，她依然能够看得出父亲苍白的脸色。后来，朴槿惠回想起父亲的面孔十分苍白，还以为是他的身体出了问题，以后要更加关注他的健康状况。

白天跟随在朴正熙身边的秘书告诉朴槿惠，那天发生了很多反常的事情：明明在完工典礼前已经做好了各项准备，但是就在父亲剪彩完的一瞬间，纪念塔上的幕布却只拉下来了一半；在典礼结束之后，朴正熙一行人前往道高温泉观光饭店用餐，结果那里的梅花鹿因为听到父亲搭乘的直升机的声音而受惊四处乱窜，竟然撞在树上死了。当时大家都认为这只是巧合，但是后来就觉得这似乎也在冥冥之中预示着什么。

后来，朴槿惠又想起中秋节给母亲扫墓回来之后，父亲曾经说："我真的想随你母亲而去，过不了多久，我就会去的。"她一直认为这是父亲由于太过于思念母亲而发出的抱怨，没想到在不久之后竟然一语成谶。

由于第二天的工作非常多，朴槿惠便没有等父亲回青瓦台，自己就早早休息了。大概凌晨1点30分左右，她被刺耳的电话铃声吵醒，当听到电话那头另一位秘书说"麻烦您起来准备一下"时，朴槿惠不禁打了一个寒颤，脑海中迅速闪过五年前母亲遇刺身亡的画面。

随后，朴槿惠马上起身，无法恢复内心的平静。不一会儿，金桂元秘书长来到了青瓦台，带来了一个惊人的消息——总统遇刺身亡。这简直就是一个惊天霹雳，让朴槿惠的身体瞬间冻结在一起，她不敢也不愿意相信父亲也已经离开了自己。当金桂元秘书长简单地报告了当晚发生的事情之后，政治家的敏感让朴槿惠最先顾虑的是三八线的安全，她担心朝鲜会趁着总统过世的混乱攻击韩国。因此，当得知父亲已经过世时，她下意识地脱口而出："前方没有任何异常吗？"坚强的朴槿惠并没有被父亲过世的消息打垮，在承受着巨大伤痛的同时仍然没有忘记自己的责任。

噩运总是不期而至，朴槿惠已经记不住那天晚上自己是怎么熬过去的，她只记得那天的宁静像一只巨兽一样紧紧包围着自己。最开始，朴槿惠只是感觉到一阵阵寒意袭来，接着不由自主地打起了寒颤。她很早就听说如果一个人受到了巨大的打击，是哭不出来的，而就在那晚，朴槿惠才知道这句话是真的。

天终于亮了，朴正熙的遗体被送回青瓦台，安置在五年前放置母亲陆英修遗体的屏风后面。看到父亲的遗体之后，朴槿惠紧紧攥住了他早已经失去温度的手，老人看起来是那么安详，好像睡在一个美梦里似的，平静而舒适。她知道这是父女俩此生的最后一次告别，但是父亲却没有留下一句话，她多希望自己能像孩子一样大声哭闹，乞求父亲不要丢下自己而一个人离开。由于极度悲伤，朴槿惠渐渐失去了意识，晕倒在父亲身边。

当朴槿惠醒来的时候，看到了身边围拢过来的弟弟和妹妹。他们也陷入了巨大悲恸中，弟弟因为悲痛但又怕哭声太大而用手捂住了嘴巴，妹妹则不停地默默流眼泪。看到伤心欲绝的亲人，朴槿惠像母亲过世时的父亲那样，伸出双臂紧紧抱住他们，一切都尽在不言中。她深深地明白，此刻自己是弟弟和妹妹唯一的依靠，她必须坚强，不能让他们俩丧失信念。

朴正熙的遗体被安置在青瓦台的接见室里，按照韩国九日丧的习俗举办丧礼。为了方便民众前来吊唁，青瓦台为普通民众特别准备了烧香所。

从丧礼当天开始，大批民众前来吊唁总统。由于前来奔丧的人太多，结果队伍排到了景福宫围墙的外面，青瓦台内外都环绕着悲痛的哭泣声。

白天，朴槿惠隐藏起自己的悲痛，打起精神迎接前来吊唁的人们。但是一到了晚上，失去父亲的痛苦折磨得她根本合不上眼，胸口像是被钉进了一颗大钉子，疼得几乎不能呼吸。朴槿惠觉得自己像生活在噩梦中一样，不知道自己能撑到什么时候。

父亲的突然离世给了朴槿惠很大打击。那几天，她感觉自己的手脚出现了像是被折断一样的剧痛，通过检查才发现手臂上出现了一块淤青，像是被棍子打过一样。妹妹瑾令十分担心姐姐的情况，催促朴槿惠赶紧去医院。但在当时的情况下，朴槿惠没有办法离开，于是她决定去青瓦台内部的医务室检查。医生告诉朴槿惠，当人们突然遭受巨大的打击和精神上的痛苦时，身体偶尔会出现血液凝结在一起，从而形成淤青。医生建议朴槿惠不要太过悲伤，还要注意休息，而她完全听不进医生的话，她需要知道的只是这个病不会让自己死掉，这样才能够放心地安排好父亲的丧事。

第四章 韬光养晦——结水成冰的美丽是痛苦的蛰伏

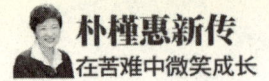

21. 最黑暗的日子

离开医务室之后,朴槿惠重新回到了烧香所,继续接待前来吊唁的民众。九日丧过后,人们依然前来吊唁,青瓦台前面摆满了菊花。当朴槿惠拿到父亲被害时的衣物时,看着上面沾满的鲜血,巨大的悲伤瞬间击倒了她。原来,父亲遇害之后马上被送到医院抢救,因为要做手术,他的衣物上还有被撕开过的痕迹。看着手中父亲血迹斑斑的衣物,朴槿惠又想到五年前清洗母亲沾满鲜血的韩服,此情此景令她肝肠寸断,忽然眼前一黑,这位坚强的女子瘫倒在地上。之后,朴槿惠和妹妹瑾令、弟弟志晚离开了已经生活了十几年的青瓦台。当年,母亲还在世的时候经常念叨着什么时候能重新回到新堂洞的家,常常挂在嘴边的一句话就是:"我们一定要回到新堂洞去。"

如今,痛失父母的朴槿惠带着姐弟两人,实现了母亲昔日的夙愿。回到新堂洞的家,意味着重新开始了另一种截然不同的生活。他们三个就像是失去庇护的雏鸟,孤零零地面对暴风骤雨的打击,开始独自面对以后漫长的人生道路。由于父亲的突然离世,姐弟三人都陷入了焦虑与无助中:朴槿惠每天被痛苦压抑着,吃不下、睡不着;原本活泼开朗的妹妹天天睁着无神的眼睛沉默着;以前最喜欢说笑的弟弟也变得不爱说话了。

虽然回到了日思夜想的新堂洞，但是这里少了家庭成员中最重要的父亲和母亲。显然，三位小主人的到来让这里增加了人气，不过祥和的生活氛围建立起来，还需要一段日子。在父亲的百日祭中，新堂洞几乎每天都要迎来上百位前来吊唁的人，其中有不少父亲生前接待过的外国友人，他们一直与父亲保持着良好的关系。

有的人由于各种原因不能前来青瓦台吊唁前总统朴正熙，但是也纷纷寄去了吊唁函。那段时间，吊唁的信件像雪花一样飞来，每天都要收到几百封信，而朴槿惠对每一封信都会认真地阅读，从这些信中回忆父亲的点点滴滴。一位产业附设学校夜间部的女生在信中这样写道："惊闻朴正熙总统意外过世的消息，我们班上的同学抱在一起失声痛哭。他不仅是姐姐的父亲，也是我们的父亲。请姐姐不要过于悲伤，要加油啊！"

有一天，两位年过半百的的夫妻来到新堂洞吊唁，男士是民族英雄李舜臣将军的第 14 代孙。夫妻二人带来了亲手酿制的酒，据说是朴正熙生前最喜欢喝的。

夫人拉着朴槿惠的手说："我们很亏欠朴总统啊。"看着夫人慈祥的脸庞，朴槿惠感受到了久违的温暖。她对夫人说："只要是生在韩国，有谁不敬仰李舜臣将军，感激他为保卫我们的国家做出的贡献！"

夫人摇摇头说："不能这样说。即使是耀眼的珍珠，如果一直待在蚌蛤里，人们也看不到它的光彩。正是因为朴总统的大力推崇，人们才对历史有了真正的了解。只有真正热爱国家的人才会了解为国捐躯的英烈对祖国的忠诚。"

听到夫人的这番话，再想想父亲去世之后前来吊唁的人，朴槿惠认为父亲并没有白白牺牲，因为大家都记着他为国家和人民做出的那些努力。

令朴槿惠没有想到的是，父亲朴正熙去世的消息传到国外，沙特阿拉伯吉达市的韩国劳工开始自发地组织起悼念活动,当地的鲜花和香烛在一夜之间全部卖完。在国内举行朴正熙遗体告别仪式的那一天,远离故土的海外劳工也布置了一个和韩国一模一样的告别会场。由于买不到合适的香炉,工人便自己动手制作了一个。

朴正熙在去世不久前,曾经向海外劳工寄送泡菜。由于航程遥远,泡菜被送至目的地的时候总统本人已经过世了。得知这一噩耗,收到泡菜的工人忍不住嚎啕大哭,整个工地上都蔓延着悲痛的愁云。在一些从日本寄往新堂洞的吊唁邮件上,邮局员工写上了各种鼓励的话:"最近心情还好吗?我们非常想念您。""我们一直在您身边陪着,请一定要加油啊!""请您千万要保重身体!"

父亲去世后的那段时间,可以说是朴槿惠人生中最黑暗的日子。如果没有那些鼓励,她很可能挺不过这段艰难的岁月。但是值得庆幸的是,朴槿惠战胜了困难,走出了失去父亲的痛苦,也开始朝着下一个目标继续奋斗、前行。

22. 繁华落尽，人心薄凉

中国有句俗语叫"人走茶凉"，父亲去世之后，朴槿惠也感受到了人情冷暖。朴正熙在世的时候曾经说过："我们未来的目标是令国民人均年收入达到 1000 美元，我们现在也正在朝着这个目标努力。除此之外，我们还希望韩国能够达到百亿出口，这就要求我们与其他国家形成良好的贸易关系。但是每次出国访问都会有大量的随行人员陪同，这就是一笔不小的经费。这些钱从哪里来，当然是百姓的税收。而现在我们的国家并不富裕，要把钱花在最重要的地方。几经权衡，我发现最好的办法就是邀请外宾到我们国家来，不仅可以节省很多经费，还能让世界看到我们国家日新月异的变化，可谓一箭双雕。此外，当他们看到我们国家的变化之后，还会改变世界对我国固有的印象。槿惠，现在不论是于我，还是于国家，你都扮演着非常重要的角色……"

显然，父亲所做的每一件事无不是为了维护韩国及民众的利益。在朴槿惠的心里，父亲是一位尽职尽责的好总统。令人惋惜的是，父亲这个最坚强的后盾已经没了，否则父母还活着该有多好，她也不会这么累了。

令朴槿惠没有想到的是，父亲离世之后媒体上对于他的负面报道像洪水般袭来。他们指责朴正熙是独裁者，甚至说因为这种错误的施政理念，导致某些国家禁止他出访。这些负面报道令朴槿惠非常痛苦，她不明白为什么明明父亲做了那么多利国利民之事，却得不到人们的理解。

其实，父亲在世的时候媒体上也会出现一些反对者的声音。1970年3月，一则爆炸性的新闻就曾经冲击到青瓦台。3月17日，首尔麻浦区合井洞节斗山附近的道路上发生一起交通事故，调查人员发现死者身上有一个写有很多国家政要名字的小册子。经过进一步调查，发现死者是专门接待韩国政界和财界重要人士的高级应召女郎郑仁淑。而郑仁淑的哥哥对她混乱的私生活非常不满，一怒之下将其杀害。

本来随着郑仁淑哥哥的抓捕，这件事就可以平息下来，但是随后媒体曝光了郑仁淑有一个三岁的儿子，据说是她和青瓦台某位要人的儿子，于是社会各界纷纷质疑：孩子的父亲究竟是谁？可想而知，所有的矛头一起指向朴正熙。直到1971年夏天，朴正熙身边的秘书官才透露，郑仁淑孩子的父亲是青瓦台一名高级官员。知情人纷纷向朴正熙建议应该严肃追究那位官员的责任，但是他考虑到这位高官的名誉，只是令他自动辞职。

1973年8月8日，韩国民主党派领导人金大中在日本遭到绑架。当时金大中在日本东京参加了民主党派人士的聚会，聚会的地点是东京大皇宫饭店2212室。聚会结束之后，金大中刚走出2212室就被几名不明身份的人员控制，然后被拖进隔壁的2210室房间。这些人用麻醉液浸过的毛巾将其麻醉。这起绑架案在当时引起了各界的关注。五天之后，金大中被人发现在韩国首尔的家中。整个过程还有很多细节在这里就不一一赘述了。

韩国媒体将这一事件的矛头直接指向朴正熙，他们认为这一定是朴正熙控制下的韩国中央情报部门动的手脚。对于这起绑架案，一时间韩国媒体口诛笔伐，纷纷说因为金大中呼吁民主直接威胁到朴正熙的独裁统治，所以他才决定杀人灭口。当时，媒体通过大肆炒作金大中事件来表达对朴正熙的不满，而此时朴槿惠就在父亲的身边，她亲眼见证了父亲对这件事的态度：金大中绑架案发生的原因有两种可能，其一是与美国插手韩国事务有关，其二可能是朝鲜设计的一个阴谋，希望通过这一事件令韩国发生混乱，并借此机会进行攻击。

那么，事件的真相到底是什么呢？其实真相往往隐藏得很深，要想一一查出来并不是一件容易的事。朴槿惠希望每一个人、每一件事都能得到客观、公正的评价。但是想做到这样又谈何容易！在之后的很长一段时间里，朴槿惠都想不通为什么一个为国家兢兢业业工作了十八年的总统，一个让韩国经济有了质的飞跃的领袖，却偏偏没有受到国民的拥戴，反而还有那么多反对的声音。

后来，朴槿惠终于知道了问题的答案，虽然父亲的作为对国家产生了积极的影响，但是他的个人修养却没有达到令人敬服的程度。父亲离世之后，朴槿惠进入到了人生最低谷：一夜之间，物是人非，她从巅峰摔到了深渊，没有丝毫的准备和过渡，便从人人羡慕的"公主"成为了毫不起眼的"灰姑娘"。值得庆幸的是，任何事情都有双面性，通过这一段痛苦的经历，朴槿惠在人生中也学到了最宝贵的一课，她的痛苦和眼泪便是这堂课的学费。虽然代价十分高昂，但也让她对人生有了更深层次的思考，学到了比政治更重要的东西，那就是面对困境要有坚持下去的勇气和动力。

没有了总统女儿的光环，朴槿惠尝尽了世态炎凉。那些在父亲生前极力巴结她的人，一夜之间都消失得无影无踪，即使遇到了也会对她视而不见。有一天，朴槿惠在一家酒店里偶遇父亲生前手下的一位官员，因为当时自己与这位官员的关系非常好，于是她高兴地迎上去，向他打招呼："您好！没想到在这里遇见您了。"但是令她没有想到的是，那位官员像不认识自己一样从身边走过去，始终没有正眼看她一下。那次的经历让朴槿

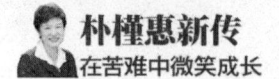

惠知道了这个社会的现实和冷漠。

　　社会各界对朴正熙的责难始终没有停息，作为总统最得意的女儿，朴槿惠背负着沉重的职责，而令她最伤心的是朋友的出卖。那些她曾经最信赖的人也在这个时候无情地抛弃她，甚至露出狰狞的面目来伤害她。朴槿惠看不到任何希望，进退两难，她的面前仿佛有一面无形的高墙，挡住了前进的去路，而身后就是万丈深渊。此时的朴槿惠岌岌可危，稍不注意就会掉下深渊摔得粉身碎骨。生活没有丝毫掩饰，将人性中最丑陋的一面展示得淋漓尽致，朴槿惠看到了人对于权力的欲望，也看到了人们为了追逐权力而不择手段的丑陋。这种苦涩的生活经历，让她对人性、对权力有了更好的了解，反而成为了人生中宝贵的生活经验。

　　在那段远离政治的岁月里，生活并没有想象中的平静。原本和睦的家庭也出现了诸多纷争：弟弟志晚因为吸毒多次被传唤，具有美术天分的妹妹瑾令也站到了她的对立面。不知道是不是母亲和父亲相继去世，给妹妹瑾令的打击太大，她变得乖戾不驯，在政治上一直与姐姐朴槿惠水火不容。她的第二任丈夫还在网上对朴槿惠进行人身攻击，后来因诽谤罪而锒铛入狱。那段生活让朴槿惠饱受煎熬，以至于后来她说如果再次选择，她更愿意选择死亡。

　　面对背叛，朴槿惠在日记中这样写道："背叛乃人世间最丑恶最卑劣的事，但更重要的是，如果惩罚一个背叛者，以恶抗恶会毁灭人的心灵堡垒。"

　　背叛带给朴槿惠无尽的痛苦，但同时也刺激了她的政治嗅觉，让她能更容易判断出善恶忠奸。遭受了背叛的朴槿惠变得不再轻易相信任何人。曾经共事多年的韩国环境部前部长尹月久，这样评价朴槿惠："朴正熙总统去世之后，朴槿惠变得异乎寻常的谨慎，她像一只刺猬一样，把自己从头到脚武装起来，她再不轻易相信任何人……她变得封闭起来，常常是一副拒人于千里之外的样子，不主动与人交流，虽然见到任何人都是冷冰冰的样子，但是却不卑不亢，这就是她。"但是还有一种完全不同的说法，其实朴槿惠对身边的人很和气，只是比以前更加客观冷静，分析问题也有些刻板。

在那些苦难的岁月里，母亲陆英修是朴槿惠宝贵的精神财富。每当想起母亲，她的脑海就会浮现出母亲慈祥、谦和的形象，还有母亲那迷人的笑容。虽然母亲离开已经很久了，但是每当遇到困难和面临艰难选择的关键时刻，母亲都是她的精神动力。

在父亲离世之后，朴槿惠强烈地感觉到了来自母亲的庇护，她甚至能听到母亲鼓励的话语，让她不在困境中沉沦下去。在这种力量的鼓舞下，她明白再难也要伺机而为，绝地反击，重新树立起更强大的信心和勇气。这不仅仅是为自己，更是为了韩国大多数民众。朴槿惠一直都知道母亲希望自己能够有所建树，她从母亲那里继承的自我批判和节制的品格，都让自己变得更有力量。

珍珠经常被人们称作是泪水的宝石或痛苦的结晶，但是如果没有一番侵入骨血的磨难，河蚌也只能在庸庸碌碌中过完一生，永远都不可能结出细腻的珍珠。其实，这与人生的道理一样，苦难是人生洗礼，只有经过苦难，人们才会进步，才会谱写出辉煌的人生篇章。不经历暴风骤雨，又怎能看到绚烂的彩虹？成功是一个个失败的累积，没有任何捷径。

朴槿惠就像是一颗泛着幽静光芒的珍珠，那是历经磨难之后的光彩，也是她最独特的人生魅力。

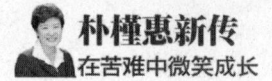

23. 再难，也要扛起这个家

原来的家庭散落了，朴槿惠带着弟弟妹妹重新回到新堂洞，开始了全新的生活。总统的突然离去必然会带来政坛的动荡，还没等朴槿惠从失去父亲的悲痛中走出来，总统职位就已经引来那些新崛起政客的觊觎。

在朴正熙去世还不到一个月的时候，首尔保安司令全斗焕发动了"双十二政变"，把当时的总统崔圭夏赶出青瓦台，自己登上了韩国总统的位置。继任总统全斗焕为了将自己和朴正熙区别开来，在韩国全国范围内掀起了一股批判朴正熙独裁统治的风潮。

朴槿惠曾经天真地认为，随着时间的流逝，人们会对父亲有一个客观公正的评价，但是事实打了她一记响亮的耳光，人们对朴正熙的批判愈演愈烈。在朴槿惠的眼里，父亲绝对没有任何私心，他将自己的一切都奉献给了"祖国现代化"这个艰巨的任务。

随着韩国国内对朴正熙的批判越演越烈，朴槿惠姐弟三人为了避免更多的诽谤，连父母的祭日都不公开祭奠。在整整六年的时间里，朴槿惠姐弟三人都没有公开进行过父亲的追悼仪式，只能在新堂洞的家里祭拜，过着异常低调的生活。

当时，朴槿惠姐弟三人面临的不仅仅是父亲的批判，还有父亲身边最亲近的人对他们的冷漠。那时候，朴槿惠失去了父亲的庇护，单单依靠她一个28岁的年轻女孩根本没有能力纠正那些对父亲的诽谤。就这样，身边的人开始纷纷选择离开，并对诽谤之事不闻不问。期间，朴槿惠姐弟三人就像消失在历史的舞台一样，逐渐被人淡忘。

离开青瓦台回到新堂洞之后，朴槿惠才明白为什么母亲在世的时候一直要求姐弟三人谦虚为人，因为在青瓦台这个韩国权力中心，谦逊是保护孩子最基本的要求。陆英修清楚地知道权力的强大力量，她自己平日里就非常克制，唯恐自己用到太多权力被民众诟骂。因此，她处理每一件事都小心翼翼，尽善尽美，而她这种谦逊谨慎的性格为身为总统的父亲提供了很多帮助。陆英修深知政坛的危险，她一直不想自己的孩子也停留在权力的周围，而是希望他们像普通人一样过着平凡安定的生活。但是遗憾的是，朴槿惠在将近而立之年才明白母亲的用意。

经历一连串的打击之后，朴槿惠对权力有了全新的认识。显然，权力是一把刀，而锋利程度与刀的大小成正比，权力越大，就会更锋利，从而容易伤害周围的人。但是真正令人胆颤的不是权力本身，而是拿着这把刀的人。如果这个人没有深厚学识及修养，那么根本不能正确地运用这个强大的力量，很容易肆意使用这个工具，到头来终将会伤害到自己。

新高层领导走马上任之后，朴槿惠才意识到自己的生活发生了翻天覆地的变化。不仅仅在于她失去母亲之后又失去父亲，也不在于那些曾经非常疼爱她的人选择了背叛和冷漠，而是在这段黑暗的人生中，她必须学会勇敢面对一切，尝试着让自己和家人生活得更好，在人生的后半场感受到一些温暖。那些之前并没有深入交往的人们，在看到朴槿惠姐弟三人的近况之后非常痛心，还尝试着帮助他们。这些温暖或许很微小，但是却长久地温暖了朴槿惠冰冷的心。经过这段生活，朴槿惠意识到学会看破人的内心是一件多么重要的事情。她最感谢的并不是多给她一杯水的人，而是那些不会因为时势改变自己内心最初的坚持，以一贯真诚的态度对待自己的人。

朴槿惠为了清洗父亲的冤屈开始整理他的遗物，为了改变那些人对父亲的看法，她开始着手进行"父母亲追悼事业"。朴槿惠坚信，这是子女必须要做的事情。在进行这项工作的时候，朴槿惠非常需要一个能够及时提供帮助的团队，但是现实是冷酷的，在当时的时局下，更多人根本不愿意见到朴槿惠，即使是周围的人也不愿意与她谈论朴正熙的事。庆幸的是她一直都不是一个人，还是有很多与她有着相同理念的人们，与之携手冲破层层阻碍，最终聚集到朴槿惠身边，为她提供了巨大帮助。直到现在，朴槿惠依然对当年愿意与自己共事的人表示感激，因为他们在面对强大的政治和舆论的压力下仍然选择了坚持，这种情义是金山银山都换不来的，也是朴槿惠继续下去最大的支持和动力。

在外界友人的帮助下，朴槿惠才得以开始对父亲的重新评价。她发行了一本描述父亲执政经历的书《同一民族的指导者》，还拍摄了一部名为《祖国的灯火》的电影。在朴槿惠一行人的不懈努力下，媒体开始关注事实的真相，社会上也开始出现了对于朴正熙新的评价。

对于父亲的政治生涯，朴槿惠非常珍惜他和那一辈人对国家产业化做出的贡献，她也对那些为了国家民主化而努力的人们给予了高度评价。但是在朴正熙的那个时代，首要任务就是保护受到战争威胁的国家，并在保护国家的同时发展经济，带领国民摆脱贫穷和饥饿的困扰。朴槿惠也承认从民主化的角度来看，父亲的执政之策确实存在很多不足之处，但是许多遗憾往往无法避免。

1982年，朴槿惠暂时担任岭南大学理事长，但是由于学校政治运动圈的反对，她只好放弃这个职务。她曾经说过，自己对这份职务从来没有过私心，也从来没有认为那是她必须永远保持的位置。此后，朴槿惠代替母亲担任了育英财团理事长的职位，希望能够把母亲生前的事情继续做下去。她认为，父母用尽自己的生命所做的事业，自己有责任继续做下去，并做好。

担任育英财团理事长后，朴槿惠在儿童会馆里盖了勤花园和木莲亭、英海楼等极具韩国传统特色的房子，目的就是为了让韩国的孩子能有一个可以学习韩国传统生活礼仪的地方。直到现在，依然有很多孩子来这里学习传统文化，接受礼仪的熏陶。

1990年，朴槿惠将育英财团理事长的职位让给了妹妹朴槿令。外界猜测，朴槿惠之所以这么做，原因是两姐妹因为母亲陆英修女士生前建立的儿童会馆一事产生了纷争。后来，朴槿惠否认了这些错误的揣测，她之所以把育英财团交给妹妹，是因为自己相信妹妹有能力将它做得更好。即使偶尔听到财团出现问题的消息，朴槿惠虽然会感到惋惜，但也只是默默地为妹妹加油，因为她相信对方一定会妥善解决这些问题。

从育英财团离开之后，朴槿惠终于迎来了自己全新的人生，就是一直梦想着的平凡安逸的生活。在这段时间里，朴槿惠通过日记和阅读整理自己的思绪，偶尔还会写写诗歌，她发现了一种与过去截然不同的生活。对于这段日子，朴槿惠是这样说的："我发现学会用对的方式生活，那么你的人生就是有价值的。人生中最重要的不是金钱、名誉或权力，那些只不过是过眼云烟。"

后来，朴槿惠成为韩国总统之后，看到媒体把她离开青瓦台后的十八年生活经历写成隐居或闭门思过，并没有立刻进行辩解，只是露出一丝苦

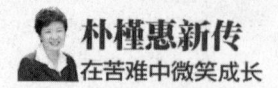

笑。在最艰难的时候，朴槿惠并没有选择离开，而是依然留在韩国，感受这里的一草一木，并成为努力生活的韩国国民。

24. 苦难中，她爱上了中华文化

与绝大多数人相比，朴槿惠所走的路是与众不同的。在大学时期，她梦想着能够成为电子工程领域的领军人物；但是在22岁的时候，母亲突然离世，她的人生道路偏离了原来的轨道，她代替母亲成为韩国"第一夫人"，放弃了自己的梦想；五年之后，父亲也因为暗杀离她而去，那时候朴槿惠27岁，却已经遭遇了父母双双离世的痛苦，她那时的绝望是人们无法体会的。然而更令她伤心的是，原来在自己身边的人开始纷纷离开，而父亲和母亲也因为政治原因遭到了人们的恶意指责。

一夜之间，朴槿惠仿佛失去了一切，每当看到其他家庭手拉着手去郊游，她都无比羡慕，她遗憾为什么没有出生在一个平凡的家庭。为了熬过这个痛苦的时期，朴槿惠不断地与自己对话，与内心里的另一个自己斗争。她通过阅读、冥想、日记渐渐地平静下来，坚定了自己的内心。

就在这个时期，有一本书进入了朴槿惠的视野，成为了她的人生导师，那就是冯友兰先生的《中国哲学史》。与西方哲学讲究逻辑和论证不同，东方哲学更看重领悟。冯友兰先生是中国最具代表性的哲学家，他的

《中国哲学史》蕴含着做人的道理和战胜人生磨难的智慧，这些都让朴槿惠领悟到了应该如何正其身，以及如何正直而善良地活着。

就像别人给朴槿惠取的外号"笔记公主"一样，她不论见什么人，听到怎样的内容，都会记录下来，读书的时候更是如此。在读《中国哲学史》的时候，朴槿惠把每个能引起共鸣，令自己有所感悟的句子都写在笔记本上，从含蓄的文字中找到真理并深深地刻在心里。后来，朴槿惠还会偶尔翻开以前的笔记本来回忆当时的感受，获取新的智慧。

《中国哲学史》有很多句子让朴槿惠深有感悟，比如："最佳的修身之道是不矫揉造作，顺其自然。这就是道家的无为、无心"，"推己及人，即为'仁'"，"坐密室如通行，驭寸心如六马，可以免过"等等，这些句子一直到现在都深深地打动着她的心。

自从开始研读《中国哲学史》，朴槿惠恢复了内心的平静，明白了很多以前不理解的事情。其实，所谓人生并不是与他人斗争的过程，而是与自己斗争的过程。要想获取这场战争的胜利，你必须要做的就是坚定自己的内心，控制住过度的情感和欲望。通过研读《中国哲学史》，朴槿惠明白了平凡而珍贵的道理：金钱、名誉和权力都是虚无缥缈的，只有正直的人生才是最有价值的。

从那以后，朴槿惠把苦难看做是激励自己的伙伴，将它和努力作为照亮前程的灯塔。只有经过石头，溪流才能发出清脆的水声；人生也一样，只有经历痛苦才能成就辉煌的人生。朴槿惠就是经历过痛苦的人，她从这种经历中找到了全新的人生价值，完成了生命历程中的一次升华。当她失去一切陷入绝望之渊的时候，反而会看到崭新的希望。一旦想到放弃，不妨再思考一次命运所赋予你的使命和责任，答案往往不言自明。一旦人们能把挫折当朋友，把真理当灯塔，不论遇到怎样的困难都会找到克服的办法，朴槿惠无疑就是最好的证明。

《中国哲学史》带给朴槿惠无尽的力量，从此她开始寄情于中华文化。日常生活中，她会把书放在床头，以便能随时拿起来翻阅。在阅读《明心宝鉴》的时候，她看到了这样的内容：如果一个人用责怪别人的心来责备自己，那么就会少犯很多错误；如果用原谅自己的心来原谅别人，那么人情关系就容易维持得更长久。其实，印度哲学家奥修·罗杰尼希也说过类似的话："虽然人生短暂，但有星星、月亮、花儿、男人、女人、江河、山水等无数美好的事物相伴。那么你还要继续争夺，愚昧地过这一生吗？在这个世上，你空手而来，空手而去。当领悟到这个道理时，一切自然变得通透明朗。"虽然这些文字看似简单，但是要真正明白其中的深意并付诸行动，绝非易事。

古往今来，任何成就了一番伟业的人都会在一种力量的指引下前进，他们无惧任何艰难困苦。创立中国禅学传统而闻名的六祖惠能法师，年轻的时候是目不识丁的樵夫，后来，无意间听到有人在讲解《金刚经》，不知不觉就被迷住了。于是，他放下红尘内的一切牵挂进山修佛，终于在佛学史上留下了浓墨重彩的一笔。朴槿惠在成长过程中，也自始至终坚持学习、思考，翻越一次次坎坷与挫折，日臻成熟进步。

读完《东周列国志》之后，朴槿惠通过君主治国的故事了解到，作为一个国家的领导者，不仅要能够守卫国家，还要让百姓过上富足的生活。

朴槿惠认为，治理国家的前提条件就是领导者本人需要经常端正身心。只有领导人心正，才能扶正国家，那么国家自然会变得强大。如果领导者心不正，那么国家必然会灭亡。真正意义上的领导者需要时刻保持清醒的头脑，不断提升自己的素养。拥有这样的领导者是国家和百姓最大的幸运。人最大的弱点就是傲慢，傲慢经常会导致人心变质或者走上歪路。

自满会导致傲慢，进而演变成奢侈享乐，接下来就是陷入权钱色的陷阱。一旦被傲慢蒙蔽了心智，人们就不能区分忠言和谗言、君子和小人。身为领导者，朴槿惠对这些真知灼见领悟颇深。

通过研读中国古典文化著作，朴槿惠更加深刻地感悟到，人生就是向着目标不断奋进的过程。虽然每个人所走的道路不一样，但是都会遇到缺憾、不满甚至是痛苦，而这些并不愉快的经历会给人们带来强大的意志和力量。虽然没有人喜欢痛苦，但是却无法避免。

那些成就伟大功业的人，无不经历了常人难以理解的挫折和辛酸。司马迁遭受宫刑，但是他最终战胜痛苦，成就了史上伟大的《史记》。朴槿惠认为，司马迁将痛苦转化为动力和能量，是值得每个人学习的。这位未来的韩国女总统在研习中华文化的过程中，一步步让自己的内心变得日趋强大。

25. 学会感恩，做生活的强者

对于父亲的施政理念，朴槿惠持一种客观评价的态度。一方面，它为韩国经济发展起到了积极的促进作用，另一方面也有很多不足之处，其中最重要的一点就是在民主化进程中出现了一些问题，甚至出现了某些冤假错案。

在新政权对父亲的全盘否认下，朴槿惠积极做着努力，并且取得了不错的效果。父亲去世之后，朴槿惠迫于政府的压力，从来没有公开祭奠过父母。事情有了转折是在 1987 年，韩国在国立日举行了追悼朴正熙夫妇的纪念大会。那天是一个晴朗的日子，在前往墓地的路上，朴槿惠内心非常激动，她害怕自己在会上情绪失控，她害怕"父亲"这两个字一旦说出口会控制不住长期压抑在心中的情感。她在车子里不停地祈祷，希望上帝能够帮助自己克制内心涌动的犹如火山爆发般的情感。最终的结果令朴槿惠非常满意，在整个大会中，她始终保持着清醒的头脑。

纪念大会结束之后，朴槿惠乘车下山时才发现自己已经被包围在一片人潮之中，悼念会现场的人摩肩接踵，将军墓附近也是黑压压的人群。朴槿惠乘坐的车子慢慢地在人海中行驶，隔着车窗看到人群向她挥手致意，这一幕令人非常感动。后来，律师告诉朴槿惠，悼念会当天还有更令人感动的地方，人群中有很多佩戴勋章的新农村运动领导人。在朴槿惠致悼词的时候，有很多老人默默拭泪。

1990 年，朴槿惠已经完全淡出公众视野，至此她才真正品尝到生活的乐趣，开始培养自己的兴趣，并爱上中文学习。借助 EBS 教育电视台开设的中文教学节目，朴槿惠开始学习中文。根据以前学习西班牙文、法文和英文的经验，她知道反复练习是唯一的途径。此外，朴槿惠在青瓦台的时候就希望能走遍祖国的大江南北，但那时自己公务繁忙，几乎没有个人时间，因此一切都无从谈起。现在，朴槿惠终于闲下来了，期盼已久的旅行列入了日程。

在一年的时间里，朴槿惠来到了韩国江原道端宗的流放地，那次的旅行与她当时的心境有着直接的关系。这里是朝鲜王朝的第六代君主端宗的葬身之地，他哀怨的灵魂似乎还在这块土地上四处游荡，这里的每一寸风景在她的眼里都充满了孤独和凄凉。半个世纪以前，这里的环境非常恶劣，但是现在风景优美，每年都有很多人前来观光。

朴槿惠走在茂密的松林之间，依然能够感到当年端宗凄苦的心境。他在17岁的时候被赶出景福宫流放至此，在这个与世隔绝的地方自生自灭。当思念远在首尔的妻子时，他便爬到观音松上，朝着首尔的方向哭泣。据证实，当年端宗爬的这棵观音松已经有600年的历史，当年就是它默默聆听端宗无声的呼喊。

行走在松林间，仿佛恍如隔世，朴槿惠感受到了端宗的哀怨，直到离开的时候也没能从悲伤的情绪中走出来。虽然稍显沉重，但是这次旅行还是有很多收获。穿着利索的牛仔裤和舒适的旅游鞋，她轻快地走在名山大川之间，这是在青瓦台感受不到的。

朴槿惠惬意地走在乡间的小路上，迎面走来的村民们脸上挂着简单纯朴的微笑，他们谈论的可能就是一些柴米油盐的小事，却被浓浓的生活气息包裹着，心灵上舒畅无比。院子里，大婶们一边晒着红辣椒，一边聊着天，笑声穿透小院向远处飘散而去。

沉浸在这轻松愉快的氛围中，朴槿惠也被感染了。盛情难却之下，大婶们给她的一碗面条，虽然简单，可是非常可口。吃过面条之后，朴槿惠说："非常感谢您的款待，但是我之前没有准备，没有礼物回赠给您，如果有机会再来这里，我一定给您带一些饮料。"

"这没什么，只不过多加一双筷子罢了，不用说谢谢。"大婶们豪爽地说。

当她转身离开时，刚才没有说话的老奶奶寸步不离地跟在身后，说："姑娘，我知道你是谁，你和陆英修女士一模一样。她做了那么多善事，即使别人忘了我也忘不了。"说罢，老奶奶从口袋里掏出几张皱巴巴的千

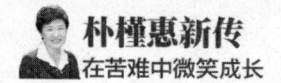

元钞票,硬塞到她的手中。朴槿惠拗不过老奶奶,只好收下了。老奶奶离开之前说:"今后的日子还长着呢,一定要加油啊!"这句话比金子还贵重,像是一记温柔的拳头轻轻击打在她的心上,眼泪瞬间倾泻而下。

父亲去世后的那些年,朴槿惠满怀着感恩的心生活。虽然身处低谷,但是她由衷地感谢那些在困境中帮助自己的人,也感谢那些曾经伤害过自己的人。正是由于他们,这位坚强的姑娘感受到了生命的温暖,也在困境中生出了勇往直前的力量。

26. 18年的蛰伏,增长的不仅仅是年龄

江原道之旅带给朴槿惠很多感悟。在返回首尔的路上,她的脑海里飞速闪过一幕幕过往的画面,有新堂洞的老家里父母贫寒生活的样子,有在青瓦台与父母一起度过的那些快乐时光……这些情景就像是窗外一闪而过的风景,也像是一场早已消失的梦境。

在朴槿惠的蛰伏时期,她相继出版了很多文学作品,《如果生在平凡家庭》、《终究是一把,终究是一点》是她迈向文坛的第一步。后来,朴槿惠加入了文协,开始涉猎各类书籍,并及时做读书笔记,在平淡的日子里积累了很多知识。当时,朴槿惠积累的那些笔记,在她后来的生活中起到了重要作用,成为她今后的行动指南。

日子一天天过去，不知不觉之间岁月就在朴槿惠的脸上留下了痕迹，眼角开始出现细纹。随着年龄越来越大，朴槿惠越来越像去世的母亲，这令她非常高兴。40岁以后的朴槿惠，已经达到了包容厚德的思想境界，她称之为年龄的礼物。面对纷繁复杂的世事，朴槿惠少了一份苛责，多了一份宽容。从那些年的日记、随笔和散文中可以依稀看到她越来越深刻地理解了人生，并对自己有了更深层次的自我批判，这使她任何时候都能冷静地审视自己。

自满是一杯加了蜂蜜的毒酒，虽然很多人在竞争中通过各种手段去获得胜利，但是赢得他人的关键是先战胜自己，然后才能成为真正的胜者。经验表明，人最大的敌人就是骄傲自满，如果一个人能够遏制这种自大的情绪、控制不断膨胀的欲望、调节不良情绪，那么就能所向披靡，战胜所有对手。如果一个人能达到这种境界，那么能否成为最后的赢家也就变得不重要了。

朴槿惠认为，相较于胜利的桂冠，宽容的心态更加珍贵，因为这是胜利者应有的姿态。很多人经常把自己失败的原因归结于经不起诱惑，其实并非如此，失败的最根本原因是陷入了自设的陷阱。因为在诱惑和美誉出现之前，你的心理防线已经全面瓦解，一旦出现合适的机会，自身的弱点就会暴露无遗，当然也会成为对手攻击的对象，势必会走向失败。

显然，心灵港湾的宁静是人们追求的最高境界，而官场斗争的目的则是为了满足升官发财的感官快乐。这些感官快乐能够为心灵的宁静提供些什么呢？这是一个严肃认真的问题。此外，还有一个问题是，那些追求幸福快乐的事情最终往往以悲剧收场，这种事情经常发生在现实生活中。

须知，人在追求某个目标的过程中会在不经意间失去很多正确的东西，如此一来则意味着失去了一切。而现实是很多人意识不到这些危害，

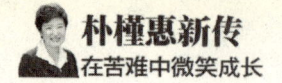

不知道自己之所以失败是因为失去了正确的内心。正是因为如此，人们才会说要用智慧去追求幸福，而不要在愚蠢的身后追求不幸。

诱惑就像是肥皂泡，在阳光的照耀下非常绚烂，但是却会在人们触碰到的瞬间破灭。在诱惑面前，很多人的意志都会发生动摇，但是只要你不忘初心，就能成功抵制诱惑。如果失去了正确的内心，那么接下来迎来的就是痛苦和悔恨。

年龄给予朴槿惠最好的礼物就是让她在痛苦中成长并成熟。朴槿惠的青春已经随着成长消失了，她没有时间去留恋消失的青春，她也从不后悔，因为每一个决定都是最好的选择，走过的每一步都有独特的价值。

有时候，朴槿惠走在街上会看到一对小夫妻有说有笑地逛街，婴儿车里有他们可爱的孩子，或者看到手牵手散步的老夫妻，她觉得这些平凡生活中的场景是最美的。虽然她无法享受这样的美好，却依然能感受到这份温情。她在平凡的生活中发现了很多快乐，并珍惜每一刻用心体会的机会，由此收获了无穷的乐趣。

有一次，朴槿惠在采购时发现一家小杂货店，那是一对夫妻经营的小店。每天从凌晨开始，夫妻两人就开始忙碌起来。先生大汗淋漓地搬运货物，妻子则心疼地帮丈夫擦着汗水，那种恩爱的样子常常令朴槿惠感动不已。他们靠着自己的劳动买房、送孩子念书，甚至还要为晚年生活做准备。虽然每天都很辛苦，但对未来有着美好的梦想，而这能帮助他们在许多困难时刻度过艰辛的日子。时常看到他们努力工作的样子，朴槿惠也觉得整个人都振奋起来。这个小小的杂货店就像是一个生动的课堂，教会朴槿惠对生活要有热情和希望。

朴槿惠深知，幸福不是自己来敲门的，要想得到幸福就必须付出努力，而且这些机会不是一天就能得到的，而是需要长时间的积累。就像一个人的才华一样，只有经过长年学习才能脱颖而出。虽然在蛰伏的 18 年里，她的生活看似与政治毫无关联，但是她依然每天都阅读报纸、收看新闻，时刻关注着国家大事。

在青瓦台十几年的生活，朴槿惠选择成为"嫁给国家"的人。有一段时间，韩国国内针对父亲朴正熙的诽谤和流言几乎要将她打垮，有的人劝她到海外避一避风头，但是她没有办法离开这片生她养她的热土，即使再难熬，她也要留在祖国，与这里的人们同呼吸、共命运。

18 年的蛰伏，朴槿惠增加的不仅仅是年龄，还有对人生的感悟和修养。对朴槿惠来说，在这 18 年里，她让自己变得更强大，能够随时迎接人生中的挑战。

27. 舍弃爱情和婚姻的女政治家

朴槿惠清晰地记得在大学毕业那年，母亲萌生了要把她嫁出去的想法。有一天喝下午茶的时候，母亲故意把话题转移到了婚姻上。

"槿惠啊，你心目中的白马王子是怎样的呢？"母亲试探地问道。

"这个我还真没有想过呢，您这么突然一问，我都不知道该怎么回答。"朴槿惠这样说。

"是时候该好好想想了，不着急，想好了再告诉我。其实，人这一辈子最幸福的就是找到一个称心如意的人，然后与他相伴到老。"母亲笑着说。

朴槿惠有时候也会想，如果母亲没有离开，那么她现在很可能是一位贤淑的家庭主妇，相夫教子，其实她在母亲去世前也曾经无数次畅想自己是否会拥有美满的家庭。不料在命运的捉弄下，一夜之间所有的事情都偏离了原先设定好的轨迹。她承担起了母亲"第一夫人"的重任，每天忙得不可开交，根本没有时间谈恋爱，更不用说步入婚姻生活了。

自从1979年离开青瓦台之后，朴槿惠仅仅在一些非政府机构中任职，一夜之间离开了政治舞台。父亲的突然离世，朴槿惠饱受人情冷暖、世态炎凉。那时，情窦初开的朴槿惠心中还藏着一段爱情，但经历了这次巨大变故后，她最终放弃了婚姻。没有人知道她和恋人为什么分手，但是她曾经在日记里伤感地写道："谁敢说曾经温柔亲切的人，以后就不会变得利害关系分明呢？"

1982年，堂哥劝说朴槿惠结婚，但是却遭到了她的强烈反抗，甚至告诉堂哥以后不要再说这样的话。在这之后的几十年里，朴槿惠再也没有传出恋爱的消息，至今仍然是孤身一人。有一次，朴槿惠曾经开玩笑说："现在回过头来想一想，我的初恋就是《三国志》中的赵子龙啊。那时候看书每次他一出场，我的心总是砰砰跳得厉害。"在有关朴槿惠的各种记叙里，这几乎是她亲口承认的一段"恋爱经历"。爱情，对于这个坚强的女人来说已经成了生活中一个可有可无的东西。

虽然朴槿惠三姐弟是一奶同胞的至亲，但是他们的婚姻走了三个极端：朴槿惠至今单身，并打算终身不婚；朴瑾令是"姐弟恋"，嫁给了比自己小14岁的男人；朴志晚则娶了比自己小16岁的女人。朴槿惠没有婚姻，也没有孩子，性格坚强冷静，因此人们称她为"冰公主"或者

"三无女人",也正是这个"三无女人",在今后的韩国政坛起到了举足轻重的作用。

关于朴槿惠为什么没有嫁人,韩国媒体也总结出了一些原因,但是可以肯定的是她不婚在很大程度上与自己的遭遇有关系,父母的不幸让她卧薪尝胆,并且排斥个人原因。前总统朴正熙通过军事政变上台,在任职期间实行铁腕政策,被称为独裁总统,在任职期间被刺身亡。母亲陆英修也是由于暗杀身亡。接连失去双亲的痛苦让朴槿惠刻骨铭心,她暗暗下定决心要完成父亲没有完成的事业。最后,她把所有的精力都投身到政治上,希望能够继承父亲的遗志。正因为如此,朴槿惠没有把时间和精力放在男女感情上,把一生都献给了政治。

不论是什么原因,这个"三无女人"在今后的时间里证明了自己的价值,以及对国家的无比忠诚。凭借心中的那股力量,她开始重返政坛,一步步走向权力之巅。

28. 宽容他人的不完美,才能成就自己的伟大

朴槿惠的一生可谓是历经坎坷,举步维艰。那么,是什么力量让她冲破命运的阻挡,最终走到胜利的终点呢?答案是宽容,宽容自己,宽容他人,宽容命运。

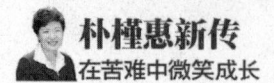

1974年，朴槿惠22岁，母亲陆英修遭到刺杀去世，当她还没有完全从失去母亲的痛苦中走出来的时候，1979年，朴槿惠27岁，父亲朴正熙遭到刺杀相继去世，作为女儿，此时的朴槿惠经历了失去双亲的痛苦。她非常不解为什么自己会遭遇到这样的命运，上天对她似乎太过于苛刻。

然而，这样的痛苦还没有结束，作为"总统"的女儿，她所承受的除了痛苦以外还有父亲同僚的背叛和国民百姓的误解。父亲被刺杀后，朴槿惠的生活发生了翻天覆地的变化，平日里一直想将朴槿惠当做儿媳妇的叔叔此时连看她一眼都不愿意；父亲的贴身秘书丝毫不顾及自己的感受将父亲生前审阅的文件无情地丢落在雨里；声称是父亲永远的支持者的律师叔叔连为父亲做最后申辩的要求都没有答应。这些人的变化让朴槿惠饱尝了世态炎凉的味道。

她的心里虽然充满了委屈和不解，但她并没有将仇恨当做自己防御他人的武器，反而选择了宽容。宽容那些人对自己的冷漠与无情，宽容父母为自己留下这么多难题，宽容命运对她的捉弄与"偏袒"。

她将所有的力气都花在解决问题和完善自己上，她积极参佛、净身、品读中国哲学来化解自己心中的疑问，充实自己的内心。终于，1997年，韬光养晦18年的朴槿惠准备重返政坛，实现自己的父亲尚未完成的梦想。

朴槿惠重新复出后，并没有对当年背叛自己的官员和国民加以评判和指责，相反，她的态度是谦恭的、宽容的。她曾在不同场合多次对父亲执政时期的受害者表示道歉。她说，我真诚而深切地向那些受害者道歉，因为我父亲的失职和疏忽，使你们的生活遭遇了灾难和痛苦，我虽然是她的女儿，但我也是一位总统候选人，在我心里，国民的幸福才是最重要的事情。

朴槿惠的道歉虽然有些姗姗来迟，但是对于50岁以上经历过朴正熙时期的那些韩国人来说，这道歉却着实令他们感到释然。这些人虽然对朴正熙的统治怀恨在心，但听了朴槿惠的道歉也终于放下了那颗仇恨的心。毕竟，朴正熙的统治也有特殊的历史原因，另外，在朴正熙执政时期也确实使经济有了很大的发展。身为女儿，朴槿惠能不顾个人私利，将民族的利益放在第一位，用宽恕消融仇恨、用和解终结独裁，这着实是一件非常难能可贵的事情，单凭这一点，国民也足以原谅朴正熙的所作所为。

朱桂华在文章中指出："朴正熙执政时期，一方面大力发展经济，对工人施与恩惠，另一方面极力压制言论自由，打击排除异己。他主持修建了韩国第一条高速公路，为韩国国民的出行提供了极大的方便，提高了整个韩国的生活水平。同时他也拘捕杀害了数万名知识分子和反对派人员，阻碍了韩国文化水平的发展，打消了国民的积极性和创造性。朴正熙之所以被刺杀也是因为他的过于'精益求精'，刺杀当晚，朴正熙因为情报部部长的工作不力，而对他大加指责，最终导致部长恼羞成怒，掏出枪来，当场将他击毙。"

那个时期，朴正熙成为独裁的代名词。朴槿惠今天能够当众向公众为自己的父亲道歉，表现了她异于常人的宽容大度，而面对朴槿惠的道歉，韩国国民并没有因为她父亲的过错而怨恨于她，不仅接受了她的从政政策，还将她父亲的过错也一笔勾销，这也体现了韩国国民的宽容。宽容，是一种美德，宽容他人的不完美，才能成就自己的伟大。中国人讲："人非圣人，孰能无过"，所有的人都会犯错误，如果我们一直揪着别人的错误不放，结果不是惩罚了别人，而是为难了自己。

在这一点上，中国人做得也不错，朴槿惠曾对朝鲜战争作出过令中国民众愤怒的评价。对此，中国人也表示了原谅和宽容，不仅如此，中国国家出版部门还允许朴槿惠的著作在中国出版发行。

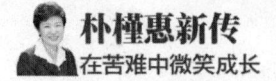

朴槿惠说:"这些年来,我经历了无数次被出卖的遭遇,那样的感觉简直比站在山崖的边缘还要岌岌可危,那是我人生中最痛苦的时光,但同时也是给我最多宝贵教训的时光。"那段时间,朴槿惠的弟弟朴志晚沾染上了毒品,整天过着昏庸消极的糜烂生活,而妹妹正在跟一个比她大很多岁的老男人谈恋爱。可惜,朴槿惠对这些知道得太晚了,当她再对弟妹们的错误行为加以制止和干涉的时候,弟妹们已经因为"中毒太深"而无法听进她的话语。看着心爱的人正在走向黑暗的深渊,而自己却无法帮助他们,这令朴槿惠非常痛苦。

更加糟糕的是,她的住所整日都被情绪激昂的人群所围堵,这使朴槿惠连出门都成了问题。这重重的压力让这个弱女子再也承受不住,3个月后,朴槿惠的身上开始出现紫斑,涂了很多的药品依旧不起作用,这些斑点甚至扩散到她的脸上,让她原本憔悴的面容变得更加狼狈。

1980年1月,重创之下的朴槿惠跑到父母的坟前失声痛哭,悲哀无比。那个时候的她,总是在心里闪出这样的念头:"要是出生在平凡家庭该有多好",可想而知,那些日子对她来说有多痛苦。

"那段时间我真的陷入了深深的无限的绝望中,我不知道我的未来在哪里,每天的日子都是那样的痛苦和煎熬。我之所以能够重新站起来是因为那些在乡村中、集市上遇到的陌生人,他们善良而质朴,他们用温暖的手赐予我希望和力量,就是这份无名的爱让我拥有勇气战胜自己,宽容生活,走出那段黑暗的时光。"

在面对人生的巨大不幸和挫折之后,朴槿惠也犹豫过,也抱怨过,但她最终还是选择了宽容,宽容了生活和命运对自己的折磨,正是这种宽容才成就了她后来的功成名就。

朴槿惠走出绝望后,开始重新走近政坛,开始她的第二段人生。此时的她早已把那些年经历的苦难当成生命成长的钙质，她不仅原谅了那些曾经伤害自己的人，还用自己的人格魅力征服了他们，让他们重新为自己所用。因为她深深地知道，一味地用别人的错误惩罚自己是非常愚蠢的行为，只有原谅和宽容才是惩罚背叛者的最好方法，只有成就了自己才是对敌人最大的打击。

29. 信念让她坚持到最后一刻

朴槿惠一生遭遇过许多的艰难挫折，青年丧母，继而丧父，遭受了世态炎凉的折磨，那些在她身边的人都离开了她，生活给了她很多的磨难。但是朴槿惠一直都是个坚强的人，她并没有因此而放弃，她坚持着自己的信念，一直都不曾退缩。

朴槿惠曾经回忆过她年幼时的苦难："年幼时节就遭受父母双亲中弹身亡的悲惨变故，这是何等的打击！……我能活到现在，而且没有被绝境逼疯，其实我自己也觉得是一个奇迹。……那种痛苦，如果没有亲身经历过，恐怕永远都不会懂。弟弟志晚是我们三个中年龄最小的，他在那么小的年龄就遭受这么大的打击，我看着弟弟，觉得命运这样对他真的很不公平，那时候弟弟整个人一度变得很萎靡不振。"

很多人遭受了这样的生活折磨，恐怕都会一蹶不振，但是朴槿惠却没

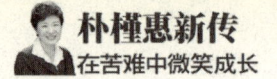

有放弃对生活的希望。她曾说弟弟如今能够战胜以前失去父母的痛苦，堂堂正正地做人，而且组建了家庭，在向幸福生活迈进。看到这些，她便觉得很满足。她觉得这是父母在天上保佑着她们，所以她对父母怀有感恩，对生活抱有希望。

朴槿惠能够从困难中涅槃，再次在政坛上实现重生，这和她积极的心态有很大的关系。朴槿惠一直都有一个很平和的心态，而这同她内心坚定的信念是分不开的，正是因为内心有着坚定的信念，朴槿惠才能够在磨难面前保持镇定。事实上，周围的人觉得朴槿惠在遇到失去父母双亲的打击中还能坚持得住，真是个奇迹。

苦难是铸就人的利器，是真正的试金石。在平时的生活中，很难看到一个人的才能和本领大小。但是一旦遇到危机或困难时，这些能耐就会自然地显现。在面临绝境时，有的人会被打倒，变得萎靡、绝望，而有的人则会奋起反抗，越战越勇，并且在对抗的过程中不断地强大自己的精神和心灵。只有后者，才能成为真正的勇士，朴槿惠就属于后者。

苦难的经历铸就了如今坚韧不屈的朴槿惠。母亲陆英修去世时，朴槿惠连哭泣的时间都没有，根本无法顾及自己个人的悲伤，因为父亲告诉朴槿惠，国家需要她，她只能强忍悲痛，马上填补了母亲的空位，去行使"第一夫人"的职务。朴槿惠告诉自己，尽自己的全力做好"第一夫人"，就是对母亲最大的思念和安慰；分担并解决国民的忧愁，为国家和国民谋福利是自己最大的任务。为了完成这个任务，她的生活完全改变了，她不敢有丝毫的懈怠，她的生活变得异常忙碌。

27岁的朴槿惠的生活完全改变了，她必须接受这些本来不需要她做的事情。她每天在东奔西走，争分夺秒地工作，不仅是与时间作战，更是与自己的意志作战。在担任"第一夫人"期间，朴槿惠除了担任"女童子军"的名誉总裁外，人们还能在"新村运动"中看见朴槿惠忙碌的身影。

但是命运却觉得朴槿惠做得太好了，再次和她开起了玩笑。1979年，父亲朴正熙遇害，朴槿惠离开青瓦台，过了18年隐居式的生活。这18年中她时刻都被痛苦折磨着，她也有过近乎崩溃的时候，但是她通过读书、思考、写作等方法帮助自己平复内心的痛苦，并渐渐地开始了自己的新生活。

回顾朴槿惠一生的经历后，可以发现她一生都是同痛苦、磨难相伴的，她受尽了生活的折磨。生活夺走了她的父母，在韩国政坛中，朴槿惠被称为"三无女人"——无父母、无丈夫、无子女。迄今为止她都是独身一人。在每次痛苦到几近崩溃的时候，朴槿惠都会想到国民，想到国家，还有自己的父母，她知道，她的命运与这些息息相关。

朴槿惠也曾承认过，在失去父母后，她也曾一度陷入抑郁症中。为了让自己的生活充实起来，改善自己的抑郁症，朴槿惠积极参与外界的活动。她每周都会去周围的孤寡老人那里帮助他们打扫房间、洗衣做饭，陪他们聊天，认真地倾听他们的话语。正是这种经历，使得朴槿惠再次感受到了生活中的爱，也让她感受到了民众对她的关心，感受到生活中的喜悦，这种喜悦感从她的内心喷涌而出，将朴槿惠包围其中。慢慢地，朴槿惠的抑郁症逐渐好转，她知道了她的身边有着韩国民众对她的关心，她感受到了这个国家的爱，她知道她以后将"嫁"给国家。

当朴槿惠重返政坛后，一切都好转起来，朴槿惠也越来越受民众的爱戴，但是磨难似乎又找上了她，和她开起了玩笑。2006年5月20号，朴槿惠在首尔西大门区沧川洞现代百货店前，为首尔市长候选人吴世勋站台登场时，被躲藏在人群中的池忠浩用文具刀划破颈处。那是命运再次对朴

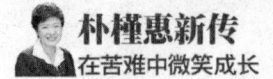

槿惠的生死考验。

面对这种生死之间的大考验,朴槿惠以前锻炼出的平和心态给了她很大的帮助。朴槿惠在遇刺时表现得非常镇静,正是这种镇静感动了群众。"她当时的表情就像是普通的不慎擦伤,只是用手捂住了伤口。"当时的候选人吴世勋吓得急忙问朴槿惠严不严重,朴槿惠想向他证明只是轻伤,便将手拿开让他看看伤口,周围人一看,都吓了一跳,伤口又长又深,而且不断地有鲜血冒出,大家赶忙把朴槿惠送进了医院。

事后,主治医生曾如释负重地描述过朴槿惠的伤:"所幸刀伤没有割破颈动脉和颈静脉,脸部神经也没有受损,不算受到致命性攻击。"实际上,朴槿惠被送往医院接受抢救治疗,手术一直到晚上 11 点 15 分才结束,朴槿惠被医生要求留院治疗。据医生描述,朴槿惠的伤口从右耳延续到下颚,长 11 公分,深 1~3 公分,下颚肌肉受损,缝了 60 针。

这次的刺杀事件让民众被朴槿惠临危不乱的品质深深地感动了,很多关心朴槿惠的民众还自发聚集到医院外面,他们点起蜡烛,祈祷朴槿惠早日康复。朴槿惠是大国家党的代表,在她遇袭的第二天,朴槿惠所在党派在首都地区的支持率上升了百分之三,而对手党派的支持率则出现了小幅下降。

刺杀事件让朴槿惠更加坚定了为国家和人民付出的信念。对于她来说,这是一次新生。她曾经说过:"我的生命不是我个人的,而是整个国家的。为了国民和国家,我的初心从来都没有变过。我以一种偿还大家债务的心情而努力着。"

第五章 重返政坛
——尽力完成父亲未完成的事业

朴槿惠适时抓住契机,重返政治舞台。她以大国党为起点,开始重塑"第一夫人"形象,致力于完成父亲未完成的事业。为了实现这一梦想,她成为了为国家服务的"三无女人"。

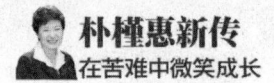

30. 韩国"金融风暴"下的新契机

1997年，东南亚爆发了金融危机，由于IMF（国际货币基金组织）处理不当，韩国也被殃及。一时间，国内经济出现了大幅度的滑坡，曾经被誉为"亚洲四小龙"之一的韩国陷入了深深的金融泥沼。甚至有研究称，韩国的经济危机比其他所有受影响的亚洲国家的总和都要大得多。

这年11月，韩国本国货币崩溃，不得已之下，政府只能向国际货币基金组织请求援助。虽然暂时渡过了难关，但是韩国和货币基金组织签订的协议使得朴正熙一手缔造的经济发展基调——"国家干预模式"遭受到前所未有的打击。于是，韩国不得不调整自身的经济政策，金融资本自由化政策逐渐成为了主要的经济策略。突如其来的变化让韩国各个企业纷纷措手不及，一系列金融和资本自由化措施的实施，反而使得货币危机进而恶化成全国的经济危机。韩国的众多企业面临破产，大量的工人失业，国内的失业率一度增至空前的9%，国民经济遭受严重滑坡。

韩国经济的大幅衰退，众多企业破产，大量工人失业，这些事件给韩国民众的生活蒙上了一层巨大的阴影。大量的韩国民众过上了食不果腹的生活，甚至许多韩国的家庭主妇为了换钱来买粮食，不得已只能将自己的头发卖掉。韩国民众遭受的一切都让如今已经成为一介平民的朴槿惠心痛不已，那段经济困难时期，每当夜里想起韩国民众无助的眼神，她就彻夜难眠。

面对国内民众的艰苦生活，朴槿惠既心痛又无助，但是一件偶然遇到的事情却坚定了她将韩国人民从水深火热中拯救出来的决心。一天，她从乙支路走过，眼前发生的一幕让她心中有一种莫名的酸痛。原来，韩国领餐的民众在乙支路上排起了长龙，这些排队的人都是夜晚露宿街头、无处可去的人，他们连最基本的温饱都无法解决。这时，她的视线落在了队伍中的一个人身上，因为这个人在队伍中一直低着头，尽量不引起别人的注意，朴槿惠看出了他的与众不同。二人四目相交的时候，那人迅速地扭过头去，从他脸上慌乱的神情来看，他很为自己当下的落魄羞愧。如果不是这该死的经济危机，他或许还是一个领着稳定薪水的员工，此时正在家中和家人一起享受着晚餐，但现在他只能放弃尊严，跑到这里排队来领取这免费的食物。

这让朴槿惠想起了20世纪70年代的韩国，那时国家朝着人均国民收入达到1000美元的目标迈进。举国上下一起努力，韩国的经济发展迅猛，她比任何人都了解那段历史，因为它凝聚了父亲多年的心血。如今面临着这段危机，朴槿惠比任何人都心痛，她不自觉地想到，也许过去几代人呕心沥血取得的成就，很可能在朝夕之间化成泡沫，消失殆尽。想到这儿，她就浑身发抖，直冒冷汗。她知道，必须要有人站出来带领韩国人民战胜经济危机，再现昔日的辉煌。

自那之后，朴槿惠一直在期盼着有一个领导者能够力挽狂澜，拯救韩国衰退的经济，改变民众艰难的生活。但是，现实却让她很失望。白天她做着手中的工作，晚上民众排队领取食品的场面反反复复在她的脑海中出现，一次又一次鞭答着她的心灵。当局的不作为更是让她失望至极。电视、报纸上报道的只有韩国经济如何衰退，却没有有效的措施来改变这种经济颓势。最让她伤心的就是民众似乎丧失了信心，放弃了改变这种现状的努力，只知道

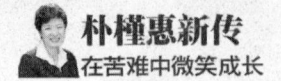

对财经人物问责,甚至还把责任推到已经去世18年的父亲身上。

朴槿惠知道,她不能再这样无所事事地等下去了,她必须做点什么,她必须站出来,为这个国家奉献自己的力量。只要她尽力了,就问心无愧。

韩国经济的艰难情况也让人们开始怀念过去的辉煌经济,朴正熙时代更是屡屡被人们所提起。人们怀念起朴正熙时代的经济高速发展,怀念起那时人们享有的富裕生活。一项民意调查显示,朴正熙在历届总统中排名第一。人们希望有一位同朴正熙一样的总统来带领他们再次创造韩国经济的辉煌。

民间的呼声为朴槿惠重返政治舞台提供了一个契机。这时,她已经坚定了为韩国发展奉献余生的信念,抱着这一决心,销声匿迹政坛18年的朴槿惠重新回到公众视野。每当回忆起当时的想法,她的内心就会激动不已,她说:"国家已经如此动荡,我怎么可以一个人过平静安逸的日子呢?这样日后要如何坦然面对自己?等我死后,又怎么能堂堂正正地去见父母?"

有过从政经历的朴槿惠很清楚,未来的政坛之路会很坎坷,也正是这一原因才让她在此前的20年间一直选择销声匿迹,远离公众视野。但是此刻,她已经下定决心,要为韩国做些事情,哪怕明知道前方的艰难险阻,她也要走下去。

时势造就英雄,危机永远都是英雄的磨刀石。对许多人来说,危机意味着痛苦、艰难,甚至是绝望;但是在一部分人的眼中,危机就是前进的契机。朴槿惠显然就是后者,她相信自己能够战胜这次危机,并且借此带领韩国民众再次前进。

重返政坛,朴槿惠已经与当初完全不同,18年的时间让她完全褪去了当初的青涩和稚嫩。经过多年沉淀,她成长了,也成熟了,在政坛上变得游刃有余。她隐忍、淡定、平和、亲民,这是一种内在素养的升华,重回政坛的朴槿惠让民众觉得放心、安心。

18年的时间，韩国政坛早已经是物是人非，当年的政坛伙伴和政敌都已经离开了。18年的时间足以让韩国几经变换。1988年，在重重压力下，全斗焕把大权交给副手卢泰愚。谁料，卢泰愚转身便宣布恢复全民普选，并在选举中胜出。1993年，金泳三借政党整合的绝好时机，当选为韩国第一任文人总统。1997年，"黑金政治"屡禁不绝，连金泳三自己也因儿子金贤哲受贿、逃税等罪行获罪。与此同时，亚洲金融危机爆发，一片哀鸿声中，金泳三黯然下台。

金泳三的不作为引起了人们对朴正熙的怀念，这无疑使朴槿惠拥有了得天独厚的政治遗产。有人分析认为，这恰恰弥补了她长期脱离民众视线的政治短板。

1997年12月，第15届韩国总统大选开始。距离这次大选开始只有8天时，朴槿惠正式踏足政坛，并表态支持大国家党候选人李会昌。此时的朴槿惠，已经准备好开始新的政治生涯。

31. 东山再起，重返政治舞台

危机既是充满了危险，也隐藏着机会。1997年的经济危机，为朴槿惠重返政坛提供了契机，也让她坚定了为国家献身的信念。重返政坛的朴槿惠要做的第一件事就是加入一个政党，也就是为自己确定一个阵营，从而有坚强的后盾来实现自己的政治理想。

韩国实行的是典型的多党制。通常情况下，政党制度是指政党执政、参政的方式和党际关系。由于自身制度的影响，在韩国，政党林立，很多党派都在为成为执政党而进行着惨烈的竞争，韩国政坛可以说是硝烟弥漫。韩国政坛纷乱，诸多政党虽然名称相近，都有"自由""民主"等字，但是实际内容却大相径庭，政治理念也是大不相同。其实综合来看，韩国国内政党只存在两大阵营，一种是脱胎于维权时期政权党的保守党，第二种则是进步党，囊括了诸多支持民主化的反对党。

其实，在朴槿惠决定再次踏足政坛之前，大国家党的时任总裁李会昌就开始劝说她加入。大国家党是 1997 年 11 月 21 日由新韩国党和统合民主党合并重组的政党，是韩国创立最早的政党。其中，新韩国党前身是全斗焕的民主正义党，追根溯源则是朴正熙一手创建的民主共和党。经过多番思考，朴槿惠觉得加入大国家党有利于自己更好地实现拯救韩国经济的理想，两者之间的利益是共同的。另一方面，大国家党的总裁李会昌先生素有清廉的名声，而朴槿惠的父亲一直都坚持着清廉俭朴，对此她一直都非常仰慕。她相信，李会昌是一个有能力的领导人，愿意与李会昌先生的支持者们共同努力。

终于在 1997 年 11 月，朴槿惠结束了十多年的隐居生活，宣布加入大国家党，并支持李会昌竞选总统。显然，这是朴槿惠重返政治舞台后迈出的第一步，也是一项很艰难的任务。帮助李会昌竞选总统是一件困难的事情，当时的韩国政坛风云际会，除了朴槿惠支持的大国家党候选人李会昌，韩国政坛风云人物金大中同样在候选人名单之上。对李会昌和朴槿惠不利的是，金大中支持率高达 90%。

李会昌此前历任过金泳三政权下的监察院长、国务总理等职务。他竞选总统的优势是其任职大法官、监察院长等经历树立的清廉与改革形象。而且其为人向来一丝不苟、坚持原则，这也使他赢得了一部分民心。但是这些优势并不能帮助他成功地战胜金大中，两人在支持率上还是有着巨大的差距。总而言之，李会昌的竞选之路充满着艰难险阻。

　　在朴槿惠帮助李会昌竞选期间，传来了两条不利的消息，让人十分沮丧。第一件事情：在新韩国党总统候选人竞选中，失利的李仁济不服之下毅然创立国民新党，分散了李会昌的选票。而另一件事情更是雪上加霜：李会昌的贵族形象遭到了曝光，在韩国经济危机的背景下，民众对贵族的仇恨心理十分严重，他的形象引起了广大选民的反感。而最让人绝望的是，李会昌的竞选对手就是此前支持率高达90%的金大中。

　　金大中，韩国民主斗士的象征，被誉为"亚洲的曼德拉"，在韩国独裁的李承晚、朴正熙、全斗焕政权期间数度入狱，从未放弃民主斗争。在经济困难的时期，相比于贵族身份的李会昌，人们显然更加亲近金大中。

　　但是，朴槿惠并没有放弃此前的决定，她有着坚定的政治信念，所以又怎么会因为对手的强大而轻易认输呢？她坚持着为李会昌的竞选而奔波，全力以赴为李会昌助选，马不停蹄地奔波在大邱、岭东、浦项等地，不断地发挥自己的力量，每天都忙得不可开交。其实她心中很清楚，这次的竞选胜算很小，但是就这样轻易地放弃，那以后如何实现自己的政治理想，如何去带领韩国民众冲破难关呢？她相信，拼搏就会有收获，狭路相逢绝对不能退缩。

　　朴槿惠的付出是巨大的，但是她的收获也是可喜的。她发现，长久脱离公众视线的她还没有被人们遗忘，很多人在助选现场一眼认出了她，并热情地上来和她打招呼，她在民众的心中还是有着很亲切的形象。在大邱

第五章　重返政坛——尽力完成父亲未完成的事业

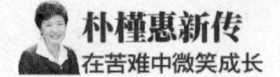

助选时，她看到了永生难忘的一幕。参加选举的民众络绎不绝地涌到现场，时至深夜，街道上依然人山人海，挤得水泄不通。人们高呼着朴槿惠的名字。"朴槿惠"这三个字当时响彻整个街道。事后，她回忆说，当时看到有一个老奶奶手中拿着一个牌子，上面写着："槿惠，别哭！"不少人挤上前来抱着她痛哭。还有更多的人挤上前来，抱着她哭。人民哭，她也跟着一起哭。她为人民对她的喜爱而感动，为人民遭受的苦难而心痛，为过去的日子而怀念。她强烈地感到民众热烈的反应，表明他们内心的热切渴望，渴望有一个能带领他们过上幸福生活的政府。这一刻，她知道自己是这个国家的女儿，她和这个国家再也不会分离。

不久，在为李会昌助选的电视演讲中，她发自肺腑地对民众说："过去，曾听父亲说过《请好好活下去》这首歌的非凡意义。那时，父亲把这首歌推荐给国民，他当时满怀忧伤，心情十分凄凉。我们当时被逼到喊出'请好好活下去'来和贫穷饥饿拼死一搏。"朴正熙的一言一行影响着朴槿惠的心，她说父亲曾告诉自己："这首歌要一直听，让这首歌陪着我们直到实现国家经济繁荣。在这片战争的废墟上建立一个新的祖国，是我们对过去苦难抗争的结果……"

在朴槿惠的助选行程中，民众对她的支持和喜爱从未停止。在浦项的助选现场，她再次感受到了民众的热切期望。当她出现时，那些在市场里做着生意的人，纷纷都停下手中的工作，团团围住她。有的人拉着她的手说，昨天的演讲都听了，大家都被她的真诚打动了，都听得热泪盈眶，大家都支持她。眼前的场面让媒体记者大吃一惊，顿时闪光灯闪烁不停，人流像潮水一样不停地涌过来，到处可以听到哭泣声。被民众团团围住的朴槿惠简直无法抽身，民众的呼喊声一浪高过一浪："加油啊"、"请拯救我们大韩民国啊"！

在助选的最后一站京畿道河南市，朴槿惠是在深夜到达的，但是民众仍然在助选现场等着她。大家争相上前和她拥抱，她深深地被民众感动着。

经过多方的努力，李会昌最终获得900多万张选票，虽然高出了人们最开始的预期，同金大中差距不大，但仍然令他失去了当选韩国总统的机会。5年后他卷土重来，却早已经错过了时机。

虽然李会昌选举失利让人失落，但是朴槿惠却收获巨大。这次总统大选，对于朴槿惠来说只不过是一个开始。在这次大选的舞台上，她让人们见识了自己的实力，她的表现也引起了国人的注意。一时间，朝野上下开始把目光投到这位"铁娘子"的身上。

32. 大邱大胜，成功当选国会议员

帮助李会昌竞选是朴槿惠重返政坛做的第一件事。虽然这次竞选失败了，但是朴槿惠的表现却是成功的。她重返政治舞台的表现堪称完美，得到了政坛上的广泛关注。

在韩国，除了总统由全民直选产生外，另一个影响国内各个政党势力分布的便是国会议员选举。1997年12月18日，第15届大韩民国总统选举进行并公布结果，韩国新政治国民会议的金大中当选新一任韩国总统。这

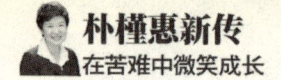

一事件对大国家党是一次打击。而1998年4月2日,韩国国会议员第一次补缺选举,金大中再次以90%的支持率获胜。金大中的再次获胜使得大国家党的形势非常不利。这次的国会议员选举不仅会影响到大国家党在国会中的实力,还给下一届大国家党竞选总统造成了非常不利的局面。在这关键时刻,大国家党必须要赢得4月进行的第二次补缺选举。在这个紧要关头,大国家党的议员们一致推选朴槿惠代表大国家党去参加补缺选举。而这牵系大国家党命运的一役就成为了朴槿惠重返政坛做的第二件事。

在很多人眼中,政治是权力的象征。很多人参加政治,是为了享受那种掌握权力的感觉。但是对朴槿惠来说,政治带来的更多是责任,是一种沉甸甸的使命。

在这第二次补缺选举中,大国家党有三个可以选择的地方:文镜、醴泉、大邱。这三个地方,如果朴槿惠去文镜、醴泉的话,将会有很大的胜算。因为这两个地方和她非常有缘分,父亲朴正熙曾经在那里工作过,当地的市民都将朴槿惠当做自己人。甚至当地有些市民还表示:"只要你有信心,竞选的事我们一定力挺你到底。"民众的话让朴槿惠感受到了难得的热情和支持。经过一番思索,她在心中初步打算去文镜或者醴泉参加竞选,因为相比于这两个地方,大邱的情况堪称严峻。

大邱达城本来是大国家党的票选基地,但是因为一系列原因,民意调查显示,党内任何人选出马都会败北,输给对手。这件事情给大国家党上下带来巨大的危机感。如果在总统大选失利后,大国家党连最后的票选基地都保不住,那无疑它已经到了走向崩溃的地步。

此时,大国家党大邱市分部长给朴槿惠打来电话,希望她去达城郡参选。通过竞选的胜利来改变一下大国家党严峻的形势。她通过电话对情况有所了解后,举棋不定,无法做出决定。毕竟她在大邱毫无准备,如果在大邱竞选，那她将打一场没有准备的仗，其胜算很小。当时，身边的朋友都在劝她："不走大道，偏要去走那危险的小路，这是何苦？"

举棋不定只是暂时的，朴槿惠很快就看清楚了形势。在文镜、醴泉虽然胜算很大，但是这却不能改变大国家党目前严峻的局势，只有在大邱——这个对于大国家党来说选情最严峻的地方取得胜利，才能够引起轰动，从而一举挽救大国家党现在的不利局面。最终经过大家的协商，把地方改为了大邱达城郡。

1998年4月，朴槿惠打出"为完成父亲未完成的事业尽一点力"的口号，开始出击大邱达城，她在内心坚定地相信自己一定能够取得胜利。朴槿惠的口号正好说进了当时老百姓的心里，一时间为她赢得了很多支持者。

虽然她的口号很有优势，但是摆在她前面的路仍然不好走。执政党的候选人严三铎是大邱人，在当地有很扎实的根基。他所在国民会议党不仅为其大力造势，还为其提供了雄厚的竞选资金，这一切都是朴槿惠不曾拥有的优势。

达城的选举委员长姜在涉曾问朴槿惠："你到底有多少竞选资金？"她简单地回答："一分钱也没有。"对方大吃一惊："一分钱也没有？那基本用费怎么办，那些助选员们吃什么啊？""除了我住的房子，手头还有几千万韩元，这是我的全部财产。如果需要动用资金，我试着去筹筹看。"这就是朴槿惠的答案。

资金上的困难让朴槿惠举步维艰，屋漏偏逢连夜雨，雪上加霜的事情也接着来了。已卸任的前任大国家党国会议员对他们退避三舍，表示因为个人因素，不能提供任何援助，甚至没有办理大国家党的党员名册交接。更不可思议的事是，对手还突然接管了原本属于大国家党的达城分部办公

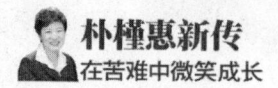

室，作为他们的选举阵地。这一切虽然出乎意料，却没有击倒朴槿惠。她临时找了一间办公室，充当起了选举阵地，再找一台计算机和打印机，就开始了竞选工作。

有些竞争对手看到朴槿惠的情况艰难，就趁机拉拢她。对此，朴槿惠都断然拒绝了。她知道为了什么而投身政治，只要能尽一点绵薄之力，她也希望可以帮助大国家党在最困难的地区战胜最强大的对手。

苍天不负有心人，朴槿惠艰难的情况被民众们得知了，大家纷纷前去看望，每天都有络绎不绝的人上门来，一时竟门庭若市。"请问这里是不是候选人朴槿惠的办公室？"这句话一时间成了当地流传最广的一句话。甚至还有人带着食物来看望她们，有烤地瓜，还有年糕。朴槿惠的情况引起了民众的同情，但也让民众们看到了希望。有当地居民本来是对手那边阵营的支持者，开始时怕接近他们，后来干脆大张旗鼓地来帮忙。支持她们的民众都纷纷贡献自己的力量，有钱的出钱，有力的出力，朴槿惠这边一时间胜选的希望大增。

有了民众的支持，一切问题都不难解决了，朴槿惠更加努力地去拉选票。每天都早出晚归，大街小巷，偏远山区，她的脚印出现在了大邱的每一个角落。她也有疲劳的时候，有时候腿疼得都站不起来了，每天回到住处躺下就睡。朴槿惠的勤劳得到了人们的肯定，大家都被这个女子的勤劳与努力打动了，支持朴槿惠的人越来越多。同时，她也对自己越来越有信心。

虽然情况乐观，但是民意调查的结果却对她很不利，对手仍然居于领先地位。然而，朴槿惠却表示"相信民调无法代表'民心'。"最终她信心满满地前去参加竞选。

选举揭晓的当天晚上，整个办公室里的人都无法平静下来，只有朴槿惠自己非常淡然地坐在那里,她相信自己的努力都被民众看在眼里,这一切都不会白费。果然开票后,朴槿惠的票数遥遥领先于对手,开票到20%,她已领先对手2300票,朴槿惠以压倒性的优势获胜,成功当选为国会议员。

33. 热情,实现梦想的不竭动力

当人们评价朴槿惠时,总会说出这样一句话:"她是一个对梦想永远保持热情的人,她志存高远,体内永远有着实现梦想的动力,她是真正的巨人,体内流淌着巨人的基因。"朴槿惠的经历是一个传奇,是一段充满传奇的故事。朴槿惠的母亲被枪击身亡后五年,父亲又遭枪击离世,她那时只是一个27岁的女子,当她听到父亲离世的噩耗那一瞬间,她的第一反应是:"前方有没有异常?"这是她人生中最浓墨重彩的一笔,一个27岁的女子,在这个时刻首先考虑的是国家的安全,这不是一般人能有的政治素养。父母双亡给她造成了严重的打击,甚至让她在那一段时间内一直精神恍惚,但是这段经历没有将她打倒,反而锻炼出了她永不退缩的品格。

每个人在出生的时候,其性格就是一张白纸。但是此后的人生经历,会完完全全地写在这张白纸上,有的人能够在这张白纸上勾勒出美丽的画卷,但是有的人只会让这张白纸变得杂乱无章,这就是人生经历的不同造成的。朴槿惠曾经描述过她离开青瓦台那18年痛苦的经历,她曾经因为内心太过痛苦而导致出现停经现象;父亲离世后不久,她的身上出现大片的淤青,这都是因为她遭受了巨大的精神创伤。当时,她浑身疼痛,甚至已经痛得麻木了,她这样说过:"即使有人捅我一刀,我也不知道痛。"用刀捅都不知道痛,这是痛到无以复加的地步了。这样的痛苦没有将朴槿惠打倒,这在很多人看来是一个不可思议的奇迹。她能够坚强地活下来,并且完成了一次涅槃,她自己也说:"我没有被逼疯,这是个奇迹"。

朴槿惠对政治的天分似乎是与生俱来的,这种天分造就了她对政治的热情,也是她日后为了梦想不断坚持的最大动力。当然这种天分同她的出身紧密相关,不同环境生长的人,他的思想、品格、习惯都摆脱不了他成长环境的烙印。朴槿惠先是"第一女儿",母亲遇刺身亡后,她代行"第一夫人"职务,处理国内事务,会见世界各国政要。父亲意外离世后,她远离政界孤独地生活。这样跌宕起伏的生活经历铸就了她杰出的政治智慧,还有百折不挠的政治热情和信念。

早年的经历锻炼了朴槿惠的毅力,也让她永远对她的政治理念抱有坚定的热情,在政治理念上她决不妥协,始终为此付出着努力。生活会打磨人的棱角,有的人会在生活的打磨下失去所有的棱角,无法保持原有的形状,变成一块光溜溜的石头。但是朴槿惠不同,她这块石头在生活的打磨下变得越发得圆润自如,整个人在政治上变得游刃有余。她的见识都是一般人没有的见识,她所受的教育,经历的悲剧、痛苦甚至绝望,都是上天赐予的宝贵财富。意志薄弱的人会走向极端,最终崩溃;意志坚强的人则能走出绝望,置之死地而后生。

重返政坛后,朴槿惠一直坚持着自己的政治理念,并且对此一直抱有热情,甚至被人贴上了特立独行的标签,但是她不在乎。她知道自己所做的事情都是正确的，并将自己对生活的热情都投入到了政治上。她说过："无论选择哪一种生活方式，有一个最基本的要素必须具备，那就是保持正确的心态，满腔热情地去关怀身边的人，让自己的每一天都很充实而有意义。如果这一点都做不到，无论你做了什么样的大事，表面上看如何辉煌，但实际上都毫无意义。"

重返政坛，朴槿惠再次成为了聚光灯下的政坛明星。很多人都将眼光投向了她，但她仍然保持着自己内心的平静，将自己当做一个平常人。在她心中，只有身边的人都能够过好每一天才是最重要的。她要关心的就是如何改变民众的生活，让民众过得更加幸福，生活得更加舒适，其它的名望、地位、财富，她统统都不在乎。

每个人都应该有自己的追求，无论人想要追求什么，但总要为自己的追求付出，为之努力。朴槿惠是一个对目标孜孜以求的人，会为了在意的事情不断地付出。她的追求是一生要做一个清廉正直的人，并不在乎名誉、地位，并不在乎名气，但在乎名声；不在乎得到了多少，而在乎给予了多少。

朴槿惠对自己的追求坚定不已，当时的韩国政坛乌烟瘴气，政治腐败的现象随处可见，人们都在为了更高的位置而努力向上爬。哪怕当时朴槿惠这样做了，人们也是可以理解的，甚至普通人还会以此作为理由来说服自己腐败。但她没有这样做，心灵的对话让这个伟大的女性明白，能否拥有高高在上的地位并不重要，重要的是留得一世清白名声，这是她一生遵守的人生信条。事实证明，朴槿惠的坚持是正确的。2012年韩国总统大选中，她位居保守派最有利候选人位置，原因就是在所有候选人名单中，只有她与任何一桩贪腐案都没有丝毫瓜葛。如她所言："我必须忠实地遵守承诺，为了实现对国民许下的承诺不遗余力。那种将国民的承诺视若敝屣、随意丢弃的人，我是绝对无法容忍的。这样的领袖只能把国民扔进水

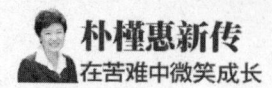

深火热之中，使民生凋敝，成为阻挡国家发展的拦路虎。"朴槿惠的坚持和热情最终获得了回报。

朴槿惠是一个为国为民的女子，再次从政后她已经下定决心要将自己全部的热情和精力都奉献给国家。所以她对于那些将自身利益放在第一位，眼中只有权力、地位、金钱的政客深恶痛绝。人生的目的就是为了征服和被拥戴，这和朴槿惠的理念背道而驰，她无法忍受为了一己私利而随意践踏国民承诺的人，那是不可接受的。朴槿惠是一个有原则和信仰的人，她知道人民将她看成了希望，那种只是为了赢得拥戴和掌声而去骗取人民信任的事情，她是不会去做的。

人一生究竟应该为了什么事情而努力追求，究竟为了什么事情去奉献热情，朴槿惠看得很清楚。她愿意为留得清廉名声而不惜舍弃一切，愿意为人民的幸福生活而付出所有。正因为朴槿惠看得清楚，所以政坛上的纷纷扰扰才没有迷惑她的眼睛，她始终没有停留过，不断地在自己梦想的道路上前进着。

34. 力排众议访问朝鲜

2002年5月，韩国社会各界惊闻朴槿惠的一项惊人举动：她以平民身份接受了来自朝鲜的邀请，与当时的朝鲜最高领导人金正日进行了会谈。

一时间朴槿惠的名字再次在韩国大放光彩。

朴槿惠退出了大国家党后，就创建了未来联合党，同时，她也担任着欧韩财团（EKF）的理事。欧韩财团一直以来都坚持对朝鲜进行一定的援助，经常在朝鲜各地举行一些慈善活动，给朝鲜一些必要的药品。因为这些原因，朝鲜方面一直和欧韩财团保持着友善的关系，为了表达善意，就邀请欧韩财团的几位理事访朝，受邀者名单中也有朴槿惠。

这次邀请很突然，虽然以往的时候，她也从朝鲜访问回来的人员口中听到朝鲜方面有邀请她访问的意向，但这一次是直接受到邀请。这也让她思索起处理韩国和朝鲜之间的关系的方法。

在朝鲜半岛上，朝鲜问题由来已久，是有着难以调和矛盾的两个国度的持续性博弈。韩国和朝鲜之间存在着诸多的争端，尤其是"北方界线"的争论，似乎从未停歇过。1953年7月，朝鲜战争结束，双方签订《停战协定》，但是协议里并没有涉及朝韩海域的划分方法。于是韩国与美国在几个月之后沿白翎岛、大青岛、小青岛、延坪岛及隅岛划定了一条约278千米长的"北方界线"，声称为韩方的海上控制线。对于韩国与美国的单方面举动，朝鲜一直不予承认，并且在1976年也单方面划定了一条"南方警戒线"。双方各自单方面划定的界线在海上形成了重叠区域，那么这个区域到底归属于谁，便成了朝韩两国一直冲突不断的根源问题。两国甚至于1999年和2002年爆发了两次"延坪海战"。

不仅仅是两个国家之间的矛盾和冲突影响着朴槿惠，朴槿惠个人也和朝鲜存在着矛盾。朴槿惠的母亲就是被朝鲜特工在光复节那天残忍地杀害了，他们还制造了震惊世界的"青瓦台事件"。父亲为了防御朝鲜南侵忧心操劳，她从小到大都处于这种影响下。对于朝鲜，她要考虑的不仅仅是国家的问题，还有个人的问题。接到朝鲜邀请后的那一段时间，她想了很久，每天晚上国家问题和个人问题就在自己脑海中翻来覆去地出现。最终她做出决定，她要放下国仇家恨，为缓和两国之间的矛盾做出一些努力，尤其是她的身份和经历，比别人更能起到解开与朝鲜的死结的作用。她决定接受邀请，这个决定反倒让朝鲜方面惊讶了，他们不敢相信她能这样宽容大度地捐弃前嫌。为了表示郑重，朝鲜方面要求她写一份确认书，证明这个消息是真的，她一一按要求做了。

朴槿惠访问朝鲜并不仅仅是一个简单的经济交流，还具有深刻的政治作用，她需要解决的问题有很多，牵涉到了方方面面。如：战俘问题，由于存在溃堤危险而导致南北关系紧张的金刚山水坝问题，南北离散家属的常设会面所问题，梦寐以求的南北铁路连接问题，适时举办促进南北统一的足球比赛问题。这些都要由她提交统战部，并和统战部的长官进行协商处理，做好出行前的充分准备。

2002年5月10日下午，朴槿惠一行在韩国仁川机场乘机起程。在机场她碰到了一位70多岁的老人，老人说他和在朝鲜失散的亲人已经多年没有过联系了，并请求朴槿惠帮助他寻找一下这些亲人。老人的话让朴槿惠感受到了他对亲人的思念，让她了解到了韩国民众中普遍存在这种亲人离散的痛苦，也让她知道自己此行的任务重大。

终于，朴槿惠踏上了朝鲜的土地。她走在平壤的街道上，呼吸着街上的空气。平壤的街上空空荡荡的，只有零零散散的行人和车辆，但非常整洁。她感受到了大同江穿过平壤时带来的水汽。这一刻，她意识到自己真的到了朝鲜。接待人员安排朴槿惠一行下榻在了百花园迎宾馆。2000年，金大中访问朝鲜也曾下榻过百花园迎宾馆，他当时住的房间恰好是朴槿惠现在住的房间。

住在朝鲜的当晚，朴槿惠就在思考自己的行程，以及压在自己身上的沉重的责任。次日拂晓时分,她在朦胧的晨光中醒来,身体仍然感到很疲倦,这是因为她当晚想问题想到了很晚,她简单地做了一个丹田呼吸之后,缓步走出庭院。

朴槿惠在朝鲜的行程安排是忙碌而紧张的。几天里,她访问参观了朝鲜最大的妇产科医院——平壤妇产医院。在参观的过程中,院中的一位医生对她提及 2000 年南北领导会谈时,他们得到了李姬镐女士带来的超声波检查仪,但后来由于发生故障,至今无法使用,为此很是苦恼。朴槿惠当即很用心地记录了需要修复的零件,并答应回国后会认真地完成这一件事情。

朴槿惠此行还得到了当时朝鲜的最高领导人金正日的接见。就在他们结束正式访问的 5 月 13 日晚上,金正日亲自来到百花园迎宾馆,在会议室与朴槿惠单独会谈了一小时,现场只有一名记录员。在会谈时,金正日还提到了 1968 年朝鲜特别行动队袭击青瓦台的事件,他坦率地向朴槿惠道歉:"那是极端分子所做的极端行为,我非常抱歉。"

当然,朴槿惠并没有忘记此行的目的。在会谈期间,双方就南北离散家属常设见面场所、战争期间失踪人员寻找与生死确认、金刚山水坝韩朝联合调查安全性问题、南北铁路连接项目、邀请朝鲜足球队赴韩等事项一一进行磋商。这次,双方在南北离散家属常设会面场所问题上取得了突破进展。此前因为这是一个很敏感的政治问题,朝鲜方面一直无法接受,这次她认为应该用妥善的方式让那些心灵有创伤的人得到安慰,金正日很爽快地答应了。这一次访问双方取得很重要的成果,诸如金刚山水坝韩朝联合调查安全性问题、南北铁路连接项目都得到了很好的解决。在会谈结束时,金正日还表示如果有机会访韩,一定要去参拜朴总统的坟墓。

为期四天的访问很快就结束了。在返程时,金正日特地建议他们从平

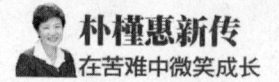

壤出发到板门店。从平壤到开城的道路两旁种植着洋槐树，当时恰好是槐树开花的季节，路边盛开的洋槐树花散发着迷人的香气，让大家都心旷神怡。此前朴槿惠只在照片上看到过开城遗址，而这次终于有机会身临其境，亲眼看到善竹桥，看到了成均馆，成均馆门口的百年榉树更是让她感慨不已。

这次访问朝鲜，更让大家见识到了朴槿惠的外交才能，她虽然只是以韩国国会议员的身份访朝，但享受的却是仅次于国家元首的最高礼遇。这次访问的成功，使得朴槿惠在韩国政坛上的光芒越来越闪亮。

35. 面对排挤，要有坚持下去的勇气

朴槿惠在4·13补选中大获成功，这件事为她在大国家党内部赢得了很多成员的支持。为了实现自己的政治理想，朴槿惠决定在政坛上更进一步，她在大国家党准备召开党大会之前，宣布竞选副总裁。

朴槿惠的声音遭到了很多党内人士的反对。当时，党内共有14位议员参与角逐。她的表态招来了很多反对的声音，理由有二：首先，副总裁职位有一席女性保留名额，她不必参与角逐，非要参加竞选不可；其次，大邱和庆北的候选人应保留既定的单一化，这是一个规矩。

这两个在大国家党内部被默认的规矩在朴槿惠看来既无力又可笑，她

不认为这两个理由具有说服力。首先这种为女性保留一个名额的做法在21世纪的今天，只能让女性获得一种虚名，实际上这名女性总裁并没有影响党内事务的权力。一个保障名额的副总裁和一个在竞选中脱颖而出的副总裁，两个人在事务上的影响力相差很大。朴槿惠知道她要实现自己的政治抱负，首先就要通过竞争让自己脱颖而出，只有让大家看到你的能力，才能够享有号召力。她要做的是一个有政治素养和实力的大国家党副总裁，而不是一个要受到某种优待而坐在那个位子上装模作样的摆设。另一方面她觉得单一化的规矩存在很大的地方保护主义，按照地区划分把名额圈起来，让本选区的议员中选。这些带有明显本位主义的做法，很难让朴槿惠接受，她不认为那种有失公平的选举会产生优秀的政治家。朴槿惠一直坚持着公平和正义，她认为这种地区保护主义很容易滋生政治上的贪污和腐败，在政治上应该坚决抵制，无论执政党或在野党，都应该刹住在党内选举时的地区主义风气。

朴槿惠参加大国家党副总裁的竞选引起了很大的轰动，她在竞选中提出"民主化的政党"、"政策政党"、"信息化的政党"的方向。一时间，大家都在关注这个"不按常理出牌"的女人。很快，民意调查显示，朴槿惠排名第一。这个结果大大出乎意料，一个具有保守倾向的大国家党竟然曝出女性候选人名列第一的新闻，实在令很多人瞠目结舌。虽然民意调查的结果给了朴槿惠很大的信心，从而也让她坚定了自己的政治信念，但是也在党内激起了一股很大的逆流，各种风言风语被别有用心的人传播和利用。国会议员之间传闻四起："如果把票投给了朴槿惠，她一旦羽翼丰满，就会脱离大国家党直接参加总统竞选。""哪怕不把票投给她，她也是被任命为副总裁的人选，还是把票投给需要的人吧。"

尽管竞选遭受了很多人的压力和排挤，但是朴槿惠仍然选择了坚持下去。直到投票之前,民意调查仍然显示朴槿惠位列第一,但投票当天的结果却不在意料之中,候选人崔秉烈名列第一,朴槿惠屈居第二。这个结果引起了人们的怀疑,舆论爆料说在投票前一天,议员们动用了集团投票制的方式,对她实行牵制。面对各种各样的说法,朴槿惠选择了淡然面对,用平常心来看待这些事情。对于韩国的政治风气,朴槿惠自己心中有一个很清楚的认识,对于失败和排挤她早已有了心理准备。她没有向传统的规定妥协,她参选的方式是清白的,她无愧于自己,她甚至有得比失大的安慰。这次失利不仅没有打击到她,反而让她坚定了自己的政治信念,她觉得有必要用自己的努力去改变韩国政坛的现状。

朴槿惠有很高的政治智慧,所以她对于韩国的政治现状看得很清楚。她觉得韩国政坛很大一部分的问题出在政党上,正是因为执政党和各个在野党本身制度上存在的问题,影响了韩国政坛的正常发展。

1999年1月,大国家党举行马山集会,以及2000年9月,大国家党在釜山和大邱举行集会。朴槿惠认为大国家党的场外聚会一开始就是步执政党错误的后尘,场外集会的公开抨击同时也产生了副作用,所以这两次聚会她都拒绝出席。朴槿惠由于没有参加而受到多方指责,责难声如雨点般落在她身上。但她并不认为自己有什么可指责之处,她坚信她的做法是正确的。她曾多次登台演讲来批评执政党,但后来朴槿惠认为所有场外的争斗都应该停止,要通过国会来解决问题。许多国会议员从内心来说很支持她的想法,但生怕触及自身利益,所以一到场外又退避三舍、瞻前顾后。

韩国政党无论是在野党还是执政党在很大程度上都有制度上的缺陷。无论在野党或执政党,都有高度集权的倾向,党内总裁实行一言堂,个人说了算,拥有公荐权及党内大小事务的决定权,这是早已被时代所淘汰的政党体系,却还在韩国大行其道。无论是什么人,在党内都要按资排辈,这就是韩国政党内的规矩，不是根据个人的能力，不是根据国民的认可度，而是看拥有公荐权的总裁是否对你支持，这样一来，很多心思都要花在如何钻营上面，国会的首要任务却处于次要地位。然而政党改革是政治改革的一个核心，如果要进行改革那必然会触及很多人的利益，一定会遇到很大的阻挠和排挤，但朴槿惠为了使错误的政党体制与政治文化回归到正常轨道，她下决心要坚持改革。

果然，朴槿惠的改革让她饱受攻击，一时间她成为了众矢之的，很多人开始排挤她，甚至人们纷纷指责她制造内乱。但她始终坚持自己的主张，她认为如果不革除这一弊端，党将失去生命力，走向衰败。

这时执政党的贪污腐败事件遭到了曝光，腐败的黑幕被揭开了，一时间，执政党大失民心。为了挽回失去的民心，执政党必须改革，这是一次划时代的带有摧枯拉朽之势的改革，不但废除了总裁制，还引入一系列良性体制，导入良性的公荐制、大选候选人的国民参与竞选制等，这些改革内容都是朴槿惠一直提倡的改革内容。这次改革让她看到了希望，她觉得如果在野党也能和执政党一同改革，那一定对韩国政坛产生积极的影响。

但是在野党的改革结果让朴槿惠非常失望。朴槿惠提出的一系列改革构思，包括在总统大选之前废除总裁制，实行政党分离，并公开化、透明化政党的财务运营，将总统大选候选人的国民参与竞选制等良性机制导入党内等措施都遭到了质疑和反对。党内的某些利益团体以"在总统大选即将到来之前，最好不要在党内有大的变动，这个方案是不可行的"，"从政权交替方面考虑，党内现在需要团结"，等等理由来阻挠她的改革实施。

最终，2002年2月27日，大国家党举行了中央委员会，会议最终确

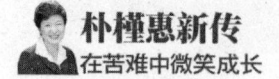

认总统候选人竞选方式与党指导体制变更的相关党宪修正，但废除总裁制最终还是被否决了。朴槿惠提议废除总裁制的构思失败了。

改革失败并没有改变她的决心，她决定通过行动来表达自己的不满。朴槿惠宣布退出大国家党后，创立了未来联合党，通过行动来坚持改革。

36. 洁身自好是最好的名片

重回政坛后，朴槿惠给自己定下的第一条原则就是要坚持洁身自好，不能在政坛上随波逐流，要保持清正廉洁的作风。朴槿惠也曾经在自己的日记中写过："追求小利往往会带来大害。"这是政治人的大忌，她时刻以此来警惕自己。

朴槿惠立志将自己的一生奉献给韩国政坛，用自己的行动为韩国人民带来一片干净透明的政坛环境。所以她在政治中没有私心，一心只为韩国，用她自己的话说就是，她的生命就是为了韩国而存在的，她是"嫁"给韩国的女人，所以她无法接受韩国政坛中的贪污腐败。

事实上，朴槿惠的清廉作风来源于父亲朴正熙的影响。在朴正熙时期，贪腐一直是朴氏课以重罚的一项罪名。朴正熙率先做出表率，和民众吃一样的食物，国民吃面食，他每天吃面食。夫人陆英修的生活格调一向以简朴著称，无论自己还是教育孩子，都以朴素的生活观作为标准。正是朴氏家族良好的家庭作风，使得清正廉洁、洁身自好的观念一直都深深地扎根在朴槿惠的心中。

显然，清正廉洁的家世和洁身自好的作风是一项优势，帮助朴槿惠在政坛上获得了很好的声望。从父辈那里继承下来的清廉品行使她在政界有一个好名声。在第18届总统大选中，媒体的长枪短炮将各位候选人的家长里短360度曝光，无论怎样穷追猛打，朴槿惠是唯一一个跟任何贪腐事件没有瓜葛的候选人。

朴槿惠常常对身边的同事说，对于一个国民来说，他们最期待的领导者并不是单纯具有良好的政策体系，更重要的是能够具有开创整个国家未来发展的人格、性格、信念、洞察力；能够给政坛注入一股清廉力量的领袖，才能够受到民众的欢迎。一个国家的制度会随着时局的变化而改变，但是一个良好的政坛风气却是能够一直传承的。所以，作为从政人员，优秀的人品和性格是非常重要的。

同朴槿惠期望相反的是，韩国政坛的贪污腐败丑闻一直就未曾断绝过。历任韩国总统都与腐败藕断丝连，不涉嫌贪腐的人几近凤毛麟角。1988年，由于强大的舆论压力，全斗焕被迫下野，副手卢泰愚接手他的摊子。最后，全斗焕和卢泰愚都以叛乱罪和受贿罪落马。韩国政治的民主化进程一直都饱受贪污腐败的影响而无法进步。民主化后的韩国政治最大的痼疾是"黑金政治"。财阀在政客与"黑金"当中扮演着掮客的角色，由"黑金"喂肥的政客当选后，以出台对该财阀的优惠政策作为回报，就连金泳三、金大中这些老资格的民主领袖也被拉下了水。

韩国政坛的腐败丑闻一直带来众多的不良影响，最严重的就是韩国总统卢武铉跳崖自杀的新闻。2009年5月23日清晨，卢武铉从老家金海市峰下村烽火山"猫头鹰岩"一跃而下，结束了自己的生命。一时间，这条

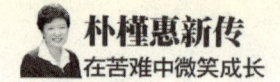

新闻震惊世界,人们没有想到连以清廉著称的卢武铉也晚节难保。

这位草根出身的平民总统,因为没有首尔户籍,退休后一直住在乡间,他常常骑着一辆载着孙女的三轮车,与当地百姓拉拉家常,但他却没有平静地度过晚年得以善终。卢武铉临终前曾留下遗言:"受惠于众人,却没有以清白回报众人,今后还有难以承受的痛苦。余生只会拖累别人。不要道歉,不要埋怨,这是命运。"人们从中看到的是卢武铉在贪污腐败下深深的无力,卢武铉的家族和经济丑闻有很多扯不清的干系,人们从他留下的遗言评价卢武铉之死是源于他内心深处未泯的善良,而并非他的政治对手。

韩国政坛的现状引起了朴槿惠的反思。她曾在多个场合呼吁:"我国要想成长为先进国家,首先必须要遵守原则和约定,营造一个相互信赖的社会氛围。与制定新的政策和制度相比,我们的当务之急是建立一种重视对国民承诺的政治文化。我觉得这是非常重要的。"

朴槿惠认为,只有遵守原则和信赖的国家,才是先进的国家。政治人只有切实履行与国民的承诺,并将其运用到国政管理上,才能建立一个国泰民安的社会。政治人最应该遵循的原则就是,一定要履行对国民的承诺。哪怕是瞬间的遗忘也会导致失信于民。建设先进国家和诚信社会的基本前提就是,领导者能够履行对国民的承诺并为实现这个承诺付出全部的努力。

一直以来,朴槿惠都坚持用自己的行动来回报国民对她的信任。她一直认为信赖和原则是个人政治的生命。一个好的政治家要用这种毫不动摇的原则和信念来建设国家。她说:"为了达到这个目标,我将与国民一同努力。"

朴槿惠是一个非常注意作风问题的人。她不会被眼前的那些蝇头小利所迷惑，同国家利益相比，其它的利益都是小利益。她不止一次的说过："有些时候，小利益会损害大利益，小聪明会掩盖大智慧。这是必须要铭记在心的。就算遗忘了自己的承诺，也不能歪曲别人履行约定的善意。"她心里很清楚，一个政治人的权力、名声、形象或者领导力都是民众赋予的，正是因为民众的信任才能很好地利用和享有这些东西，所以一个政治人一定要珍惜和维护民众对你的信任。她把这点当成政治人应该具备的最基本的素质。

正是这种政治理念让朴槿惠一直坚持着洁身自好的做法，朴槿惠在民众面前一直展示自己中正、平和的一面，她不会去说那些场面话，也不会用花言巧语来欺骗民众，她只和民众说自己的心里话，在民众面前表达自己真实的想法。她从事政治并不是为了拉选票或获取人气支持；她也不是在选举过后就完全忘记自己承诺的毫无责任感的政治人物，她非常清楚地知道，背弃民众的下场就是被民众抛弃，这样的政治人物是得不到国民信任的，即使这种人享有权力，也会很快地失去。

朴槿惠曾经在自己的日记中写道："人活着不光是这一生有限的生命价值如何，还要考虑到死后的名声如何。留下一个好名声，就像纯净高远的蓝天，那样空阔，那样悠远。"

无论一个人生前怎样，最后都要殊途同归，生命的结局都是一样——死亡。随着时间的流逝，那一天逐日逼近，到了最后毫无商量的余地突然而至。所以，没有时间给我们浪费，不能随意打发每天的每一分钟，得过且过是生活的失败者所为。有句俗话说得好："结局好才是最好。"

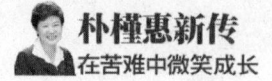

37. 亲民社交，对待民众亲切有礼

众所周知，朴槿惠出身于总统世家，有一个显赫的出身。但同那些身份显赫的豪门子弟不同的是朴槿惠从来都没有那种飞扬跋扈的作风。朴槿惠和人相处时永远保持着一种亲切感，温柔的笑容和优雅的举止是朴槿惠个人形象的一个标志。无论面对任何人，朴槿惠总能保持一种平和的态度，既不欺压，也不谦卑。

朴槿惠对待民众永远保留着最亲切的态度，她和民众相处时，仿佛她就是民众的家里人，她的态度让民众感受到了她的真心，所以无论朴槿惠走到哪里，她都能够得到民众们的欢迎和拥护。

朴槿惠的亲民作风源自于母亲陆英修。她自幼就耳濡目染母亲的亲民形象，母亲的博爱精神给她很大的影响。作为第一夫人，母亲时刻都很重视民众们的想法，每天都要亲自拆看数百封飞向青瓦台的诉求信，而且还常常走访孤儿院、麻风病村，并且不顾随行人员的阻拦，拉着麻风病人的手问这问那。她的这些做法，赢得了民众们的一致拥护。陆英修意外去世后，韩国民众对她的评价很高，即使对朴正熙政权颇有微词，仍然没有减弱民众对陆英修的拥戴。这一切都被朴槿惠看在眼里，记在心中，她知道母亲的做法是她应该学习和传承的。

多年来，朴槿惠一直都坚持学习母亲的处事哲学。陆英修去世后，她努力学习母亲的言谈举止，为了让自己时刻都记着向母亲学习，朴槿惠穿母亲留下的衣服，戴母亲留下的首饰，她的努力也终于取得了成效。一次，她去户外散心，一位老农妇对她说："我知道你是谁，你和去世的陆夫人真像啊！"

母亲的行事作风影响了朴槿惠的一生。当朴槿惠重返政坛后，仍然保留着亲民的行事作风。在社交中，她始终不忘记和民众沟通，尤其是她通过网络上的"迷你窝"同民众们展开亲切的交流，得到了民间舆论的广泛好评，让人眼前一亮。

一次，朴槿惠和一群大约二十出头的大学生们聊到了一个话题——政治在年轻人心目中是啥样的？朴槿惠一直在思考一个问题：为什么我们国家的政治，尤其是大国家党的政治与年轻的大学生们有很大的距离？很多地方都与他们的想法不合拍。关于这一点，她认为应该通过与大学生的沟通对话，找到答案。朴槿惠的想法是好的，但是政坛和大学生之间存在很大的断层，很难有机会去和大学生们打成一片，更不要说去倾听他们的心声了。朴槿惠在和大学生们聊天时把这个问题说了出来，一个大学生给她出了个主意，这是她第一次听到"迷你窝"社群网站。

学生们的介绍让她一下子就迷上了"迷你窝"这个对她来说很奇特的事物。于是她一股脑儿地往外掏问题，凡不懂的一概不耻下问，学生们嘴里涌出了很多她第一次听到的新名词：Cyworld、博客、加入好友、好友到访记录、随机拜访"迷你窝"等五花八门的功能。这时的朴槿惠就像一个好奇的小女生，不停地问这问那，学习着"迷你窝"的使用方法。

这个在朴槿惠眼中的新鲜事物，一瞬间就吸引了她的眼球，她也要像年轻人一样秀一把。于是她着手去装扮自己的"迷你窝"，还很虚心地向身边的助理请教。很快，朴槿惠的"迷你窝"正式亮相，时间是 2004 年 3

第五章　重返政坛——尽力完成父亲未完成的事业

月21日。

第一次装扮"迷你窝",42岁的朴槿惠选择了上传一张自己童年的照片,这对于一个已经42岁、在政坛上摸爬滚打多年的女人来说,实在是一件很幼稚的事情,但确实真真切切地反映出她年轻的心态和她的童年情结。由于是第一次接触网络社交这种东西,朴槿惠显得缩手缩脚,一点也没有了平时说一不二、雷厉风行的作风。经过最初的摸索,她渐渐开始上手了,她的"迷你窝"内容一天天丰富起来,有了虚拟空间,还有了大头照,一进入她的"迷你窝"就能听到悦耳的、轻松浪漫的音乐背景。慢慢地,她的"迷你窝"开始有了人气,有人开始加她为好友,每天当她登陆"迷你窝"的时候都能看到人们给她的留言,还有通过网络送给她的精美礼物。这个小小的"迷你窝"成了朴槿惠每天和民众交流、接受民众带给她祝福和鼓励、享受着难得的温馨的地方,她在这儿找到了久违的温暖。

朴槿惠的亲切不仅体现在她的方式上,还体现在她待人时的彬彬有礼上。朴槿惠与人沟通真诚朴实,打电话是她的主要沟通手段,她与国务委员或青瓦台首席秘书之间交代事情都是在电话中进行的,她十分讲究通电话时的电话礼仪。朴槿惠一天要打很多次电话,但她从来都没有忽略这一细节,在传达指示事项前,先以"你好,我是总统"开始,通话结束后,总不忘说声"再见"。正是这一原因,青瓦台的参谋们很喜欢与朴槿惠通电话,因为"总统的电话让人听了很舒服"。

显然,朴槿惠的亲切作风得到了国内外媒体的广泛好评,人们评价朴槿惠的亲切作风主要表现在她的人文关怀及礼仪方面。2013年朴槿惠访美时,美方在双方举行的座谈会上安排了孩子向朴槿惠献花,朴槿惠弯腿问候向她献花的孩子,获得人们的广泛好评。有一次,来了一拨到青瓦台做业务报告的公务员,朴槿惠在与他们握手时,随行工作组将她领去进行别的工作。过了两分钟,她又返身回来和那些刚才没有来得及握手的公务员一一握手。朴槿惠握手的方式也是与他人不同的,她不像很多人握手只是应付一下装装样子,而是温和地看着对方的眼睛握手,表示很在意对方,让人感受到她的重视。

"故君子恭而不难,敬而不巩,贫穷而不约,富贵而不骄,并遇变态而不穷,审之礼也。"朴槿惠就是这样,她作为一个政治人物,没有政治人那种势利的心态;她不媚上,不欺下,尊重大人物,亲近小人物,和人相交就是保持着君子之交。这就是朴槿惠一直保持的亲民作风。

在保持着亲民作风的同时,朴槿惠还一直保留着亲民的形象。有人甚至认为,总统竞选时朴槿惠在对决中胜出,除了政治原因以外,还与她形象亲切有关,尤其她那款很有妈妈范儿的发型给她加了很多分。当地时间2013年5月4日,在首尔崇礼门举行的复原纪念仪式上,朴槿惠身着韩服,梳着温柔韩国妈妈式盘发,显得格外亲民。朴槿惠的亲切有礼,赢得了韩国人民的尊重,韩国人民都把她当做自己的女儿。

38. 力推改革,韩国再次引起世界关注

振兴韩国,是朴槿惠再次踏上政坛后的一个梦想。为了实现韩国的振兴,她一直计划着改革。韩国政坛的现状已经远远地落后于世界,朴槿惠

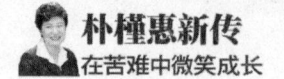

知道改革是韩国如今唯一的出路,也是韩国实现现代化的办法。同样,改革也是完成父亲心愿的唯一办法。

其实,朴槿惠在重返政坛后就一直有改革的想法,她的政治主张是要实行政治改革和政治民主化。但相对来说她毕竟只能算一个新人,她的主张在党内显得声音细微,没有任何影响力。再加上旧有的政治传统根深蒂固,朴槿惠的改革主张就像一个在山上放羊的牧童和一个有巨人身高的勇士交战,力量的悬殊显而易见。

另一方面,改革会触及很敏感的个人利益问题,在党内握有实权的人都想避开这个矛盾,改革必定是面临各项挑战的难题,对朴槿惠的改革想法,一时间众说纷纭,在党内很难形成统一的思想,根本无法形成一个有效可行的决议。人们都怕遭到现有利益集团的打击,纷纷回避这个问题,党内陷入一种不必非要走改革路线的议论声中。

朴槿惠一直等待着改革的机会,从成为党代表的那一天起,她就知道,改革的机会终于来了。她就决心要将自己的政治主张"政策政党"、"院内政党"、"数字政党"三大目标付诸实践。改革总是充满艰难险阻,不仅仅是因为不知如何进行,还因为需要摸索前进,运作党务的人也会感到很棘手,但这确实是一条正确的出路,只要坚持下去就会成功。

朴槿惠知道党内改革的艰难,所以她从一点点的小事做起。以往开会时,党代表或党总裁都是高坐首位,坐在台上的一把大椅子上,威风凛凛,俨然一家之长举行会议,议员们都需仰视。但朴槿惠亲自更改了这一传统,她换掉了那把象征着权威的大椅子,换上了同议员们相同的椅子,与议员们平起平坐。虽然只是换掉了一把椅子,但是党内那种浓重的官僚气息却消失了,议员们敢于向党代表提出自己的看法,新议员也不再像过去那样畏畏缩缩,等到资历够了才敢发言,不敢在前辈面前坦陈思想了。这一形式上的改革，起了连锁反应，过去那种肃穆得令人窒息的会场气氛消失了，现在的会场就像一个喧哗的菜市，议员们各抒己见，高声交谈，听到好的主意，大家就会齐声称赞："真是好主意！"一些媒体甚至说道："这才是真正的现代化政治。"

作为大国家党的党代表，为了突出在党内的权威，体现党代表的影响力，党代表都享有公荐权。但是朴槿惠为了实现党内的民主，毅然决定放弃公荐权。这件事情让不少人为她惋惜，党内跟她亲近的人都以各种各样的理由劝她。"怎么有这么傻的人。"有人说："你为什么一定要放弃公荐权呢？"周围的人不解地问她："搞政治是很灵活的，做做表面文章就行了，该照顾一下自己人就照顾一下，您那样认真干嘛？"有人这样劝她："政治就是搞自留地，养大自己的派系，将来好做大事，政治就是上台表演政治秀。"还有人如此说。

这么多人在劝解朴槿惠，纵然这些人不理解朴槿惠的苦心，但是她也很欣慰。自她从政以来，第一次面对这么多爱她的人来骂她，说服她，但她不为所动，她非常清楚自己做的事，认定那是正确的选择，不为各方言论所左右。随即而来的第17届总统选举，朴槿惠仍然坚持放弃自己的公荐权，果然大国家党选出的代表都是各行各业的佼佼者。这些实力雄厚的优秀人才，给大国家党在外界带来了良好的影响。在朴槿惠担任党代表期间，共经历了4次再补选，她一概不食言，一概不在公荐权上做手脚。

当朴槿惠身为党代表时她尽力推行党内的改革，当她参加竞选总统后，就将改革的目光放在了国家上。朴槿惠曾经问过自己："究竟什么样的国家才是人民心目中的发达国家？"首先国民应该能够幸福地生活，这并不仅仅是指拥有经济上的富裕。在这个国家里，坚持常识和原则、不说谎话、正直的人都能获得成功。更重要的是，国民应该感到幸福和自豪。

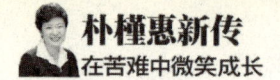

孩子们和年轻人在学校毕业后马上可以到自己喜欢的职场去工作，不用担心如何抚养孩子，不用担心如何赡养父母，不用担心自己年老之后的生活。人人都对未来抱有希望，相信自己的努力可以换来回报，相信未来的路能够掌握在自己的手中。这样的国家才是人民心目中的发达国家。

朴槿惠一直都将建设新的韩国这一目标放在自己的心底，在2007年初次竞选总统的演说中她就曾说道："我要从根本上扶正国家。"她认为新的大韩民国应该是树立根本和原则的国家。身为这个国家的总统应该遵纪守法，以身作则，法律面前人人平等，根除腐败产生的根源和土壤，并致力于建设廉洁的政治和政府。

多年来，朴槿惠一直都将"韩国梦"深埋在自己的心中，无论是建设政党，还是建设国家，朴槿惠都在努力进行着改革，她知道改革就有希望。国家要强大，就应该与过去不同，就应该除旧立新。为此，她始终站在新的挑战和抉择的前沿，并为新的大韩民国绘制新的蓝图：新的大韩民国的未来是具有"小而精"型政府的国家，是用面向21世纪的新战略建设成的别人羡慕的先进国家，是让世界各国的人都愿意来投资、工作和生活的国家。这就是朴槿惠的"韩国梦"，也是她不断付出、努力、奋斗的根源所在。总统是一个国家的最高领导，身为总统就要为国民带来希望，朴槿惠用付诸实践的改革告诉民众，她在努力着。

2007年6月22日，她在媒体记者俱乐部的演讲中还特别强调，她梦想的发达国家应该是不说假话的、正直的人都能获得成功，每个人都会因为自己是大韩民国的国民而感到骄傲和自豪。同时，她还在演讲中主张大韩民国的所有国民，都应该能够为了全社会的利益勇于放弃个人私利。

朴槿惠说，改革要建设一个全新的韩国。为此，必须打开韩国的三扇大门：第一，打开通向世界的大门；第二，打开通向国民心中的大门；第三，打开通向未来的大门。朴槿惠提倡全社会要敢于奋斗，勇于承担，在必要的时候要有牺牲和奉献精神。如果自己的一点点牺牲能够带来巨大的社会收益，那么就应该懂得勇于放弃。

至此，朴槿惠的改革给整个韩国带来了青春和活力，韩国再次引起了世界的关注。在当今利己主义膨胀的世界和政坛上满目摆柳的歪风邪气中，朴槿惠的改革具有深远的意义。或许，她真的能为韩国人民带来希望的朝霞和灿烂的明天。

39. 良好形象是最值得信赖的宣传片

朴槿惠在返回政坛后，一直都很注意自己在日常生活中的形象，平时在出席某些日常活动时，她的穿衣打扮常常都会引起人们的关注。自朴槿惠上任以来，她的衣着打扮成为一个热门话题，很多人都试图从她的衣着款式，尤其是服装的颜色上解读她的政治意图。朴槿惠的良好形象在无形中就为她做了很大的宣传。

曾经有人建议让她改变以往一贯的穿衣风格，改穿时尚的瘦腿裤，未被她采纳。因为她自小受她母亲的影响，有自己的穿衣风格，朴槿惠素以着装朴素大方，风格鲜明统一而为外界津津乐道。她自己也形成了穿阔腿裤和长款式外套，脚上穿四五厘米的高跟鞋为标志的着装风格。其实，自她担任总统之后,着装也有一个明显的变化,即由裙装向裤装的转变,这不单是在塑造一个刚毅的化身,而且还标志着她崇尚实用主义的个人价值取向。而象征新世界党的红色、紫色和黄色,也成为她着装的主色调,搭配以手表、项链、胸针等饰物,更显华丽却又不张扬,在衬托出女性柔美气质的同时,更使她形成了清新脱俗的公众形象。

然而,与美国第一夫人米歇尔的引领时装潮流不同,从朴槿惠的着装风格和她批准的着装限制令不难看出,她一直在保守与开放之间维持着一种平衡,而且重点是她的终极目标是要推动韩国传统文化在海外的传播和适应不同的场合。因此,她曾在重要的就职活动中,两次以韩服形象出现在公众面前,并且随着不同场合的变化她的着装也显得多变,给人以无限的政治遐想。

在2013年2月25日的韩国首尔的就职典礼上,朴槿惠根据不同场合更换了5套款式、颜色不尽相同的衣服,色彩通常蕴含着强烈的象征意义,朴槿惠借着着装颜色的变化,传达出一个个不同的信号。作为韩国的第一位女总统,作为一个"嫁"给了国家的女人,她足以凭借自身的魅力吸引全世界的眼球。

当天,在就职典礼之前,参拜国立显忠院的行程中,朴槿惠以一身黑衣出现在公众面前,显得严肃而庄重。之后,在就职典礼台上,以一袭军绿色长款外套出席演讲的朴槿惠,将巾帼英雄的风采展现得淋漓尽致。中午,朴槿惠着韩国的传统红色韩服,前往青瓦台,既表现出一派喜庆和向外界传达出她内心的喜悦之情,同时又表现出韩国传统文化的元素,推动韩国传统文化的对外传播。25日午后,朴槿惠开始会晤周边国家的外交使节,一袭绿色黑领西服的她,给各国外交使节留下了庄重大方、温文尔雅的良好印象。当天的晚宴,朴槿惠是当之无愧的主角,而相较于中午的红色韩服，朴槿惠为晚宴特意准备的一身大红色的韩服，色彩更鲜艳，更显雍容华贵。朴槿惠在不同的场合展现出不同的着装风格，既体现了个人魅力，又不忘祖国的传统文化，一举两得。

在这一系列活动中，朴槿惠的一举一动都成为外界媒体关注的焦点，而她服饰的变化则被视为政治的风向标，其中最成功和最具特色的是军绿色长款外套和两套红色传统韩服。

朴槿惠在就职典礼上穿的军绿色长款外套，在后来参加警察大学毕业暨任命仪式时，她也是穿的这一套朴素淡雅的衣服。单从服装设计的美学角度来看，缀有金色纽扣的橄榄绿外套，胸前搭配的淡紫色的蝴蝶胸针，以及一条同色的丝巾，这些都只是给人以一种清新醒目、神采奕奕和凸显女子苗条的单纯感觉。但是有心人分析称，军绿色外套和黑色阔腿裤给人留下了严肃庄重的印象，而作为搭配的丝巾和淡紫色的蝴蝶胸针则恰如其分地展现了她女子的温婉气质。军绿色象征着军队和战斗力，而裤装则更显男子的阳刚气质，更具有强有力的领导风范，这一切都预示着朴槿惠将改变以往的政治风格，而要自己树立起铁腕形象。

而在当天前往光化广场时穿的那款大红色传统韩服，则显得华丽而不落俗套，大气而不娇媚。以大红色为底、绣金色刺绣的长袍，搭配上一条充满活力的青色裙子，给人一种眼前一亮的感觉的同时，似乎又带着无限的希望。红色和青色的搭配，不仅象征着热情和喜庆以及生命力，更容易使人联想到太极旗。有心人士分析，将国旗色披在身上，韩服彰显出朴槿惠强烈的爱国和护国之心。而当天的晚宴，朴槿惠则穿着通体红色的裙子和上衣，充满了活力和热情，象征着强烈的责任心和奋斗心，显示出朴槿惠就职后的自信和决心。朴槿惠出国始终坚持着一个原则，即到访的第一天一定要穿韩服与当地同胞见面，不仅仅是为了表达她对

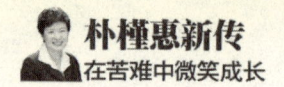

同胞的思念和感激，更是因为韩服是韩国的传统服装，凝聚着韩国的文化精髓和民族之魂。

朴槿惠在总统大选获胜后，定制了几套蕴含了希望和包容之意的服装，色系没有采用庄重严肃但缺乏柔和的色彩，而是采用了充满活力和希望的明亮单色，粉红、乳白、橘黄和翠绿，这与朴槿惠的政治理念不谋而合。朴槿惠的青瓦台幼年经历使她对服饰色彩的搭配游刃有余。朴槿惠不仅是根据不同时间、状况、场合挑选适合的衣服，更是通过着装的颜色，来传达她的政治意图，也就是说，她的衣服的颜色成为了韩国政治走向的指南针。

朴槿惠很善于用着装来传达她的政治意图，在为了朝鲜半岛局势出访美国时，她凭借着着装颜色表现出了不输于男性政治家的鲜明政治色彩。在与美国总统奥巴马的会谈中，朴槿惠聪明地选择了穿着西方人情有独钟的蓝色外套出席。专家点评，蓝色是联合国的代表颜色，像蔚蓝色的大海和天空，蕴含着世界和平的美好愿望，更重要的是，西方人认为蓝色象征着友谊、信赖与和谐。而在同一天，朴槿惠参加韩美同盟60周年纪念晚宴时，以一件杏黄色外套搭配翡翠色的裙子，惊艳了全场，不仅展现了她女性的优雅魅力，更显得和谐。而在当地时间5月8日，朴槿惠用心良苦地选择了一套通常是男性首脑身着的炭灰色长外套，出席美国国会演讲，显示出男性的庄重和可靠，传达出"一起走向未来的信任同盟"的政治信号。同一天，朴槿惠以一袭粉红色的韩服，赢得了全场韩侨的热烈欢迎，并向韩侨表达了浓浓的思乡之情。为了显得更和谐，朴槿惠与奥巴马会面时特意换了一双七八厘米的高跟鞋。

有人评价说朴槿惠的衣着既不失女人魅力，又暗含着浓烈的政治色彩，给人以安全和亲近，让人产生信赖的感觉。

第六章 参与竞选
——将苦难当做朋友,将真实作为航标

在激烈的国会选举中,朴槿惠将苦难当做朋友,将真实作为航标,把自己的满腔热忱全部投入到为民众服务中去。面对突如其来的暴力袭击,面对强劲的对手,她没有退缩,坚定勇敢地继续前行。

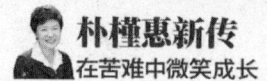

40. 帐篷党舍里走出的"选举女王"

2002年2月,朴槿惠力主党的总裁与总统职权分离,而这一项关于政党改革的建议却触动了当时大国家党总裁李会昌的切身利益,并与卢武铉和一帮议员产生了强烈的不合情绪。为了坚持自己的一贯原则,朴槿惠毅然决定选择退党。紧接着,韩国第16届总统选举即将到来,李会昌迫切地希望朴槿惠能够重新回归大国家党。为了国家的未来,朴槿惠经过了慎重的考虑,决定回归大国家党,再次出手相助。

不过,朴槿惠的回归并没能帮助李会昌在总统竞选中获胜。在李会昌第二次竞选败北后,卢武铉成功就任第17届韩国总统,而前者则带着疲惫的身心退出政坛。在卢武铉就任总统后,他不仅没能营造出良好的形象,反而使大国家党内部不断传出政治丑闻,甚至被民众冠以"运钞车党"的称号。而大国家党党部那豪华气派的十层大楼,更是凸显了大国家党的腐败沉疴,由此也使得民众的支持率跌至谷底。

从那以后,国民的不满情绪愈加的浓厚,责骂声像狂风暴雨般袭来,在大国家党弹劾卢武铉总统失败之后,民意的支持率骤然急降,其他党派也纷纷排挤、抨击大国家党。一时间,大国家党陷入了四面楚歌的境地。在这种情形下,党代表崔秉烈被迫引咎辞职。2004年3月23日,在当前严峻的形势下，大国家党召开了临时政党大会，意在选举新的党代表，重振党风党纪。而朴槿惠则成为最佳人选，在选举中，她一举击败其他四位候选人，顺理成章地成为大国家党的党代表。

2004年3月24日，是朴槿惠就任大国家党代表的第一天。第一次以大国家党党代表活动的朴槿惠，并未进入在汝矣岛国会前10层楼高的党总部大楼。在发表就职演说时，朴槿惠就表示，要力挽狂澜，从摒除腐败开始，重新树立大国家党的新形象，而她第一步要做的就是卖掉10层高的党部大楼以偿还该党收受的非法政治资金。就任的第一天，朴槿惠就以实际行动表明了自己的态度，她和党员一起摘下了党总部入口的匾额，并把党中央办公室搬迁到了一千米远的空地上，将刚刚搭建好的帐篷当做自己的党部。

那一刻，周围的空气似乎都凝固了一般，几位党部的职员们更是面色凝重。朴槿惠从职员手中接过写有"大国家党"的铜牌，向新搭好的党舍走去。这一千多米走得却是这样的艰难，五十几名党员心情沉重地跟在朴槿惠的身后，选择在帐篷中办公，就意味着将是风餐露宿的生活，而看着沿途围观者的复杂表情，对他们给予的厚望，能有这样的条件也算是奢侈了。这是最后的机会，如果依然无法挽回民众的支持，大国家党的末日也就到了。为了向民众们谢罪，朴槿惠和她的党员们拉开了在帐篷中办公的序幕。

时值三月，正是乍暖还寒的时候，气温依然偏低，刺骨的寒风使得党员们瑟瑟发抖，他们在帐篷中办公时不时地感受到寒意的袭来。随着太阳一落山，寒气更是逼到了各个角落里。由于党舍的屋顶是用货柜做的，一到下雨的时候，便会出现屋外下大雨，屋内下小雨的情况。到了六月，随着气温的逐渐升高，帐篷里的温度更是高过室外，结果桌面或凳子摸上去

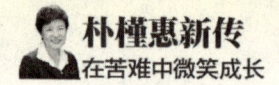

非常烫手，在帐篷中多待一会，都会汗流浃背。一时间，有些党员由于酷暑难耐身上都长出了痱子。

在艰苦的办公环境中，党员们默默地忍受着，并没有过多的抱怨，而时常的加班更是家常便饭。由于帐篷是搭在空地上，沙尘飞扬，党员们为了防沙不得不戴上面罩才能工作，而面罩却无法挡住病毒的袭来。终日在灰尘中工作，很多人都患上了大大小小的病症，很多人被感冒缠上，很久都无法恢复。条件越是艰苦，越是能激发出朴槿惠的斗志，她不断地告诫党员们要时刻牢记党的纲领和宗旨，摒弃高傲的态度，拒绝腐败，谨记民众的警告。

朴槿惠时刻怀着危机意识，决心将大国家党变成一个清廉的政党，在帐篷党舍中工作了86天之后，朴槿惠宣布结束这段生活，将党部搬迁至盐仓洞党部，而这段历史在大国家党的党史上有着重要的里程碑意义。肉体上的煎熬铸就了精神上的坚定，朴槿惠和她的同仁们背水一战，小心翼翼地摸着石头过河，摸索着党的前进道路。为了表明自己与腐败彻底决裂的决心，朴槿惠决定将市值一亿韩元的党部大楼抵押出去，而这一决定却遭到了很多人的反对。"这是我们的尝试，也是我们最重要的一次机会，只有这样，民众才会熄灭心中的怒火，才能重新信任我们，我们大国家党才能重振旗鼓。"在朴槿惠苦口婆心的劝告下，党员们才纷纷同意她的决定。

党舍的新地址在江西区盐仓洞的一层楼内，为了不让党员们忘记曾经受过的教训，不要忘记帐篷党部内的艰苦生活，朴槿惠在新党舍的空地前用破旧的集装箱设立成"帐篷党舍纪念馆"。静默的货柜昭示着一个最为简单的道理，只有不忘清贫，不丢失谢罪的心，才能重新焕发生机，重振旗鼓。朴槿惠没有停下铲除腐败的步伐，天安市的大国家党中央研究院拥有市价超过一千亿韩元的建筑物和土地，这对大国家党想要重树形象起到了不良的作用。为了赢得声望，朴槿惠做了一个令众人极为不解的决定，将这些财产全部归还给人民。而此时，离总统大选的时间越来越近，朴槿惠的同仁们表示了强烈的反对，"这些是选举时的财产，如果都交出去了，那我们还怎么进行选举？"朴槿惠认真地倾听了大家的意见，面不改色地说道："之前在帐篷中的日子大家没有忘记吧，那样艰苦的日子我们都挺过来了，还怕什么？！"朴槿惠力排众议，用自己的观点将党员们纷纷说服，而这次的反对声音也逐渐平息下来。

朴槿惠对贪污腐败可谓是恨之入骨，她明白贪腐对一个党内部的影响，更明白贪腐对一个国家的影响。为了不让贪腐继续腐蚀大国家党，朴槿惠在行动上做出了不断的努力。但是，尽管这些行动很有威慑力，却依然无法触动一些人的内心，这表明有的人已经到了不可救药的地步。显然，一个人没有悔悟心，不懂得改变自己，一切努力都是白费的，倘若时机成熟，腐败的种子又会萌芽。为了党的信誉和形象，朴槿惠坚决不做腐败者的保护伞，她大义灭亲，将贪污腐败的人一律交至司法部门。若经审判有罪的人，一律开除党籍，绝无回旋商量的余地。朴槿惠的一系列举动，深深地彰显出自己的决心和希冀，也正是这些举动奠定了她一步步走向"选举女王"的传奇道路。在一年之后，朴槿惠毫无意外地成功带领大国家党重回第一大党的位置。

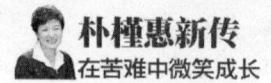
朴槿惠新传
在苦难中微笑成长

41. "逐鹿中原"，成功问鼎权力之巅

2004年，已是大国家党代表的朴槿惠正在准备国会选举的事情，然而此时大国家党却频频曝出一系列的丑闻——贪污、腐败、性丑闻……这对大国家党产生了巨大的负面影响，民众的支持率几乎降至冰点。如果任由局势发展，此次大国家党在国会总选中有可能只能拿到两个席位，这使得大国家党想要翻身是绝对没有希望的，更甚至自己的政党将会从此解散。面对如此糟糕的情况，眼瞅着自己的一番心血又要付诸东流，朴槿惠决不能坐视不管。终于，她在一片非议声中再次出马，决心用行动来为自己的政党争取一个未来。

2004年3月12日，由于涉嫌竞选资金的问题，执政党总统卢武铉被终止总统权力。在这一段政权过渡期内，总统权力由国务院总理代为执行，而弹劾总统是否能够生效还得等到180天后韩国宪法的裁决结果才能知晓。在弹劾总统的过程中，大国家党联合新千年民主党的做法并没有像预期的那样赢得民众的支持。尽管卢武铉被终止行使总统权力，但大国家党的支持率丝毫没有得到提升，相反还在不断地下跌，而这对大国家党来说，想要成为执政党希望渺茫。

朴槿惠一向注重听取民间的声音，注重了解人们的意愿，在朴槿惠的走访调查中,她听到了很多抱怨的声音。"我们以前工作顺顺利利的,虽然没有赚到很多的钱,但是过得也算幸福,平平稳稳的不求什么,但是现在社会变化得太快了,公司倒闭,没了工作。""国会议员们只知道为自己拉票,宣传口号,丝毫不管我们民众的生活。""我们不会再信赖国会了。"这样的话从百姓的口中说出,让朴槿惠听了心里很不是滋味。

正所谓冰冻三尺,非一日之寒。如今民心背离了国会,国会走入了一个死胡同里,想要重新挽回民心绝对不是一件容易的事情。面对眼前如此江河日下的窘境,朴槿惠绝对不能坐视不管,但是要怎么做才能使国民回心转意呢?朴槿惠开始走访全国各地,体察民情,了解民意。但是,每一次出行换来的都是一盆盆凉水,没人愿意搭理她,没有人愿意买账。这个时候,人心就像是遭到了背叛,看着民众冷漠的神情,拒人于千里之外的态度,朴槿惠的内心十分悲痛。

最后,朴槿惠决定采用电视演说的方式,让更多的民众明白自己的苦心,了解自己的决心,想要借此挽回一些支持。在电视演播室里,看着摄影机耀眼的灯光,朴槿惠的内心五味杂陈,她知道自己接下来的一言一行都对大国家党产生了至关重要的作用。她明白,大国家党如今已走入了死胡同,无数的劣迹让民众寒透了心,想要挽回民众的信心是多么艰难的一件事情。但是,只要有一丝希望,朴槿惠都要做任何的尝试,恳请国民再给大国家党一次机会,让大家能给大国家党一次改过自新、自我检讨和反省的机会。

"为了能够彻底改变,我们真的做了很多的努力,不愿看到民众弃我们而去,我们也不愿看到大韩民国就此倒下。在这里,我不想去追究总统的对错,也不想拷问政党的责任心,对于国家今日的混乱状况,大国家党有不可推卸的责任,我们需要深刻的反省和检讨。"朴槿惠近乎是用哽咽

第六章 参与竞选——将苦难当做朋友,将真实作为航标

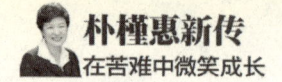

的语调说出这番话的,当她结束发言后,再次哭出声音来,而周围的工作人员无一不被感染。或许是朴槿惠的真诚打动了国民,在发表演说的第二天,国民们纷纷对朴槿惠表示了支持。

随着国会选举日益接近,朴槿惠开始了四处拉票。鞋底磨破了,嘴里起了泡,甚至好几次都差点累晕过去,但是朴槿惠依然没有停下前进的步伐。每天,她只睡两三个小时,一天都在为大国家党的竞选忙碌,由于和国民握手过度,整只手都红肿起来,万般无奈之下朴槿惠只好用绷带将手臂缠裹起来,而这几乎成了朴槿惠的一个标志。朴槿惠的良苦用心终于有了回报,尽管身体上的痛苦、心理上的压力日益加剧,但是大国家党的支持率却一直保持不断攀升的状态。无论朴槿惠出现在哪里,哪里就有人喊着她的名字,很多人特地跑过来和她握手、拥抱。一名家庭主妇抱着孩子跑到朴槿惠的面前,握着她的手说道:"我们支持你!加油!"民众的支持是对朴槿惠最好的安慰,感受着自己的责任感和使命感,朴槿惠觉得更加充满了斗志。

朴槿惠的足迹几乎遍及了全国,但是她心中有一个遗憾,本来朴槿惠打算先去京畿、首尔、仁川这几个激烈战区拉选票,然后再去自己的出生地——大邱,可结果却未能如愿。首都附近的地区是选举最为激烈的地方,在首都拥有绝对的胜利就能笑到最后。在首都,底层的联络员不断地打来电话向朴槿惠请求援助,但是朴槿惠原定于在最后一天晚上去达城,这样一来就陷入了两难的境地。要知道,在首都圈几百票的差额就能决定一个政党的成与败,但她实在无法拒绝那些声嘶力竭的呼求,于是朴槿惠不得不把绝大部分时间都用在了首都圈的地区。

等朴槿惠赶到达城时,已是晚上九点钟了,而根据韩国法律的规定,竞选活动将在十点钟结束。此时情况十分的紧迫,朴槿惠才刚刚到达达城,还没来得及和民众们说上几句话,选举竞选活动就结束了。这让朴槿惠十分遗憾,如果时间再多一些,自己就能和民众们多进行互动和拉近感情,对大国家党的选票产生有利的影响。但让朴槿惠感激的是,即便这样,那些达城选民依然将票投给了大国家党。

在朴槿惠的努力下,4月15日,国会总选结果公布,大国家党获得了121个席位,实现了惊人的大逆转,一下子就成为了韩国的第二大在野党。有人也不免惋惜地说,如果再给大国家党一点时间,说不定就能成为国会第一大党了。而朴槿惠对这样的结果已经十分满意了,按照原来的预测,估计只有十个席位,而现如今121票是一个多么充满希望的数字啊。朴槿惠发誓,一定不会辜负民众的期望,她势必要带领大国家党重新回到为人民服务的正途上。

42. 漫长而艰难的"党内厮杀"

2007年6月11日,对韩国政坛来说是一个值得铭记的日子,因为在这一天,朴槿惠正式宣布参加大国家党第17届总统候选,并辞去了党代表一职。同时,朴槿惠最强有力的竞争对手前首尔市市长李明博也正式注册为总统选举的该党候选人。根据韩国的法律规定,两人必须首先在党内角逐,最终选出胜者担任该党的总统候选人。由此,朴槿惠和李明博之间拉开了长达70天的"党内厮杀"。

在大国家党内的总统候选人大战打响之后，身为前总统朴正熙的女儿朴槿惠无疑赢得了更多的关注，不少人认为朴槿惠将是最有利的候选人，在选举中会有不俗的表现。但是前总统女儿的身份也令朴槿惠受到了不少困扰，因为他父亲的独裁政府饱受质疑和批评，可谓是毁誉参半。

朴槿惠继承了父亲的政治遗产，并决心在政坛上施展身手，为此朴槿惠不断地培养和提高自己的素质。复出后，她就一直活跃在人们的视野中。2002年，朴槿惠离开国家党以平民的身份访问朝鲜，受到了金正日的亲自接见。而她的这一行动使得她在韩国人心目中的地位大大提高。当时，许多韩国人认为，如果朴槿惠能出任总统将会有力地促进朝韩关系的破冰回暖。2006年5月，朴槿惠出席活动遇袭，右脸被割伤。2006年6月，她辞去大国家党的党代表职务。当时的分析人士认为，朴槿惠的遇袭能够帮助大国家党得到更多的同情和支持，而她选择在这个时候卸任，则是为了能够更好地准备2007年的总统大选。

朴槿惠的竞争对手李明博于2002年出任汉城市市长，并于2005年宣布将"汉城"改名为"首尔"。早在竞选市长的时候，李明博就提出要重建清溪川的计划，而这一计划却引来众人的非议，人人纷纷嘲笑他是疯了，这样的工程不仅浪费时间和金钱，而且困难重重，当地的商户更是怕工程的进展会使自己搬迁而纷纷抗议示威。为此，李明博多次到各地游说，据统计李明博向公众游说多达4000多次，而这一工程也在李明博的努力下顺利开工。

李明博在任期内，还开始建设首尔森林工程。他认为，要使首尔真正地具备竞争力，就必须要改善生态环境。在公园建成仅一年后，便正式对外开放。除此之外，李明博还于2004年7月开始彻底整治汉城落后的公共交通系统,在公车专用道建成后,整个城市的公交系统发生了天翻地覆的变化,人们逐渐接受了这一新的系统,并对李明博的政绩给予了极高的评价。李明博在担任市长的四年时间内,彻底地改变了首尔,将首尔打造成了一个国际化的大都市。当2006年任期结束后,李明博又开始了下任总统的竞选活动。

李明博的出现对朴槿惠来说是一个大的难题,而且根据李明博在担任市长期间的政绩,这个黑马势必成为一个巨大的挑战和对手。为了赢得胜利,朴槿惠早就开始做了准备。她先是派遣竞选团秘书室长、国会议员刘正福前往该党竞选管理委员会,办理了竞选总统候选人的有关注册手续。2007年6月11日,朴槿惠前往首尔的党部大楼发表竞选演讲,为韩国的民众勾勒出了一副前景广阔的蓝图,她说:"我有极大的信心在5年的时间内为韩国创造一个奇迹,引导我们大韩民国走向发达国家的行列。"

朴槿惠还说道:"只要国民们给我一个机会,让我可以拯救这个深陷困境的国家,我将以实实在在的国家观和爱国心来拯救他。"与此同时,作为前总统的女儿,朴槿惠还在不断地强调一定会完成父亲没能完成的夙愿,并继续坚定不移地推进大韩民国的先进化,补偿在父亲执政时期经历痛苦的人们。

从当前的局势来看,距离总统选举只剩下6个多月的时间,而党内竞选日期还没来到,因此从6月11日开始,朴槿惠和李明博为期70天的"背水一战"已经正式打响。根据当时的民意调查结果显示,李明博和朴槿惠的支持率遥遥领先,两人的支持率之和超过了60%,大国家党的支持率也保持在50%左右。在这种"一边倒"的形势下,大国家党的总统候选人之争很可能就是韩国总统之争。

2007年8月20日下午,总统候选人的党内选举在首尔奥林匹克竞技

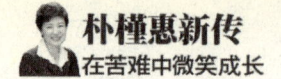

场进行,朴槿惠和李明博一同站在了台上。身穿白色西装的朴槿惠给人信心十足的感觉,她在右面的口袋里装着胜选的演讲稿,而在左侧口袋则是败选认输的稿子。早在上台之前,朴槿惠就听下属秘书室长刘正福汇报说虽然只公开了四分之一的选票,但是已经领先李明博2000多票,照这样来看,获胜的曙光就在前方。刘正福信誓旦旦地说道:"从整体形势来看,您的当选将会是必然的。"

然而,随着开票过程的逐渐揭晓,结果却超乎了众人的意料,朴槿惠占优势的情形急转直下。在下午3点50分左右,刘正福一脸沉重地走到朴槿惠旁边,低声说道:"在选举人团方面我们是占有绝对的优势,但是非常抱歉,我们在民意调查票方面却没有对方多,结果很不乐观……"听完刘正福的话,朴槿惠内心早已翻江倒海,但她表面上依然保持着镇定的神色,只是淡淡地回答道:"这样说我们就是输了吧,我知道了。"

结果很快就公布了,朴槿惠获得了78632票,李明博81084票,最终李明博以1.5%的优势领先获得胜利。朴槿惠出乎意料地败选,而她与李明博仅差2000多票。知道结果后,朴槿惠拿出了早已准备好的败选演讲稿,冷静地说道:"我将毫无异议地尊重党内的选举结果,承认自己的失败。从今天开始,我将全心全意期待李明博候选人夺得总统的职位,忘记自己在党内选举时的经历。"

对于自己的失败,朴槿惠并没有表现出过多的悲伤,她真心地接受了这个结果。同时,她还不忘一个党员的职责,并表示自己将不遗余力地为政权的交替而奋斗到底。尽管历经70天的党内血战,朴槿惠没能获得胜利,但是她身上透露出的不屈不挠的乐观精神就足以让人钦佩和肃然起敬。

43. 人生在不断自我挑战中强大

转眼到了2012年，朴槿惠决定参加年末举行的总统选举。7月10日上午，朴槿惠在首尔永登浦时代广场召开新闻发布会，她宣布将同民众一道，分担忧愁、痛苦，共同解决当前大韩民国遇到的困难和问题。朴槿惠还表示，自己有信心成为一个实现国民梦想的总统，打造一个可以为国民培养和实现梦想提供帮助的政府。由此，朴槿惠义无反顾地踏上了竞选总统的艰难之路。

2012年的韩国总统竞选颇具看点，前无党派总统候选人安哲秀与民主统合党候选人文在寅的"一体化"联手，希望以在野阵营的形式与朴槿惠对决，借此打破在本届韩国大选中出现的"三足鼎立"格局。紧接着，统合进步党前代表李正姬也公开宣称参加第18届总统选举，李正姬表示尽管竞选路途艰辛，但她绝不会放弃政治上的梦想和追求。

面对如此严峻的形势，以朴槿惠为代表的新国家党打出了"女总统"的旗帜进行宣传造势。如果朴槿惠能够竞选成功，将成为大韩民国的首位女总统，对韩国具有重大的象征意义。而朴槿惠提出的"做好准备的女总统"这一口号着实吸引了不少女性的支持和拥护。身为女性领导人，朴槿惠的最强优势在于能以善于包容的风格提升韩国总统的形象。但是，其他政党却并不这么认为，他们以朴槿惠的性别为把柄，以从未参军为由对其领导力产生了质疑。

朴槿惠的团队坦然地面对如此众多的非议，他们再三强调，自朴正熙遇刺后，朴槿惠就多次要求韩国军方加强军事戒备，保证朝鲜半岛非军事区的稳定，而这一点就是对非议的有力回击，充分证明了朴槿惠的领导力和大局观念。与此同时，朴槿惠不忘对安哲秀和文在寅的"一体化"联手进行了有力回击。

在朴槿惠看来，在野党同其他政党相互联手是一种政治上的倒退，由于在野党过度集中于一体化问题，其他方面势必会被忽略，而这就是对韩国民众的极大不负责任。在此期间，安哲秀和文在寅两人的组合谈判进行得也不是那么顺利，风波不断。最后，11月23日晚安哲秀决定退出此次竞选，并表示将全力支持文在寅竞选总统。

2012年11月27日，韩国第18届总统选举终于在声势浩大的浪潮中拉开了帷幕。在韩国中央选举管理委员会公布的候选人中，朴槿惠为1号候选人，民主统合党文在寅为2号，统合进步党李正姬为3号，无党派候选人则按照抽签排序。确定完候选号码后，朴槿惠等竞选者便马不停蹄地开始了拉票行动，他们纷纷在全国进行游说，宣扬自己的理论主张，争取民众的支持和选票。

2012年12月10日，新国家党总统候选人朴槿惠和民主统合党总统候选人文在寅、统合进步党李正姬共同参加第18届韩国总统选举候选人第二轮电视辩论。三人在辩论期间展开了激烈的唇枪舌战，而李正姬因在电视讨论中使用了不当的言辞，遭到了民众的强烈不满。因为李正姬称韩国政府为"南部"政府，涉嫌违反《韩国国家安全法》，某韩国国民向首尔中央地方法院对其提起诉讼，认为这种人不适合成为国家的总统。迫于舆论的压力，李正姬决定退出此次竞选，而李正姬的退选造就了朴槿惠和文在寅之间真正的雌雄对决。

选战最后一天，朴槿惠选择北上，文在寅选择南下，各自为自己的拉票做最后的冲刺。素有选举女王称号的朴槿惠当天首先前往庆尚南道昌原市，再到附近的釜山，经大田市，最后抵达首尔市中心光华门参加集会。在此过程中，朴槿惠一再表示，自己将"开创中产阶层占人口七成的新时期"，并不忘大打亲情牌。因为朴槿惠没有家庭，也没有子女，她的唯一家人就是她的国民，正因为如此，她才能全心全意地为国家服务，像一个母亲一般奉献自己的一生。

被人评价为"卢武铉的影子"，曾任已故前总统的总统府秘书室长文在寅也没有停下拉票的步伐，文在寅素以亲和力著称，而在拉票过程中多次强调公平正义。文在寅当天从首尔出发，沿京釜线一带往返于首都首尔和南部港城釜山。文在寅曾在釜山从事维权，釜山对他来说是一个重要的地方。在拉票的过程中，文在寅表示愿意牺牲自己的一切，无条件地奉献自己的全部精力，投身于民众当中。

此届总统选举于19日上午6时开始在全国13542处投票站进行投票，投票于当天下午6时结束。2012年12月19日，韩国KBS电视台发布消息称，朴槿惠的支持率达到了38%，领先第二名候选人近20个百分点。但是，尽管朴槿惠在此次的竞选中保持了压倒性的优势，但她想要坐上总统的宝座，依然困难重重。因为不利因素众多，对朴槿惠的前进产生了不小的阻拦和冲击，而这些看似微不足道的危机却有可能使朴槿惠落选。

纵观朴槿惠的支持者，大多都是强硬的保守派和部分中老年人，他们大多经历了朴槿惠父亲朴正熙执政的那个年代。那时，韩国实现了工业化的腾飞，经济迅速增长，许多人怀着对朴正熙的信赖转而支持他的女儿，成为了朴槿惠最忠实的支持者。然而,部分年轻的选民却并不这么认为。他们觉得,朴槿惠的出身使她难以改掉一身的贵族气息,难以深入基层,深入群众,真正地倾听平民百姓的想法,无法了解底层民众的疾苦。

一时间,"朴正熙女儿"的身份对朴槿惠产生了不小的影响,而朴槿惠不作出适当的回应,很可能会前功尽弃。在朴正熙执政期间,他的铁腕统治政策以及不断地镇压反对派饱受诟病,一些年轻的选民抓住这一点不放,把一腔愤怒转移到朴槿惠的身上。而与此同时,相当多的民主自由派人士也纷纷发话,宣称如若让朴槿惠当上韩国总统,将使韩国的民主进程倒退20年。面对如此众多的非议,朴槿惠能否获胜让人着实捏了一把汗。

朴槿惠和文在寅两人之间的竞争如火如荼地进行着,而双方之间除了为自己拉票还不忘互相攻讦,"抹黑"对方。不断对对方提出的观点和理论进行质疑,双方之间的"抹黑战"愈演愈烈。

12月20日凌晨5时,中央选举委员会公布了最终的得票结果,朴槿惠和文在寅分别获得了51.6%和48%的得票率,朴槿惠获得1577.3100万张选票,文在寅获得了1469.2609万张选票,两者相差108.0491万张选票。在如此艰难的处境中,朴槿惠以显著的优势击败了文在寅,成功当选第18届韩国总统,而这也开创了韩国新的历史篇章,朴槿惠成为韩国历史上第一位女总统。

在获悉自己当选的那一刻,朴槿惠打通了文在寅的电话,表示自己在选举中的行为都是为了被国民选中,更好地服务于大韩民国,也希望双方能够在接下来的日子里共同合作,为国家的繁荣富强而努力。文在寅也对朴槿惠的当选表示了祝贺,并欣然答应了她的要求。朴槿惠的从政生涯是一个不断挑战自我的过程,她的一生历经坎坷和磨难,而如今能够胜利地当选为总统离不开曾经的波折，其力量之源在于从不断的挑战中让自己变得强大。

44."冰公主"的说话秘诀：多说话不如少说话

"雄辩是银，倾听是金"，这在西方世界流传甚广，意思是一个人要少说话，多去倾听他人的发言。中国同样有着类似的话，"言多必失"和"讷于言而敏于行"就是流传千百年的济世名言。这些都充分地说明了多说话不如少说话的益处，而韩国总统朴槿惠曾充分地将这一点运用到政治生活中，获益匪浅。

很多媒体在采访朴槿惠之后都有一个共同的评价，那就是她的话很少，回答提问时总是用几句话就解决了。这不免让大家觉得朴槿惠是一个性格木讷、不善言辞的人。但事实恰恰相反，朴槿惠对当前社会中的热门话题和敏感问题十分关心，但她知道谨言慎行的道理，如果不小心说错了话就很可能成为对方手中的把柄，受制于他人。因此，朴槿惠从不轻易地表达立场和看法，所以她说话总是给人惜字如金的感觉。

世界上很多著名的企业管理者或者从事政治的大人物往往都很谨小慎微，他们从不多说，经常保持沉默。在沉默中，隐藏着巨大的力量以及足够压倒对方的气场，而朴槿惠恰好就是这样的人。她平时话虽不多，惜字

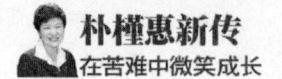

如金，但是却字字珠玑。而这样的性格特点与她曾经长期隐居不无关系。在历经母亲、父亲被刺杀后，朴槿惠选择了隐居，在长达18年的隐居生活中，她拥有了更多的时间来思考人生。在此期间，她积累了相当多的人生智慧和强大的内在力量，体悟到了沉默的价值，可以说正是少说话的行事风格造就了今天的朴槿惠。

"朴槿惠是一个真正勇敢的人，她正直，充满了智慧"，有媒体这样评价朴槿惠，虽然在采访中她的话很少，但她的言语依然具有打动人心的力量。就像是商场中的巨幅海报一般，让人印象深刻，过目不忘。朴槿惠从来没有刻意地接触媒体，也从来没有制造过任何花边新闻，更不善于用专业术语或华丽的辞藻来宣传自己的政治主张，搞风头政治。但是她却能在关键时刻挺身而出，从她口中说出的话显得掷地有声，有着不可抗拒的权威性，让人不得不接受，不得不信服。她所说的每一句话，都是最淡定、最简单而最坦率的话。

外界很多民众不了解朴槿惠，自然而然地觉得朴槿惠是个木讷的人，而在他们看来总统一般都是能言善道的人才能担当。这种偏见对朴槿惠来说很不公平，其实朴槿惠是个对外活动很活跃的人。在党代表时期，朴槿惠忙碌于各个地方，每天只睡两三个小时，一天可以穿梭在三个不同的城市间访问。为了赢得更多的支持，朴槿惠会和每一位民众握手，而长时间的握手导致了她手部红肿疼痛。朴槿惠一天可以主持十几个会议，而她对社交网络也很熟悉，曾和超过千万的网友交流沟通过。

虽然朴槿惠不善于发表长篇大论，但是她的话可谓是字字珠玑，掷地有声，有一种快刀斩乱麻的力量感。李明博的二把手李在五曾主张"分权型改宪"，而这一主张被朴槿惠一句"总统任期4年可以连任一次最好"就结束了纷争。在李明博的派系下有部分反对者使用各种阴谋诡计来刁难朴槿惠，但她的一句"不行"，就让一切都结束了。

无论朴槿惠出现在什么场合，即使环境十分的嘈杂、喧嚣，只要朴槿惠一出声就能让这个会场鸦雀无声。这就是一个有魄力的女人，她的每一句话都有一句话的力量。在卢武铉政府时期，民主党与大国家党之间就已经达成了协议，不再谈论世宗市迁都的事情，但是部分亲李派的人士却闹哄哄地酝酿着自己的计划，打着"为了更好地提高效率，把世宗市打造成一座具有尖端科学技术文化的城市"为由，拿出一个《世宗市迁都修正案》。但朴槿惠一声反对，这件事情就此搁置。而在总统选举之前，李明博也郑重地向国民做了承诺，不能言而无信。就这样，朴槿惠的一句"不可以"，便使得《世宗市迁都修正案》最终搁浅。

在准备第18届总统选举的时候，朴槿惠和李明博同属一个党派，大国家党根据惯例要先在党内进行正式的议员提名或推荐，但是党内派系分别明显，在朴槿惠和李明博之间明显地分出了亲朴派和亲李派两大派系。大国家党对外宣称，一定会秉持公正、公平、公开的原则举贤荐能，但是亲李派却在暗中操纵了推荐审议委员会，将亲朴派的议员全部淘汰，最终毫无悬念地将李明博推荐上去。当朴槿惠得知这个消息后，说了一句穿透人心的话："我受骗了，国民也受骗了。"

朴槿惠并没有再多说些什么，但这一句简简单单的话语却在国民间掀起了巨大的浪潮，社会反响十分激烈，人们纷纷对这种暗箱操作的行径表达了不满。朴槿惠用这一句简单的话充分地表达了对韩国政党政治的失望和愤怒。作为大国家党前任党首，看着自己的党员们分帮结派，四分五裂，不仅令国民大失所望，更让自己蒙羞受骗。朴槿惠认为，这样的选举结果不足为信，应该将这一份推荐名单确认为无效，她果断地采取措施，召开记者发布会。这是一次大国家党走向执政党的艰难历程，大国家党用

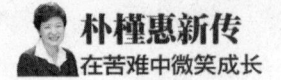

了10年的时间才换取了民众的信任和支持,而出现了这样的事情绝对是政治上的倒退,必将让大国家党蒙羞。

眼看着大国家党挽回了国民的信任,刚刚取得了一点胜利,党内便萌生出暗箱操纵的事情,这将会伤害国民的信任,违背当初承诺的客观公正的原则,这是极为危险的做法。这一事件发生后,很多亲朴的党员们纷纷建议朴槿惠退出大国家党,自立门户,但是本着自己一贯的原则和做法,朴槿惠一一回绝了,她要重新将大国家党扶正。

朴槿惠曾在日记中写道:"那些文过饰非的人都是表里不一的,他们言过其实,在我经历的这些事件中,我看到了许多人为了自己的目的而掩盖真实想法,阳奉阴违。"朴槿惠对这种人可谓是深恶痛绝,他们金玉其外,败絮其中,只会用华丽的语言包装自己,但背地里却做一些见不得人的勾当。

朴槿惠说话条理清晰,脉络分明,虽然从不多言,但是她所说的只言片语往往能够清晰明白地概括出自己要表达的所有意思。这就是朴槿惠在竞选中表现出的独特魅力,也是一个有智慧的领导人的能力体现。朴槿惠在沉默中凝聚了力量,保住了属于自己的心智和财产,参透了人生的智慧。

45. 有时无声胜有声

说话的最高境界就是，能在喧嚣的环境之中保持自己的沉默，有时候无声胜有声，用沉默来迎接旁人花言巧语的挑战，沉默胜于雄辩。即使到了不得不开口讲话的时候，也能简明扼要地表达自己的观点。朴槿惠就是这样的一位领导者，能用一句话表达清楚就绝不多说两句。这种能力是一个有智慧的领导人最大的特征体现之一。

沉默是朴槿惠的一大特质，也是朴槿惠彰显魅力的一大手段。作为一个政治家，容易言多必失，稍有差池就会成为别人手中的把柄、口里的谈资，让人失去好感，甚至断送整个政治生涯。作为一个具有沉默气质的领导人，朴槿惠相信无声的自己远比那些口若悬河的领导人更容易树立起权威。朴槿惠最为敬佩的就是"非暴力不合作运动"的发起者——甘地。印度圣雄甘地被认为是具有"伟大的灵魂"的领导者，他通过自己的行动让英国变得束手无策，争取到了印度的独立自治，换回了人们的自主权利。其中最重要的就是甘地将沉默当做武器，每周都会进行不说话的修行，用沉默的方式锻炼自己的身心。

对于用沉默来进行修行，甘地曾经这样说过，"在生命的历程中，沉默是最为高雅的说话艺术，它胜过千言万语。"的确，沉默不是懦弱的表

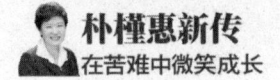

现,它只能在真正强大的人身上才能得到淋漓尽致的体现。沉默可以带给人巨大的自信和智慧,在遭遇暴力威胁时,你的沉默会让对手疑惑不解,是对对方最大、最有力的震慑。沉默"能让傻瓜变成天才",而且与滔滔不绝的大话空话相比,保持沉默更能彰显出一个领导者的魅力和风格。"于无声处听惊雷",沉默更容易让人震撼,让人信服,让人油然而升一股敬佩之情。

与沉默相比,很多领导者往往就喜欢用花言巧语来建立自己的威信,然而他们所说的话常常经不起推敲,往往不攻自破,不仅很难树立起权威,反而让自己丧失了应有的地位,即使再好的口才依然无法比得上沉默的力量。说话说三分,话说多了就容易暴露自己的缺点,暴露出自己的愚蠢,没有人愿意让别人看到自己的缺点和不足,而话一多就会将自己的内心毫无保留地展示出来,削弱自身的价值,降低自己的尊严和地位。

朴槿惠虽然沉默,但是沉默之中有一股无法违背的力量。朴槿惠不看好的决议往往还未出口拒绝,人们看其脸色就知道这项决定不会有戏了。有时候,朴槿惠的一句话不过几个字就能让人信服,不得不相信,毫无反驳的理由。人们不禁疑惑,为什么朴槿惠能有这样大的权威和感召力,到底是什么使得她的话有如此的魅力,让人反抗不得?其实,朴槿惠没有什么过人之处,更没有什么魔法能迷惑别人,她说的话往往都是那些俯拾即是的最简单的话,都是一些最为普通平实而坦率的话。但往往这样的话最能打动人心,即使朴槿惠保持沉默,人们也能感受到她浑身上下散发的魅力,如果要问这其中包含的力量是什么,有一句话可以印证这一点:"权力是刀,最高者往往是单纯的。"

朴槿惠能拥有这样的品质和她曾经遭遇的两次不幸密不可分。在朴槿惠30岁之前,她先后失去了自己的母亲和父亲,在失去了家人之后又遭到了身边亲朋好友的背叛，接连的打击让朴槿惠难以承受。但是，性格坚强的朴槿惠并未对人生失去信心，她把这一切的不幸都默默地承担了下来，开始了长达18年的隐居生活，在她重返政坛之前，她不断地锻炼自己的心性，让自己耐得住寂寞，保持住沉默。在时间的磨砺下，她变得越加成熟、睿智。

有些人面对生活的不幸，会在遭受重大打击之后一蹶不振，用"不幸"、"悲惨"来形容自己的生活。如果失去了父母，这将是人生最大的不幸；如果获得了至高无上的权力，这是最大的幸运。然而朴槿惠一人却拥有了"不幸"和"幸运"，那么对她这近乎是传奇的人生，人们不禁要问朴槿惠，她究竟是如何把握这两者的呢？"用沉默来面对人生的不幸。"这是朴槿惠唯一能说的，她对于常人中的不幸和幸运有自己独到的理解，她觉得幸与不幸主要是取决于一个人真正的智慧，而她的智慧就是保持沉默，不过多地谈论。

在离开青瓦台之后，朴槿惠和自己的弟弟妹妹搬回了新堂洞住宅。在这段日子里，朴槿惠一直让自己走在正道上，远离世上的纷繁嘈杂。她不断地强大自己的内心，保持内心的平和，抵抗外界的诱惑和纷扰。在朴槿惠看来，即使眼前的诱惑再大，和一颗安定、沉默的心比起来也不值一提。只有像朴槿惠这样的人才能在夜晚安然入睡，这的确令很多人羡慕。

失去了父亲后，朴槿惠的内心受到了巨大的创伤，为了安抚自己，她开始为那些有损父亲名声的事情奔走，这些不实的消息困扰着朴槿惠，她不得不靠读书来平静自己的内心，但是却从未用过激的言行来指责造谣的人。朴槿惠一直用这种无声沉默的方式来对抗那些流言蜚语，足以见到这名奇女子的伟大力量。人生就是在苦海中航行，不历经一番痛苦又怎么铸就强大的自己呢。

第六章 参与竞选——将苦难当做朋友，将真实作为航标

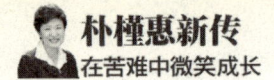

沉默是朴槿惠的行事风格,她在沉默中积累了不少力量,但却也因沉默而饱受争议。在朴槿惠还未当选总统之前,为了不给李明博政府增加负担,朴槿惠很少出席一些外交活动,在一些政治场合上很少发言或者不发言,不断地克制自己。而这在旁人看来却是没能力的表现,很多人说她沉默寡言,不适合当一名政治家。然而朴槿惠有自己的难处和自己的选择,如果自己频繁地出席活动或者发言,就会被人说是干涉政府工作,意图不轨,因此她选择保持沉默,但是这又让人误解为消极不配合。

实际上,尽管外界有再多的非议和不满,朴槿惠依然保持住最真实的自我,她在2000年率先在网络上开设了"朴槿惠的迷你主页"与网友进行互动和沟通,倾听来自底层群众的声音。朴槿惠是韩国政治家中首个开设个人主页的人,她开了先例,从此以后朴槿惠一直利用网络来进行更为广泛活跃的交流。

朴槿惠在无声中彰显出自己的魅力,让人感受到身为一个领导者的强大气场。韩国作家姜俊晚在《人物与思想》中曾写道:"朴槿惠从来不用华丽的辞藻修饰自己,她讲的话浅显易懂,令人感到亲近,而不是像其他领导人那样只会讲一些官话、空话。朴槿惠的只言片语往往就能让人产生信任感,这便是对朴槿惠最好的诠释。"

46. 实干家永远优于演说家

朴槿惠曾无数次在脑海中勾画韩国未来发展的蓝图，也曾无数次思索过到底什么样的国家才能算是发达国家。上台后，朴槿惠决心重新建设新的大韩民国，让国民过上幸福的生活，不仅仅在经济上富裕，更要在精神上感到幸福和满足。早在2007年朴槿惠初次竞选总统的演讲中，她就透露了自己建设新的大韩民国的构想。她认为新的大韩民国的领导者自身就要遵纪守法，以身作则，以自己的行为昭示全国，致力于建立一个清廉、高效的政府。

由此，便可窥见朴槿惠一直的努力和奋斗，她始终为建设新的大韩民国而不断地努力着、付出着。朴槿惠的第一个政治理念就是经济民主化，她决心要建立一个公平、公正的新政府，没有贪污，没有腐败，拥有公正、透明的市场经济秩序，创造一个经济民主化的新时代。为此，朴槿惠始终站在挑战和决策的前沿，在她一步步迈向新的大韩民国的过程中，首先考虑到了女性的福利政策问题。

韩国女性的地位和出生率一直保持在较低的水平，这让朴槿惠忧心忡忡。女性地位得不到提高，对大韩民国的构想就永远无法实现。为此，朴槿惠开始关注社会保育政策方面的内容，她率先提出要在党内设立幼儿园

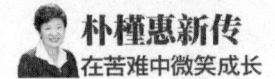

的提案。但是,迎接她的却是重重的阻隔和反对。"我们财政短缺,没有多余的资金","我们党内没有足够的空间来建设幼儿园","员工不允许带孩子进来"……诸如此类的反对声音让朴槿惠十分的懊恼,她似乎看到未来改革之路必将困难重重。

在大国家党内部,支持朴槿惠的人少之又少,但是朴槿惠却并不屈服,她明白任何改革的提出都将损伤部分人的利益,任何提案最初提议出来必将首先面对无数反对者的指责和声讨。但是,改革的步伐不能就此打住,心中勾画好的蓝图还需要实现,如果不能克服这些反对的声音,建设新的大韩民国的想法就永远无法实现。

面对无数的指责,朴槿惠发挥了自己强势的一面,对党内的相关负责人说:"很多事情你不去尝试,就永远不知道能否成功,一个政党如果连一个幼儿园都无法建立,又怎么能够讨论关乎整个国家的妇幼政策呢?女性的地位需要得到提高,幼儿园也必须建立,只有这样才能赢得民心。"在朴槿惠的不断坚持下,大国家党终于同意了这一项政策,并于2004年7月1日正式成立"开心幼儿园",逐步接收员工的子女入学。

很多人对此不解,朴槿惠没有家庭和子女,为何又要做出这样的努力。其实,朴槿惠很早就注意到了韩国的保育政策,而女性进入社会后出生率下滑的问题也引起了她的关注。韩国政党一直有注重女性保育政策的政见,但往往都是纸上谈兵,说一套,做一套,并没有真正地落实下去。而如今在朴槿惠的不断坚持下,党内幼儿园终于建立起来,她也不再孤单,有了7个可爱的小天使,他们成为了她的家人。

朴槿惠一贯支持"以人为本,教育先行"的理念,在21世纪的今天,知识对人的创造力不可估量。朴槿惠在韩国总统竞选时就曾经宣称过:"我提出的经济民主化—就业—福利,三个课题的核心是以人为本。国家最重要的就是教育问题，人是国家最重要的投资对象，提升国家竞争力的关键就是培养人才。"由于私立学校是韩国教育的重要组成部分，在2005年12月，大国家党和执政党分别提出了不同的《私立学校法》，与国会的教育委员会进行协商，但双方未能达成一致。

此前，私校法之争已经持续了长达两年的时间，当时的执政党认为，私校财团贪污盛行，一定是有持定特有理念的集团渗入了私校理事会，任意搅乱了学校教育。因此，执政党主张三分之二的私校理事会必须是开放型的。在12月19日那天，执政党竟然强行通过了私校法。事实上，只有大国家党的"私校修正案"能够严格监控私校贪污。按照往常的惯例，议场大门将在会议开始前20到30分钟前打开，但是那天却有十几名执政党的议员先行进入，而后来的大国家党议员在试图进入议场时被安保人员拒绝。

双方发生了争执，一直到执政党的议员们差不多全部进入后，安保人员才开始让大国家党的议员们进去。然而在大国家党议员走到会议场前方主席台时，莫名地被人攻击，一时间场内发生混乱的推挤事件。在一片混乱中，国会议长快速地通过了私校法。这是一个阴谋，当大国家党反应过来的时候，对这一荒唐的举动不知所措，他们极力阻止执政党员们投票表决，但为时已晚。很快，大国家党们开始组织起来，举行了声势浩大的抗议。

当晚七点半，在朴槿惠的带领下，大国家党的党员们一起聚集在与议场相连的中央阶梯进行示威活动。这是自2004年国会开门以来大国家党举行的首次场外抗议，朴槿惠还发表了《对大国民谈话》。她在其中说到："我们将同所有的家长一起反对私校法。"尽管之前朴槿惠一致认为大国家党不应突破底线，不进行场外抗争，但此次执政党对私校法的处理方式显

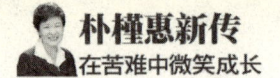

然是激怒了所有的大国家党党员们。

私校法关乎到所有孩子的未来,这涉及韩国将来的教育问题,大国家党发出了强烈的抗议声音。朴槿惠坚定地站到了队伍的最前列,和党员们一起向民众散发传单,揭露执政党的恶劣行为。那年的冬天创下了韩国的最低温记录,朴槿惠和众人却忘记了寒冷,穿着厚厚的外套站在街头,举行集会。她还不忘声情并茂地动员群众:"《私立学校法》关系到大韩民国的孩子们,孩子的未来就是韩国的未来,我们有理由进行抗争,绝不能让整个韩国的命运受到影响。"

在朴槿惠的努力下,民众们逐渐认识到了问题的严重性,一时间大国家党赢得了更多民众的关心和理解,媒体的民调结果也开始好转。紧接着,全国各处纷纷举行私校法的讨论会和恳谈会,声势逐渐浩大起来。而原本强行通过私校法的执政党们坐不住了,也纷纷开始慌乱起来。尽管执政党们坚持反对私校法再进行修改,但是迫于无数社会团体和宗教、国民的压力,执政党只好屈服。

2006年1月31日,在北汉山健行会谈之后,长达53天的持续抗争终于画上了句号,达成了"讨论私校法修订"协议。此后,国会又在2月1日展开了会议。尽管在之后的日子里,私校法没有再改订,但此次事件的发生使得执政党内部元气大伤,气势越来越低沉。朴槿惠认为,教育是关乎整个国家的问题,绝对不会袖手旁观。提高教育能力,就是提高了整个民族的竞争力,只有这样才能更好地面对未来的挑战。让所有的人都能平等地接受教育,不论贫穷或是低微,这是朴槿惠最大的梦想,也是她参与竞选的重要主张。

47. 巧妙利用女性身份优势

近一个世纪以来，从撒切尔到朴槿惠，越来越多的女性领导者活跃在政治舞台上，世界政坛正在酝酿着一场翻天覆地的变化。因此，有人称21世纪将成为"她世纪"，更有人断言当前出现的局面正似乎回到了人类远古的母系时代。

今天，越来越多的人认识到，女性以其天生的温柔细腻及强大的亲和力、沟通力能够在政治生活中发挥巨大的优势，而且这一优势在现今社会越来越明显。随着女性地位的不断提高，受过高等教育的女性逐年增加，这其中有大部分的女性投身到了政治生活中，而这就充分说明了女性在新世纪中的崛起正成为一种新生的力量。在质疑中走向韩国政坛顶峰的朴槿惠开启了21世纪女性领导者的时代，她会向世界展示一个不一样的韩国。

回顾朴槿惠的从政生涯，她在政治领域中的建树十分显著，在社会活动中都表现出了相当卓越的领导能力。也正因如此，朴槿惠才一步步地向上攀爬，成为韩国的奇迹。与男性领导者身上体现的威严、强制性不同，朴槿惠身上体现出的则是一种独具魅力的母性气息，这是一种具有母亲般的慈爱和包容，让人倍感熟悉和温暖。因而，有人把朴槿惠的政治风格概括为"母性政治"。

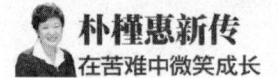

所谓的"母性政治",是指用母性的慈爱来领导国家的一种政治领导力。生活中,慈爱的母亲都是以平等的心态对待子女,不会产生偏袒之情,无论子女是美是丑,是健全还是残疾,母亲都不会嫌弃。因此,"母性政治"在政治生活中常常能发挥出意想不到的效果。朴槿惠本人就是这种"母性政治"的代表者,她从来不强迫别人做什么,而是往往用自己的人品、魅力来主动吸引别人的追随,依靠热情和温柔来领导别人。

朴槿惠的一生都在为韩国政治而奋斗,一生的心血都倾注在韩国的政坛中,用她自己的话来总结就是:"我的生命,就是为了韩国而生存,我是嫁给韩国的女人。"所以,朴槿惠对国家政治的理解能力往往有自己的一套,以独特的视角和内涵来处理政治事务。她认为,男性领导者的优势的确超过女性领导者,但是男性的威严和强制性的领导力往往会让民众产生恐惧感,时间久了就会有抵触的情绪产生,而这对于一些政策的实施非常不利。相比男性领导者,女性领导者就没有这样的担忧,女性以其温柔和缓的领导力给民众带来源源不断的暖意,让民众立刻能够产生亲切感。

因此,在朴槿惠的政治观念中,相比权威和命令,她更喜欢用平等的身份来进行游说;相比荣华富贵,她更注重感情的拉近;相比挑起矛盾,制造隔阂,她更喜欢化解危机,调和矛盾;相比分裂对立,她更喜欢和平共处。总之,朴槿惠的政治观念里就是以趋利避害为主导,追求和平、幸福、稳定的生活。

在很多人的意识里,一直都对女性抱有很深的偏见,很多人更是认为女性在处理重大危机的时候,往往会手忙脚乱,做出错误的决定。然而,这样的想法是全然不对的,很多时候女性更能表现出沉着冷静的行事能力。朴槿惠认为,一个政治人物的力量不是依靠武力来行使,而是来自于国民的信任。现在韩国女性的地位不断地提高,当社会到处都有高度专业化知识女性的身影的时候，大韩民国才会更加繁荣富强。

朴槿惠在外发表演讲的时候，始终不忘提及自己的女性身份，但她从未因为自己的性别而感到自卑，更没有因为别人对自己是女性产生质疑和非议感到愤怒。相反，朴槿惠认为，女性身份对自己来说是一种巨大的优势。她在女性政治研究院的一次演讲中说："女性有着天生的领导能力，无论是在家中操持家务，洗衣做饭，还是来到政治舞台上操持国家的生计，无论在哪个方面都能做得很好，绝对不会比男人差。"

在朴槿惠重返政坛之后，只要关乎到她的选举，每次到紧要关头，只要这位女政治家一出马，形势往往会出现巨大的翻转。而仔细思考后不难发现，这与朴槿惠自身具有的领导力密不可分，它不同于男性身上的力量，是一种极为柔性的领导力。甚至可以说，正是依靠这种柔性力量，朴槿惠才能走到今天的位置。在此，这种领导力量可以称之为"S 型领导力"，即所谓的"Small-Soft"，小而温柔的领导力。

最能体现出这一点的就是 2004 年那次搭起帐篷办公的事件。当时，大国家党因为弹劾总统的事情而陷入了极端危机之中，朴槿惠面对不断走向深渊的大国家党，果断而坚决地带领一众党员走出党部大楼，来到一片空地之上，搭起帐篷开始了办公。正是这次的帐篷党舍事件，使得大国家党重新挽回了民众的信任，解决了危机。朴槿惠面对危机，面对党内恶劣的贪腐事件和民众的不断指责，巧妙利用女性身份打出了悲情牌；也正是摒弃了党员傲慢不可一世的态度，与腐败果断决裂，用女性特有的"Small-Soft"领导力，她才带领众人走出了阴霾，换取了新的生机。

2007 年，朴槿惠在媒体记者俱乐部演讲时发表了关于面向世界和未来的执政思想。朴槿惠说道，21 世纪全球化程度朝着更深、更广的方向发展，对一个国家总统来说，竞争与合作不可忽视，外交和安保是最重要的

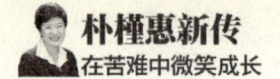

任务。今时不同往日，我们无法独立发展，不依赖其他的国家，单凭我们自身是无法挽救当前严峻的经济形势，只有和其他国家相互合作，强强联合才能走出危机，实现发展和进步。朴槿惠坚信，随着社会发展的不断加速，合作必不可少。身为国家领导人应该要具备国际化的视野，面对国际激烈的竞争要懂得积极面对，与强国建立外交关系，只有这样才能立于不败之地，在国际舞台上扬眉吐气。

朴槿惠身上透露出的品质和她的母亲有着很大的关系。在朴槿惠还是孩童的时候，母亲陆英修就时常教导她要学会自强，不能因为是女性就觉得低人一等。母亲时常在耳边教导着朴槿惠，因为是女性，所以更要在世界舞台上施展身手，这是国际化的需要。朴槿惠把这些教诲深深地记在心中，从此便开始发奋学习。所以，朴槿惠从小就比身边的人更具国际化的视野和世界性的意识。

世界的舞台上少不了女性角色，这个世界似乎总要给女性分一杯羹，前有英国撒切尔夫人，后有韩国朴槿惠。多年来，朴槿惠把一生毫无保留地奉献给了韩国的政治，她的用心良苦世人有目共睹。任何梦想的实现都需要付出巨大的努力，今天朴槿惠带领韩国民众顺应着世界的潮流，正开创一个"国民幸福的新时代"。

48. 劲敌面前口吐莲花的"三无女人"

面对竞选过程中的辩论难题,朴槿惠又一次选择了微笑面对,用她睿智的思维和温柔的态度与敌人展开了顽强的搏斗。

2012年,第18届韩国总统大选如期举行。令众人惊奇的是韩国前无党派总统候选人安哲秀与民主统合党候选人文在寅进行了"一体化"的联手,而这一切的根本原因是两个政坛老手希望以"联手"的形式打破"三足鼎立"的格局,以在野阵营的形式与朴槿惠进行决斗。就这样,现实版的"刘蜀连吴抗曹"在韩国激烈上演。

除此之外,2012年9月25日,韩国在野党统合进步党前代表李正姬也发表声明,公开宣布参加第18届总统选举。李正姬发表声明称自己参加选举的路途会非常艰险,但她不会因此屈服而放弃自己的政治梦想,她有决心和信心能够赢得选举,李正姬的参与使朴槿惠原本艰难的境遇变得更加阻碍重重。

面对如火如荼的竞争场面,朴槿惠异常的冷静与淡定,她以微笑的态度从容不迫地应对敌人的招数。在她的领导下,新国家党以不变应万变,以"女总统"为噱头,大肆宣扬女总统的好处。新国家党做出声明,倘若朴槿惠能够当选总统,将会对韩国历史产生里程碑的意义,韩国也

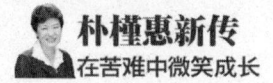

将拥有有史以来的第一任女总统。与此同时，朴槿惠也配合新国家党打出"做好准备的女总统"口号，向韩国民众宣传自己"女性总统"的特殊优势，作为"女性总统"，她刚柔并济，既有总统该有的睿智与果断，又有女性与生俱来的善良与温柔，既善于包容又强于反腐，无疑能将韩国总统的形象提升到一个新的高度。此番言论一出，立即为她赢得了很多女性民众的支持。

朴槿惠一方面用作为女性独特的优势为自己拉选票，一方面对安哲秀和文在寅的"一体化"联手进行有力的反击。她发表声明表示，作为在遇到候选人不计后果与其他党派联手进行候选竞争，这本身就是一种政治倒退。另外，这种不良行为还会造成在野党过度集中和一体化问题，政权集中民主得不到体现，很容易导致政策和人物评价遭到忽视。这对韩国国民既是不负责也是不尊重的行为。

朴槿惠的言论字字深入、针针见血，对安哲秀和文在寅的联手造成了不小的打击。同时，安哲秀与文在寅二人的内在谈判也遇到挫折，他们在某些问题上难以达到统一意见，差点造成"流产"的结果。经过最后的谈判和磋商，安哲秀最终决定退出这场战争，并于11月23日晚发表声明——自己虽然退出了这场权利的争夺，但仍会用百分的力量支持文在寅的总统竞选。

2012年11月27日，众人期待的第18届韩国总统大选竞选活动终于拉开帷幕，朴槿惠等待多年的时刻终于来到。根据国会议席数，韩国中央选举管理委员会确定了各个候选人的候选号码，朴槿惠被评为1号候选人，2号为民主统合党领导人文在寅，3号为统合进步党领导人李正姬，其他无党派候选人上场顺序则按照抽签的方法来排序。

号码确定后，朴槿惠和其他候选人之间的"争霸"正式开始。"争霸"

的第一站就是拉票获得民众的支持。他们纷纷在全国进行游说活动，各人使出各人的招数，正所谓"八仙过海各显神通"，为了争取选民支持使出了各种手段。不仅如此，候选人们还在电视上进行辩论，为自己争取选民。

2012年12月4日，首场电视辩论由韩国中央选举委员会批准，并于当天下午在首尔汝矣岛文化广播电台演播厅举办。这场电视辩论以政治改革、南北关系、外交和安全政策为主题，总时长为两个小时。在这场电视辩论中，李正姬可谓"大出风头"，她将文在寅视为"透明人"，将所有的攻击都集中在朴槿惠身上。面对李正姬的"非正常攻击"，聪明的朴槿惠并没有采取正面攻击的方式予以反击，而是采取沉默的方式，以不变应万变。

2012年12月9日下午1时，因为道路湿滑，致使李正姬乘坐的车辆在首尔大方洞发生交通事故。10日，李正姬声称医院检查伤势无碍，自己将照常参与第二轮的电视讨论。

第二天，朴槿惠、文在寅和李正姬如期进行第二轮的电视辩论，这次激战的主题集中在卢武铉和李明博政府施政成果和经济民主化等问题上。李正姬又一次将攻击的矛头指向朴槿惠，并指责她"不食人间烟火"。这一次，朴槿惠没有选择沉默的方式予以应对，而是开启了正面的反击。她反驳李正姬在总统候选人辩论会上的表现太过幼稚，暗喻其"不识大体"，不具备作为一个领导人的素质，赢得民众的支持和赞许。作为一个"三无女人"，朴槿惠以自己顽强的精神和坚韧的意志与劲敌进行搏斗，不仅丝毫没有逊色之态，反而口吐莲花，步步为营。

2012年12月10日，韩国《亚洲经济》报道，李正姬因在电视讨论中称韩国政府为"南部"政府被遭到起诉。当日，62岁的韩国国民金某向首

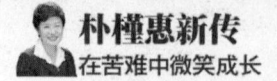

尔中央地方法院提出诉讼，他说李正姬作为总统候选人却出言不逊，将韩国政府称为"南部"政府，有损国家的"正统性"，有损国家的上下团结。这种行为不仅给韩国国民带来了精神上的伤害，也触及了韩国国家安全法的红线，因此她没有资格再参加韩国总统候选的竞争，更谈不上成为一国之首。

此报道一出，韩国国内包括国际社会都对此事议论纷纷，迫于舆论压力，李正姬不得不决定退出总统竞选。12月16日下午，李正姬召开记者发布会，她声称，自己退出竞选是为了大局着想，为了凝聚整个国家进步、民主和改革势力的力量，为了实现"政权交替"的国民梦想。

虽然李正姬退出了总统竞选的争夺，但是还不忘对朴槿惠进行最后一次发难。她宣称，朴槿惠是"亲日派"的后裔、陈旧腐败的维新独裁政权核心人物，如果她成为国家总统将会造成韩国历史倒退，其为国家带来的灾难将无法估量。她向民众宣称，必须除掉朴槿惠，实现政权交替才能开启韩国工人、农渔民等百姓共荣共存，社会上下团结和谐的统一时代。

面对李正姬的指责和谩骂，朴槿惠依旧保持着微笑的姿态，没有给予对方更多的反击，而是将全部的精力放在接下来的竞争中。在她心中，只有笑到最后才是真正的赢家。

第七章 女承父业
——韩国迈进全新的"朴槿惠时代"

数十载的隐忍和坚持,朴槿惠终于重返青瓦台,使韩国进入了全新的"朴槿惠时代"。这个目前将一生都"嫁"给国家的女人终于得到了最后的奖赏,开始了带领韩国不断向前的发展之路。

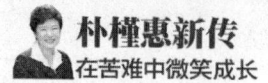

49. 击败文在寅，竞选成功的最后一步

随着李正姬的退出，文在寅成为朴槿惠竞选的唯一对手，只要击败他，朴槿惠就能成功当上总统，实现自己的梦想。2012年12月16日晚，朴槿惠与文在寅的决战正式开始，韩国总统候选人最后一场电视辩论赛在朴槿惠和文在寅之间展开，这场辩论赛成为二人之间的雌雄对决战。

这场辩论赛以二人之间的电视广告之战拉开帷幕。文在寅以展现自己日常居家生活作为广告的主要内容，而朴槿惠的广告题材则来源于2006年地方选举拉票期间自己遭遇刺杀袭击，致使脸部受伤的事件。二者侧重点不同却各有所长，难决高下。

结束了广告战，二人之间的角逐才算真正开始。文在寅为了打击朴槿惠，首先将她的同党拉下马，他对与朴槿惠同处执政党的韩国总统李明博执政期间的种种恶劣表现，以及新国家党贪污腐败的恶劣事迹进行了严厉的批评，以此来换取民众的反感，从根本上否定执政党。对于文在寅的发难，朴槿惠也不甘示弱，她以牙还牙，将文在寅的竞选政策与前总统卢武铉政府的作风相比较，指出二者之间众多的相似之处，从而指责文在寅的政策会像卢武铉那样使韩国经济走向衰退。

只要有竞争，就会发生互相攻击。17日，朴槿惠和文在寅在首尔等地进行拉票的时候就对彼此的各种疑点进行猛烈的攻击，二人之间的"抹黑战"进入真正的激烈时期。

在首尔的白凡金九世纪纪念馆举行的活动中，文在寅为得到选民的支持发表了这样的演说："民主正处于前所未有的危机，拯救的方法只有国民进行选择。""大国家党（此时已更名为'新国家党'）是5年来破坏民主的政党，现在还以非法和不正当手段企图延长其政权。""如果不用选票惩罚大国家党，过去的错误会延续。我们必须拿起棍子，明天就是行动的日子……不投票，否则就是对过去5年的错误视而不见。"

当然，在为自己树立威信的同时，文在寅还不忘向自己的对手朴槿惠发动攻击，他在首都圈扫街拉票时还对民众发布这样的消息，他说："国情院女职员事件其实没有认真调查。希望大家审判操纵选举、把民主推向危机的做法。"

面对文在寅的"抹黑行为"，朴槿惠当然没有善罢甘休，她虽然是个弱女子，却用自己独特的力量给对手以强烈的反击。她在京畿、仁川、忠南站台拉票时就曾正面反击过文在寅的诽谤和污蔑。她说："民主统合党拿不出任何证据却说国情院的结论无法让人信服，既然连警方和选管委都不能相信，那么国民还能相信谁呢？难道只能相信播客（视频分享）节目《我的小伎俩》吗？这个节目可是有人声称是我为祭奠我的父亲而做的，同时他们还不怀好意地进行编造，还捏造说与宗教组织'新天地'有关系。这是多么荒唐的说法，我希望大家积极投票，尽快了结这种陈旧荒唐的政治欺骗。"

决战似乎已经进入到了白炽化的程度，选战最后一天，朴槿惠与文在寅一个北上一个南下，为拉票做好了冲刺。作为韩国的第一和第二大城市，加之"摇摆选民"相对集中，首尔和港城自然成为了二人的必争之地。18日,二人各自沿京釜线一带往返于首都首尔和南部港城釜山,进行最后的拉票。

文在寅在民众心中的形象是富有亲和力的,他当天从首尔出发,乘坐火车途经天安、大日以及朴槿惠的家乡大邱,最后到达釜山。釜山算是他的从政起源地,他早年在釜山进行维权活动,2012年4月在这里突出保守派的重围,当选为国会议员,这里有他的群众基础,也是他拉取选票的重点范围。

文在寅以公平和正义作为自己演讲的关键词,多次向选民强调公平正义的重要性,他说:"韩国现在面临整体危机,不是执政党换一名选手就能解决问题,我们必须改变整套班子。如果我当选,我将擦干国民的眼泪,强调公平和正义,作出牺牲和奉献,投身于民众中,保持可敬的品格。"同时,他从经济学的角度进行阐释来鼓励选民积极投票:"一张选票的价值相当于4500万韩元(约合4.2万美元),如果参加投票,意味着将有4500万韩元用于创造就业岗位、实现经济民主化、增加社会福利;如果不投票,意味着把4500万韩元扔向河底。"

朴槿惠当天的路线从庆尚南道昌原市开始,途经附近的釜山、大田,最后抵达首尔市中心光华门参加集会,至此圆满完成22天的秘密拉票。

为了拉取那些怀念"汉江奇迹"的中老年选民的投票,朴槿惠沿袭了朴正熙时期打出的"让我们过得好"的口号,向民众作出保证,要引领韩国经济再次实现快速增长。而她从前与朴正熙刻意保持距离的做法,只是为了不让选民把对朴正熙铁腕统治的不满情绪发泄到自己身上。

在去往昌原时,朴槿惠为了更大程度地拉取昌原选民的选票,还在新国家党总部举行了新闻发布会,她说"我将恢复破产的中产阶层,开创中产阶层占人口七成的新时期",她在此表明了自己成为只考虑国民的"民生总统"的决心。

在做承诺拉选票的同时，朴槿惠还以情感牌作为杀手锏。她将自己未婚女性的身份作为独一无二的优势，宣称"我没有家庭可以照顾，没有子女可以继承财富。""大家、国民，是我的家人。让大家幸福是我留在政坛的理由。""就像母亲为家庭奉献一生，我将成为照顾大家每一个人生活的总统。"她恳求支持者能够相信她，也承诺要为韩国开创一个"变化和改革希望"的新时代。早年的经历造成了她至今未婚的结果，反过来今天未婚的现状又注定了她将自己的终身献给国家的未来。

19日上午6时，第18届韩国总统选举投票正式开始，全国设有13542处投票站，投票将历时12小时，于当日下午6时结束。投票结果于20日凌晨5时公布，据韩国选举委员会的最终统计结果显示，朴槿惠获得了1577.3100万张选票，文在寅获得了1469.2609万张选票，二人分别获得了51.6%和48%的得票率。最终，朴槿惠以108.0491万张选票的优势战胜了文在寅，夺得了最后的成功，成为韩国首位女总统。作为一个女人，她真的做到了在成长中微笑，在微笑中成长。

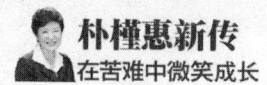

50. 重返青瓦台，"朴槿惠时代"正式开始

韩国时间2013年2月25日零时（北京时间24日23时），连续33次钟声在韩国首都首尔钟路的普信阁正式响起。据说，这种传统起源于朝鲜时代，那时候就有每天清晨打开城门并敲钟33次的传统。而今天这33次钟声则象征着朴槿惠将正式接过李明博的担子，成为韩国第一任女总统。在青瓦台度过整个童年的她，如今又重新返回青瓦台。不过，这次青瓦台的主人变成了自己，而不再是已经逝去的父亲。

按照韩国传统，新总统上任要进行一系列的仪式传统。25日早晨，韩国国立公墓显忠院迎来了新总统的祭拜，此时的朴槿惠身着一袭黑衣，表现出庄严肃穆之气。她真诚而严肃地进行祭拜，以表示当好新一代国家领导人，为人民奉献的决心。按照传统，祭拜的对象包括为维护国家安全而死去的战士、为国家做出巨大贡献的先辈以及前代总统们。

11时，朴槿惠在众人的拥护下来到国会大厦前广场，正式参加就职典礼。这时，她又换上了一件军绿色的长款外套和黑色阔腿裤，显示出干练庄重的"铁娘子"风范。在关于就职仪式的新闻中，有人对她的这套衣服做出了高度的评价。军绿色的外套和黑色的裤子，整体上使朴总统看起来很苗条。下身选择的黑色裤子则突出了中性气质和强韧的领导能力。而脖子上系的淡紫色丝巾及胸前佩戴的同色系胸针，则在不经意中凸显了女性的柔美气质，整个着装风格显得庄重大气、有力量，可谓相得益彰。也有人分析，军绿色象征军队战斗力和国家稳定，朴槿惠在就职演讲的着装暗示了她在外交方面会采取强有力的新措施，在全世界面前树立外交安保方面的铁腕形象。不管哪种说法，无不说明这一韩国首位女总统，在庄重与得体的把握上非常善于拿捏分寸。

这场主题为"坚持前进统一，深入国民生活"的就职仪式，与从前的总统就职仪式一样又不一样。一样的是仪式的各个环节都沿袭了前几届韩国总统就职仪式的惯例，就职仪式包括国民行礼、总理致词、宣誓就职、仪仗队表演、鸣放礼炮、总统就职演说和文艺演出等多个环节。标语沿用了交接委成立时使用的"开创希望的新时代"，象征图案为太极图案与初升太阳的抽象组合，象征国民和谐以及对新生活的期望。不一样的是，此次交接仪式的主角是朴槿惠，韩国历史上第一位女总统。

参加这场就职仪式的除了中共中央政治局委员刘延东、日本副首相麻生太郎、美国总统国家安全事务助理多尼伦、泰国总理英拉等外国政要和代表，以及韩国官员外，朴槿惠还邀请了大约6万名各界人士参加，其中有半数的人都是普通民众，这足以表现出了朴槿惠的爱民亲民风范。为了表示对新总统的期望和爱戴，在韩国传统的敲钟仪式之前，国民代表们就用松枝堆积成"月亮屋"，并点燃"月亮屋"向新总统许下自己的心愿。

朴槿惠在7万多名现场宾客的见证下进行就职宣誓。她向民众阐述了自己从政的主要方向，展示了国家未来的蓝图。她在就职演讲中谈到，作为韩国第一任女总统，她以"经济振兴"、"国民幸福"和"文化兴盛"三大核心理念作为从政基础，有信心、有决心带领韩国走向一个新的顶点。她承诺："我将竭尽所能建设国民富强的大韩民国，在充满希望的新

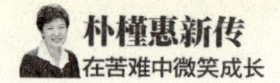

时代创造第二次"汉江奇迹",会倾尽心血让所有韩国人都能生活幸福。"

在朴槿惠的字典里,没有"不可以",她自己也做到了这一点。"东南亚的一些国家都已经出现了女总理、女总统,韩国为什么不行?"她向历史发出质问,并以自己的力量改写了历史。从小到大,她经历的苦难无数,但是没有一次对自己屈服过,没有一次为自己打上"不可以"的印记。她在苦难中边成长边微笑,才一路走来,有了今天的成绩。

朴槿惠的演讲并不是泛泛而谈,她还对某些问题提出了具体的实施措施。比如,当谈到"经济民主化"的问题时,她就提出了非常多具体可靠、有实施性的应对方案。她认为可以加强限制财阀,进一步加大对中小企业的支持,消除不正当竞争,加大对社会保障的投入等。既然是"民主",就要以人民的利益为主,从根本上切实保护民众的利益,才能真正做到"经济民主化"。

在施政理念上,朴槿惠把"经济民主化"作为自己经济政策的关键支柱,这是她在建立以创造就业岗位为导向的"创造型经济"以外的另一发展经济的侧重点。她说:"为让创造型经济真正发展,必须实现经济民主化。我坚定地认为,只有公平市场到位,每个人才能梦想更好的未来,发挥所有潜力去努力。"她向在场7万多位嘉宾承诺,将致力于清除各种不公平的操作,为民主创造一个公平的就业平台,严厉打击各种"误导习俗",让小商小贩和中小企业摆脱受压迫的命运,在和谐的环境里健康成长。

作为一位女性领导人,她既拥有领导人的果断,又拥有女性的细腻。她在演讲中深刻地跟在场嘉宾谈及了自己对"国民幸福"的理解。朴槿惠说:"国民幸福就是指老年人能够安享晚年,中年人能够养育子女。我会以自己全部的力量带领韩国民众为实现这个目标而努力奋斗。"

据有关人士分析,当初支持朴槿惠的选民,有绝大部分都是为她的

"国民幸福"所打动,希望她能够带领韩国走向真正的经济复兴。对此,朴槿惠也在就职演讲中做了表态,她说:"新政府会努力减少国民在保育费、教育费、就业、房价以及养老等方面的担忧"。另外,她还在演讲中强调了"文化兴盛"的重要性,她鼓励"韩流"文化在全世界的传播,认为文化是促进经济发展的一大动力,只有文化丰富,经济才能繁荣。整个演讲过程高潮迭起,掌声不断,朴槿惠以自己的政治才能和个人魅力赢得了在场嘉宾的钦佩。

下午4时,朴槿惠出席在世宗文化馆举办的庆祝宴会,该晚宴有包括外国使节在内的1000多名海内外宾客。朴槿惠谈吐文雅,落落大方,以"第一夫人"的姿态赢得了在场人的赞许。晚上,朴槿惠在青瓦台的迎宾馆接待外国使节等主要外宾,向各国使者表示了亲切的问候。晚餐结束后,整个就职仪式正式落下帷幕,自此,朴槿惠真正成为韩国总统,朴槿惠时代正式开始。

51. "我胜利因为我忠于职守"

竞选成功,当别人问及朴槿惠能够取得竞选胜利的原因时,朴槿惠说:"我胜利因为我忠于职守"。回顾朴槿惠从一个"冰公主"成长到"韩国女王"的历程,我们不难发现,她这一路走来最大的特点就是"忠于职守"，也正是如此，她才得以重回青瓦台，戴上"韩国女王"的皇冠。

在很多人眼中，朴槿惠是刚愎自用、顽固不堪的；其实不然，她与那些独断专行的统治者是不能画等号的。她的固执是因为她坚持自己认为对的事情，但这并不表示她独断或者独裁。判断一个统治者是独裁还是执着的标准只有一个，那就是看他的出发点是什么。一个独裁的统治者，其出发点一定是为了自己的私利，他不听取别人的劝告，是怕别人损害了自己的利益；而一个执着的统治者，他的出发点是为民服务，他执着甚至固执地坚持自己的意见，是为了不损害国家和人民的利益，在他身上体现的不是昏庸不堪，而是忠于职守。

2012年韩国总统大选之前，朴槿惠就清楚地认识到，国民需要一位能够走近他们、聆听他们、善于和他们沟通的总统，民众需要一位能够和自己达成一致意见的"共感总统"。所以，他们努力的方向就是增加总统和民众之间的交流，减少总统和民众之间的距离，使韩国变成一个"共感社会"。如果这次不能坚持这个明智的选择，那么韩国很可能会出现经济倒退的局面。确认了这个目标之后，朴槿惠就为此而努力。

在此期间，韩国当代作家李文烈曾出版了一本名为《面向市民的政治学讲座》的书，李文烈在此书中对民众选择实现"共感总统"的原因进行了这样的解说："一个有趣的现象是，卢武铉遭受到的批判现在也轮到了李明博，卢武铉在执政期间遭到的非议批判，指责他的专横独断、刚愎自用、理念化、缺乏沟通渠道、人事任免对号入座等，这些词语也被用到了李明博身上，我们看到在李明博政府执政的后期也确实是这样做的。有些人认为批判卢武铉政府的人和批判李明博政府的人是同党，这是毫无证据的。如果这其中有什么巧合的话，那也只能说明群众的眼睛是雪亮和相似的。"李文烈、金大中对卢武铉做了一个有趣的定义:"大选不符势力,是那些反对进口美国牛肉的人群说的。朝鲜历史上曾经出现过罕见的朋党政治,现在韩国也出现这样的戏码了,韩国现在正在上演着一出朋党之争的戏,所有人都看得出来这种特殊的政治结果带着浓厚的阵营色彩。"

关于民众对卢武铉和李明博的批评和指责,朴槿惠认为造成这种局面,只有一个原因,那就是他们的不忠于职守。朴槿惠说,作为一任总统,她的职责就是为百姓着想,帮百姓谋利。而他们只注重到了自己的利益,没有深入到群众中去,与群众进行沟通和交流,就更不用提和群众实现共感了。和群众没有共感,就无法满足群众的沟通和共感的愿望,背离了群众的愿望,群众自然要唾弃他们、批判他们。

当然,朴槿惠批评李明博和卢武铉自有她的资格,因为自从她踏入政坛以来,她就一直用忠于职守来要求自己。2005年1月17日,朴槿惠前往江原道的东海、太白、道溪等地,她此行的目的就是关注民生,她要走到百姓的基层中去,深入一线了解煤矿工人的生存状态,与挣扎在生活边缘上的工人们进行零距离的交流,并与患有尘肺病的患者们见面,了解他们的病情,为他们带去生的希望。

那天,朴槿惠的秘书按照惯例事先通知煤矿方面,请其为朴槿惠一行人留下进入通道,直接到矿工们的工作场地体验施工的具体情况,没想到对方给出的答案竟然是"女人禁止入内"。煤矿方面说,不让她们进去是因为矿井是一个非常危险的地方,因此会有很多禁区,希望她能理解。朴槿惠想,她来矿区就是来实实在在关心老百姓的,如果不到施工的实际地方去了解具体情况,只在井口走马观花地看一眼,怎么能真切地了解到这些矿工的生活呢?了解不了矿工的生活又怎么对他们进行切实的帮助呢,况且还有很多患了尘肺病的病人在里面，她必须要进去，走到他们中间去，为他们贡献出自己的力量。

因此，朴槿惠不顾煤矿方面的安排，坚持让秘书重新传达她的意图，又请出当地议员和对方进行沟通，几经周折，当地煤矿方面才勉强同意朴槿惠一行人进去。

获得了煤矿方面的允许之后，朴槿惠一行开始准备下到煤矿的采矿场，这可不是一件简单的事情，从采矿场到地面足有3200米的距离，朴槿惠和随行的两人进行了严密的武装，头上戴了安全帽和探照灯，身上穿上了矿工们的长裤和长靴。做好准备进入了采矿场，采矿场尘土漫天飞扬，下去不到十分钟的时间，三个人都成了大花脸，只剩两只眼睛骨碌碌地转。由于在地下，巷道内通风非常不顺畅，再加上地热原因，三个人不一会就热得大汗淋漓，飞扬的煤粉灰尘和汗液黏在一起，整个人连睁开眼睛都变成了一件非常困难的事情。三个人你看看我，我看看他，哭笑不得。笑当然是因为自己现在这副滑稽的样子，哭是为这些终日以此为家的矿工们担心，自己才下去十分钟就成了这个样子，那这些矿工一直待在这里，并且要干各种重活，他们的生活该是什么样的，不得尘肺病才怪。

朴槿惠第一次亲眼看到为了生计、为了家人的父老乡亲们是在怎样恶劣的环境下劳作的。她被深深地震撼了！在矿井里面待了1小时40分钟，她切身地体会到了煤矿工人的那种艰辛和劳苦。她知道生活在社会底层的人们会非常不容易，但她没有想到会这么不容易，如果不是亲眼所见，她真的不能想象也不能相信矿工们到底有多辛苦。

走出矿井的朴槿惠，在矿工休息室里正好碰到几个正准备下井的工人。

"您为什么一定要跑到巷道里面去呢？那里面多么难受啊，您在外面听听报告就足以向上面交差了啊！"矿工们不解地问着朴槿惠。

"我既然来了，就是要替你们解决问题的，如果我不深入到巷道里面去，怎么能了解到你们的生活到底是怎么样的呢？幸好我到了采矿场，我才深切地知道你们的工作是多么的辛苦，环境是多么的恶劣，你们放心，我一定想尽办法，帮助你们改善这种生活。"

结果，朴槿惠的一番话让矿井工人很感动。果然，朴槿惠回去之后就对此问题做了深刻的研究，并想出了解决的方案。由此，矿工们的生活才得以改善。

朴槿惠是这样一个人，她把所有的力量都付诸在了行动上，一心一意兢兢业业地为国民奉献着自己的力量，她所做的每一件事都是为国民考虑。朴槿惠说，从政十几年来，她做的所有事情都可以归纳为四个字，那就是"忠于职守"。希望她能继续遵守这四个字，为国民创造出更好的明天。

52.将一生"嫁"给国家的女人

随着社会的发展，在世界政治舞台上的女性领导人越来越多，从拉法兰到阿利奥特，再到默克尔、巴切莱特、瑟利夫、英拉·西那瓦、希拉里·黛安·罗德姆·克林顿、康多莉扎·赖斯、玛格丽特·希尔达·撒切尔，似乎

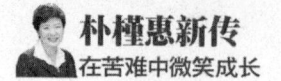

这个世纪将要成为"她世纪"。更是有人预言，世界将会回到人类远古的母系时代。这个预言会不会成为现实不得而知，但是政坛上出现的这些女性政治家却十分优秀。2013年2月25日，韩国也出现了历史上首任女性总统——朴槿惠，这个果断而温柔的女性用她的微笑和理智征服了韩国国民，从此成为将一生"嫁"给国家的女人。

在朴槿惠还没有成为韩国总统之前，她就曾发出过这样豪迈的话语："东南亚的一些国家都已经出现了女性总理和总统，为什么韩国就不行？"这个反问句式的话语似乎让她的语气更加坚定，从那个时候开始，她就决心要当一个将一生"嫁"给国家的女人。

纵观朴槿惠16年的从政生涯，她在从政的第一天就已经做好了为国民服务和奉献的准备，种种思想和行为都透露出她卓越的领导力和母亲般的慈爱与包容。用她的话说，她是一个领导者，也是一个女人，她既有领导者的果断和理智，又有女人的温柔和宽容，二者合起来构成五个字："成功领导者"。我们不否认朴槿惠身上所体现的领导力的本质确实与男性领导人不同，这也是她能获得竞选成功的一个原因。她的种种女人特有的包容和善良，让国民从心底里相信她会像个母亲一般，将韩国这个"大丈夫"和亿万国民这些"孩子们"照顾得妥妥帖帖。

韩国人将朴槿惠的这种从政风格称为"母性政治"。关于"母性政治"的含义，韩国作家安始圣专门在《母性政治能救国》一书中对此进行了一番解释，他说："'母性政治'指的是用母亲般的慈爱和包容来领导国家的一种政治领导力。任何一位母亲对待孩子都是平等的，她不会因为自己的孩子长得丑陋就不爱他们，不管他们丑陋或美丽、健康或残疾，她都会把他们拥入怀中，用自己的全部去爱他们，呵护他们。为了自己的孩子们能过上更好的生活，她总是不分昼夜地奔波在生活的第一线，为他们做饭缝衣，让他们吃饱穿暖。当然她也会对孩子进行严厉的教训，甚至用一些'招数'来管教孩子们，这只是因为她想让孩子们成为更优秀的人，她想用自己的力量鞭策孩子们的成长。不管日子过得有多么艰苦，母亲都会为孩子点亮希望的火种，让孩子们不对明天绝望。"

如此看来，"母性政治"确实是一种难能可贵的政治，因为女性领导者能够像个母亲一样宁愿自己饿着肚子也要先让孩子们吃饱，并用尽一切办法，让孩子们过得安心和舒适，她对自己的孩子和家庭是毫无保留的。显然，朴槿惠在这一点上赢得了出色的赞扬。

当然，若想成为一个国家的"妻子"、亿万国民的"母亲"，并不是一件简单的事情，并不是所有的人都能成为"嫁"给国家的女人。对此，朴槿惠也有自己的过人之处。

朴槿惠很早之前就在为做一个"女性领导人"而努力，她很早就在自己的著作和日记中对茶山丁若镛和李舜臣将军做出过很高的评价，因为他们不像秦始皇、成吉思汗一样为了自己的野心不惜将大批人员投入战场，造成很多家庭流离失散的结果，而是用"母亲般"柔和的领导力来统帅众人，让自己的国民生活在一片安静祥和的社会环境中。

朴槿惠很欣赏这种领导风格，也一直努力使自己也成为拥有这种风格的领导人。她从不强制别人按照她的想法去做事，而是用自己的人品、气度和风格来影响他人，感化他人，让他人心甘情愿地去追随她的脚步。

她没有成为一个真正的母亲，却一直用"母亲"的标准来要求自己。她将自己的全部都投入到韩国政治当中，用她自己的话说，她的生命就是为了韩国而存在的。她对国家政治的理解和把握，有着自己独一无二的视角和内涵。

她常常对身边的同僚说，任何一个国家的国民，他们心中优秀的领导者，不是只具有良好的政策体系，而是具有能够开创整个国家未来发展的人格、性格、信念和洞察力等。虽然很多现实的政治要素会随着时间的改变而改变，但人的本质是永远不会改变的，因此，作为一个合格的政治家，优秀的人格和性格是十分重要的。

她也在用自己的行动，身体力行地证明着这一理念，她不止一次地在公开场合强调原则和信赖的重要性。她说，韩国若想成为先进国家，第一步应该做的就是遵守原则和约定，营造一个人人之间相互信赖的社会氛围。这点比制定新的政策和制度更加重要。建立一种重视对国民承诺的政治文化，是国家当务之急的事情。作为一个政治家，最应该遵循的原则就是重视并履行对国民的承诺，即使是瞬间的遗忘也可能导致对国民的失信。因此，若想使韩国成为真正的先进国家，基本前提就是先让领导者学会履行对国民的承诺，并坚持不懈地为实现这些承诺而努力奋斗。

朴槿惠在一次媒体记者俱乐部的演讲中就曾说过："我一直将信赖和原则视为我个人政治的生命，我将用毫不动摇的原则和信念来建设我们的国家，我会谨记这个梦想，并且与国民一起为了这个梦想而努力。""有的时候，小利益会损害大利益，小聪明会掩盖大智慧。这是必须要铭记在心的。就算遗忘了自己的承诺，也不能歪曲别人履行约定的善意。"在她看来，权利、名声、形象和领导力都不是政治生命的真谛，政治的真正生命是国民能够相信并且追随你的信念和原则。她把这些当做一个政治家应该具备的基本素质。

正是因为这些，她才能"嫁"给国家，成为亿万子民的"母亲"，她从事政治并不是为了拉取选票或者获得人气支持。她所说的每一句话，所做的每一件事，都是为了韩国每一个国民能够过上更好的日子，拥有更好的生活。

她深切地清楚，国民需要的是能够开启更加美好未来的领导人，所以她从不会说那些复杂饶舌的花言巧语，她在所有的演讲中展现的都是自己平和、真挚的一面，她希望能用自己的力量为国民带来希望，让他们过上更好的生活。她真的尽到了一个"母亲"的责任，让"孩子们"过上了更加优越的生活。

53. 微笑，最温柔的杀手锏

微笑是一种力量，它能够表现出一个人的气质。当人面对困难时，仍然能够保持着微笑，那这个人就会不可战胜；与他人相处时，时刻将微笑挂在脸上，那就能够迅速赢得他人的好感。微笑一直都是朴槿惠个人形象的一种标志，人们称她的脸上始终都挂着"温柔的笑容"。

多年来，温柔的笑容帮助朴槿惠在人民的心中树立起了亲切的形象，每当人们探究她为什么始终都保持微笑时，都会不约而同的想到她的母亲陆英修女士。陆英修在做第一夫人时就始终尊重民意，在民间有着良好的亲民形象。

作为第一夫人，陆英修非常重视民意，每天都要亲自拆看数百封飞向青瓦台的诉求信，而且还常常走访孤儿院、麻风病村，并且不顾随行人员的阻拦，拉着麻风病人的手问这问那。陆英修对民众的尊重也赢得了民众们的爱戴，哪怕是陆英修去世后，民间仍一直保留着对她极高的评价。民意调查显示，人们对于第一夫人陆英修的爱戴还要超过她的丈夫朴正熙总统，即使对朴正熙政权颇有微词，仍然没有减弱民众对陆英修的拥戴。正是受母亲的影响，朴槿惠感受到了这种亲切形象的力量，所以朴槿惠开始学习母亲，将微笑作为自己的一个标志，作为自己最温柔的杀手锏。

为了学习母亲的亲切形象，朴槿惠下了很大的决心和努力。在日常生活中，她模仿母亲的言谈举止；在母亲去世后，朴槿惠穿母亲留下的衣服，戴母亲留下的首饰。很多时候，人们看到朴槿惠就仿佛看到了当初的第一夫人陆英修。一次到乡间野足时，一位老农妇对她说："我知道你是谁，你和去世的陆夫人真像啊！"对于民众对她的称赞，朴槿惠淡然地接受了。朴槿惠很清楚，礼仪是一个人高贵的品质，也是一个国家高贵的风范。"人之所以为贵，以其有信有礼；国之所以能强，亦云惟佳信与义。"

此外，在处理国事时，朴槿惠也学习母亲陆英修那样淡然的形象，在从容淡定中处理国务活动，在政治舞台上崭露头角，接待国外贵宾，包括时任美国总统卡特，辅佐父亲与世界各国的顶尖人物斡旋。朴槿惠很注重礼节，在国际舞台上出现时，她的脸上始终挂着那种标志性的微笑，让人倍感亲切。朴槿惠自幼在父母的教导下，自己的一言一行都很注重礼仪，她所做的公益，所说的话，常常被人谈起。

一个人的穿着打扮彰显着这个人的性格和形象。朴槿惠重返政坛后，始终十分注意自己的形象，在很多细节上都很用心打扮。一个好的政治形象塑造需要这个人对时尚有着独特理解，缅甸总理昂山素季就是一个对形象有着独特理解的女人，她有自成一派的服饰标准，传统民族服装颜色运用丰富多彩，而散发着浓浓的女人味的是她的发型，有缅甸特色的侧偏盘发，再插上一支别致的鲜花。这有着自身特色的形象打扮为昂山素季在政治上赢得了不少加分。

朴槿惠很清楚，"形象"一词包含人的谈吐举止、衣饰发型以及整个精神面貌。她曾思考过应该梳一个怎样的发型，最后她决定梳一个韩国妈妈的大众化发型：简约的卷发轻轻挽在脑后，额前留有一绺不经意的斜偏过来的刘海，一眼看上去既温柔又亲切。朴槿惠的母亲也曾梳这样的发型，这个发型配以朴槿惠超凡脱俗的气质，显得尤为别具一格。

有人甚至认为，总统竞选时朴槿惠对决文在寅，除了政治原因以外，还与她形象亲切有关，尤其她那款很有妈妈范儿的发型给她加了很多分。当地时间2013年5月4日，在首尔崇礼门举行的复原纪念仪式上，朴槿惠身着韩服，梳着温柔韩国妈妈式盘发，显得格外亲民。

韩国民众眼中的朴槿惠永远都是那么的乐观、积极，嘴上常常挂着那抹温柔的笑容。这一切都与朴槿惠早年的经历有着很大的关系。在朴槿惠30岁之前，她先后失去了自己的母亲和父亲，失去亲人后的她又遭到了以前身边亲近的人的背叛。这种打击对于一个未满30岁的女性来说无疑是巨大的，尤其是当时的朴槿惠身边的人都离开了她，她自己孤身一人。但是，性格坚强的朴槿惠把这在一般人看来是极其不幸的事情默默地承担了下来。她不断地锻炼自己的心性，在时间的帮助下，她变得成熟、睿智。正是这种异于常人的经历让朴槿惠有了一个平和乐观的心态，无论面对什么事情，她的脸上总能挂着那抹让人觉得非常温暖的微笑。

朴槿惠觉得无论面对什么事情，都应该保持着脸上的微笑，想要做到这一点就要时刻保持着内心的平静。人生犹如苦海，不经历一番困难

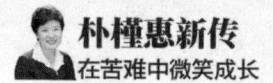

和痛苦是不能到达幸福彼岸的。想让自己的心灵平静，就要下定宁肯自己痛苦也不让别人痛苦的决心。因为下定了这个决心，就意味着你战胜了自己，意味着取得了人生最高的胜利。与这个相比，其他的输赢得失都不再重要了。

一个拥有大智慧的人，才能够在众多困难险阻面前看得开，看得清楚。韩国有句俗语：自己的幸运取决于自己的品性。朴槿惠对这句话有着自己独到的见解。她觉得一个人幸运与否和这个人的智慧息息相关，一个真正的人并不只是生理学意义上的，还要敢于坚持自己做人的道理，只有这两者都具有，才能算是一个真正的人。

人要想有一个平和的心，首先要做到的是问心无愧，任何时候都要对得起自己的良心。这样一个人什么时候都有一口正气支撑着。不论什么也比不过一颗处处为人着想的心和一种习惯，不论什么也坏不过一颗包藏嫉妒、自私的心和折磨人的坏习惯。一个人只要坚持好自己的心，那就能够时刻把微笑挂在脸上，就能够带给人温暖。

古语有云："故君子恭而不难，敬而不巩，贫穷而不约，富贵而不骄，并遇变态而不穷，审之礼也。"这句话是对朴槿惠最真实的写照，她内心的谦卑并非胆怯，她的温柔并非软弱，在韩国民众心中，她是一个有大智慧的人，韩国民众能够感受到她那崇高的精神。

54. "笔记本公主"的神秘笔记本

2004年年底的一天，为了协商国家四大法案，四个党组"破天荒"地聚在了一起。协商期间，朴槿惠在一些地方没有和其他政党达成统一意见，但她也没有就此放弃自己的想法，而是将讨论期间她与党内专家们达成共识的可变通部分与绝不妥协部分全都细心地记在了笔记本里，并始终坚守着笔记本里记载的最后底线。最后几方协商没有达成一致，当时的执政党便对朴槿惠心生怨恨，恰巧看见她一直写写记记的笔记本，便用这个理由来攻击她，说她的笔记本是一个不能协商的"恐怖笔记本"，她是一个只会呆板地按照"恐怖笔记本"说话做事的"装在套子里的人"。正是由于这个事件，以后人们开始都叫她"笔记本公主"，朴槿惠"笔记本公主"的称号也由此正式产生。

作为在微笑中长大的"笔记本公主"，当别人都将这个绰号作为她的标签时，她当然没有生气恼怒，而是采取了一贯的作风，微微一笑，再没有任何的言语。有的时候，朴槿惠的微笑是"贬义"的，当她觉得没有必要为了那些无聊之事费尽口舌之时，那种微笑代表着蔑视与不满。而有的时候她的微笑是"褒义"的，比如面对"笔记本公主"绰号的时候，她觉得这并不是对自己的一种侮辱，在她心里笔记本是一种"神圣"的东西，

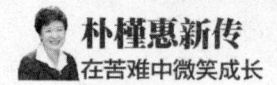

她为此替自己感到骄傲与自豪,于是由衷地会心一笑。正因如此,朴槿惠在 2010 年 10 月 6 日开通了注册名为"笔记本公主"的 Facebook 账户,这足以表明在她心里被叫做"笔记本公主"是一种多么自豪的事情。只是后来网民对这个"笔记本公主"的称呼有些争议,她才换了一个妥贴的名字。

关于笔记本在朴槿惠心里的地位可以追溯到童年。小时候,朴槿惠就见识过笔记本的用途。那个时候,她经常看见自己的父母,特别是自己的父亲朴正熙使用笔记本。据朴槿惠回忆,那个时候父亲总是会随身携带一个笔记本,随时随地将政客们的观点和国民们的诉求记录在自己的笔记本上,等晚上回到家中,仔细地翻看笔记本中记录的内容,并对其中的问题进行思考和研究。父亲朴正熙的脑海里无时无刻不在思考笔记本中的内容,有时候已经躺在床上将要就寝入睡了,突然想起关于笔记本中记录的问题的某些想法,也要立即起身点灯,将自己的想法记录到笔记本上,然后才能安然入睡。

母亲陆英修也是一样,无论她到哪个地方进行民生走访,都会将一个笔记本带在自己身上,并将她听到的意见或者民怨等内容记录到那个笔记本上。等事后向相关人员进行具体事宜的咨询和询问,情况复杂的还会对其后续情况进行追踪核查。

年幼的朴槿惠那个时候根本不懂得父母这样做的意图,母亲陆英修语重心长地对她说:"记忆力这个东西是不可信的,你说过的话总有忘记的一天,用文字记录下来就不一样了,无论时间过了多久,只要那个本子在,记录的东西就永远都不会消失。"这就是中国人所谓的"好记性不如烂笔头",朴槿惠深深地铭记着母亲的教诲,于是有了今天的"笔记本公主"。

根据朴槿惠身边的工作人员透露，朴槿惠的"恐怖笔记本"其实是"信念笔记本"和"原则笔记本"。因为在韩国，很多政客都有把自己的承诺当做旧鞋随意丢弃的"毛病"，有些人甚至将自己的承诺当做一阵风，说过就忘了。而朴槿惠则与之相反。她将所有的东西都记录在笔记本上，就是为了谨记自己对国民做出过的承诺，时常温习这些承诺，并思考如何将承诺变成现实。

朴槿惠的治国理念是"对国民信守承诺，原则一旦确立就遵守，进而获得国民信赖"。也正因如此，她才执意要制作《大国民约定实践白皮书》。朴槿惠在担任党代表期间，一共访问了包括人力市场、单亲家庭、传统市场、农渔村、代案学校、残障设施在内的160多个民生现场。在她看来，政治必须与民众同在，民众聚集的地方才是需要政治的地方。政治人物的重要课题就是走到民众中去，用眼睛和心灵去感受民众的问题所在，并想出对策为民众解决这些问题。

因此，朴槿惠时常深入民众去了解民生问题，而她的小笔记本就成了她的"贴身小跟班"，无论走到哪里，她都会将那个笔记本带在身边，以便将自己在民生现场看到的情况和向群众许下的承诺记录到那个笔记本上，等有些空暇的时候再仔细翻看自己曾经记录过的东西，对那些问题和承诺的后续工作进行追踪。朴槿惠身边的秘书和工作人员说，他们在她身边最常被问及的问题就是：

"和浦大桥的预算怎么样了？"

"新千年大桥的预算怎么样了？"

"那天我们不是答应要减轻育儿负担吗？现在落实得怎么样了？"

"答应西海岸花蟹渔民的事，现在进展得如何呢？"

这是朴槿惠对"约定笔记本"上的具体事项进行考察追踪。随着"约定笔记本"中"约定"的逐渐增多,制作《大国民约定实践白皮书》的念头在朴槿惠心中油然而生,她暗下决心,并鼓励身边的工作人员和自己一起为这个想法而努力。

2006年3月,这本象征着朴槿惠与国民之间的约定的"笔记本"——《大国民约定实践白皮书》正式诞生,朴槿惠捧着这本《大国民约定实践白皮书》,心中的喜悦和激动难以言表。

这本《大国民约定实践白皮书》详细地记载了朴槿惠在国会总选、地方选举政见、民生现场探访之中与国民承诺过的约定事项,还标注了约定完成情况、进展的阶段、哪些事情是尚未实践的以及尚未实践的理由等,内容达到三百余条。全书中记载的大国家党遵守了约定的事项达到百分之四十,其余百分之六十是尚在解决过程中或者因种种政治原因被拖延或解决难度较大的事项。

关于这本《大国民约定实践白皮书》还是有些争议的,有些议员嘲笑朴槿惠说:"要选总统的人应该有长远的眼光才对,为何要把大量精力花费在LPG特税、育儿预算、全南海边的建桥等这些琐碎的事项上呢?"

面对这种非议,朴槿惠有自己的独到的解释,她说:"国民真正需要的并不是统治者多么伟大的政见,或者为了吸引人气和拉取选票在电视机面前做出的海阔天空的甜蜜承诺,他们需要的是从政者切实地为他们解决生活中的小事。我的这本《大国民约定实践白皮书》,关注了政见的受惠者和媒体都不太注意的小约定,并抱着十分认真的态度将它们负责到底,这才是一个从政者应该做的事情。"

也许正是因为朴槿惠这种为民着想、严于律己、重于承诺的态度,才使她一步步获得了广大国民的支持,为登上总统宝座奠定了坚实的基础。

55. 慎独，时刻保持清醒的头脑

2013年6月25日下午，韩国总统朴槿惠在韩国总统府青瓦台接受了中国中央电视台的独家专访，这是她在对中国进行国事访问之前接受的唯一一次独家访谈。采访人员后来回忆说，在这次访谈中对朴槿惠印象最深的就是她的慎独。

采访中，朴槿惠说，她对中国文化非常感兴趣，尤其喜欢冯友兰的《中国哲学史》。在这次访谈中，朴槿惠还专门引用了冯友兰的一句话："人生在世，心安理得足矣。"

采访人员问："您说心安理得足矣，那么您是如何理解'心安理得'这四个字呢？你认为怎样才能心安，如何才能理得呢？"

朴槿惠微笑着说："每个人活在世上，都难免会经历坎坷，可能会有吃亏上当，也可能会有背叛欺骗，这些都是我们无法避免的。就跟天气一样，世界上没有任何一个地方的天气永远都是风和日丽的，冷热交替、严寒酷暑，这些都是正常的。虽然不能避免，但是在任何情况下都不应该失去自己。扪心自问，如果确定这是不违背良知的，那时的心境就是坦然自若的，因为暴风雨不会永远都持续，总有一天阳光会冲破乌云。想到这点，就可以开始新的起航，也不会觉得愧对自己。但是，若那时稍微控制

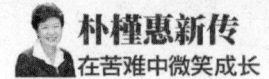

不好心态，就容易做出错误的决定，造成痛苦，形成无地自容的局面。如果是这样，那将是人生最大的不幸。所以，不管是什么时候，不管在什么情况下，人一定要正直，要对得起自己，就像中国人说的要'慎独'，时刻保持清醒的头脑，倘若为了得到某种东西而不惜做出害人害己的事情，那终究会是竹篮打水，落得一场空。"

从朴槿惠的话中可以看出，她是一个对自己要求严格，时刻保持清醒头脑的慎独之人。从"第一女儿"成长为"第一夫人"，人们看到的更多是朴槿惠的华丽转身，而没有看到她在这期间经受的挫折和挑战，以及她在面对这些挫折和挑战的时候表现出的态度和采取的应对措施。

年轻的时候，父母双双遇刺身亡，独自一人承担起家庭的重担，这份痛苦以及随后的世态炎凉恐怕很难有人能够体会到。父亲被刺杀之后，朴槿惠的整个世界观都被颠覆了。那天，天空中下着斜斜密密的中雨，她穿着一袭黑衣，恋恋不舍地离开生活了18年的青瓦台。雨水重重地打在朴槿惠的身上，好像千万根鞭子在抽打着她。与朴槿惠一起离开青瓦台的还有跟随了父亲数十年的内务秘书，她无法想象这位"眼里满是惶恐，仿佛自己是病毒，随时会钻进他的血液，终止他的心跳"的人，与那个在她少女时代曾无数次带她到青瓦台后面的山上，春看百花，夏揽苍绿的人，竟是同一个人。眼前的这个人，面无表情地抱着盛着满满文件的纸箱子，箱子里的东西不断往下掉，他不仅没有去捡，反而毫不留情地将它们踩在泥水里。

临搬出青瓦台的时候，朴槿惠在电梯里跟父亲的一位部长恰巧相遇，父亲在任时，这位"叔叔"曾不止一次地表示希望朴槿惠能够成为自己的儿媳妇。看到熟悉的"叔叔"出现在电梯里，朴槿惠充满希望地向"叔叔"打招呼说："您好！"令她感到惊讶的是，直到电梯门再次打开，这位

"叔叔"也没有再看她一眼,这样的境遇让朴槿惠感到极度失望。

走投无路的朴槿惠只好将全部的希望投注于法律,她想依靠法律手段严惩杀害父亲的凶手。对此,她求助于韩国最有名的律师,对方声称是父亲最坚定的支持者,但万万没想到得到这样的回复:"我不替凶手辩护,就等于是帮助你了。"他说得没有错,在当时那个情况下,很多律师联合提名要为刺客辩护,在一些城市中甚至出现了游行示威,人们气势轩昂地游走在城市的各大街道高声为刺杀者辩护:"他杀害的是一个可恶的独裁者,他是了不起的民族英雄!"

后来,朴槿惠这样描述当时的场景:"原来世界上的人心是这么善变,善变到一天之间就能面目全非。作为一任总统,他领导了韩国18年,现在他过世了,按理说,对一个过世的总统做出一些政治评价是无可厚非的事情,但是这些评价如果是建立在靠拢新政权的基础上,对其事实进行刻意的扭曲、造假和诽谤的话,那么这样的评价不应该叫做评价,而应该叫做'冤枉'吧。"

作为一个被整个国家遗弃的人,朴槿惠完全可以向社会发泄自己的愤怒情绪,即使她在这个时候做出一些违背道德理论的"出格之事"也是可以理解的。可是面对父亲去世后的种种遭遇,朴槿惠并没有怨天尤人,也没有自暴自弃走入歧途,相反,她从另一个角度审视这一系列的事情,用理智清醒的头脑去分析从而寻求解决的办法。

她想,在父亲朴正熙统治韩国的18年里,韩国的经济得到了飞速发展,不仅将北朝鲜远远甩在身后,还使南韩人均GDP飞涨近20倍。经济发展水平之高,使韩国一度跻身到"亚洲四小龙"的行列中。那么,获得如此佳绩的父亲为什么得不到民众的肯定呢?

为了得到这个答案,朴槿惠拜过佛、洗过礼,但都没有走出阴影。直到有一天，她在中国作家冯友兰的著作《中国哲学简史》中找到了答案。冯友兰说，这个世界上存在着各行各业形形色色的人，每一类人都有他们所能达到的最高成就。从事政治的人，有可能会成为大政治家；从事表演的人，有可能会成为大艺术家。但是，职业上的成就并不能等同于作为一个人的成就。那么人的成就是什么呢？是"内圣外王"，"内圣"指的就是个人内在修养的高度，"外王"指的是个人对社会的作用。只有具备最高精神成就的人，才有资格被称为"王"。

朴槿惠恍然大悟，原来自己的父亲只具备了"外王"的资格，却没有达到"内圣"的要求。他虽然为社会做出了巨大的贡献，但是内在素质涵养还不足以服众。明白了这个道理之后，朴槿惠开始转身，迈向全新的积极的生活。

我们可以看到，如果朴槿惠当时没有保持清醒的头脑，她就不会走出绝望的阴霾，也就不会有今天名副其实的"第一夫人"。因此，不管在任何时候，都要保持理智，让自己处在一个清醒的状态，不因为一时的气馁绝望做出令自己后悔一生的事情，就像朴槿惠说的那样，心安理得才足矣。

56. 面对胜利切忌掉以轻心

能够获得竞选的成功,最后成为一国总统,这其中肯定经历了种种磨难和艰险,这是毋庸置疑的。然而,与这些磨难相比,更让朴槿惠难忘的是成长过程中的那些"胜利"。朴槿惠常说,苦难不是最可怕的,因为人在苦难中是清醒的,眼睛看到的和心里想到的都是克服苦难,走出绝境;比苦难更可怕的是暂时性的"胜利",因为"胜利"会蒙蔽人的眼睛,让人看不清未来的方向,会让人停滞不前甚至倒退千里。

2013年12月20日凌晨5时,朴槿惠以高于文在寅108.0491万张选票的优势夺得了第18届韩国总统大选的成功。对于她而言,这是已经获得的胜利,从准备竞选到遭遇到其中的种种挑战再到最后的竞选成功,这期间经历的事情数不胜数。换做常人,终于获得了竞选的成功,那么辛苦的奋斗也该从此告一段落了,该是享受一下人生的乐趣的时候,可是对朴槿惠来说不然。她说,竞选成功对她来说是一个胜利,但这个胜利只是阶段性的,那不是一个结束,反而是另一个开始,面对挑战要全力以赴,面对胜利切忌掉以轻心。

朴槿惠说,她之所以对这一点有着深刻的体会,源自于李明博给她的教训。事情还要从朴槿惠的父亲朴正熙开始讲起。自朴正熙当选总统以后，就将政治的重点放在了整治腐败和邪恶的问题上，在他执政期间，有将近1.7万名腐败分子、2000名腐败军官、3.5万名只吃饭不干事的行政人员被绳之以法。随之而来的"庶政刷新"更是波涛汹涌，强有力的非常措施使很多贪赃枉法的官员都纷纷落网，使政坛上出现了"暂时"的清廉，尽管如此，仍然没有从根本上解决腐败问题。

后来朴正熙"下台"，随之上任的全斗焕、卢泰愚等人更是继承了朴正熙"惩罚腐败"的作风，甚至比朴正熙有过之而无不及。自金泳三开始，历届总统都非常重视反腐，并为此建立了专门的反腐机构——"国家清廉委员会"。自2003年起，国家清廉委员会面向韩国国民权益委员会，每年都向其展开清廉等级评估，评估的对象就是公共机关和全国所有的政府部门。不仅如此，还实行"透明"政策，每年定期将各权力部的清廉指数向全社会公开，以确保国民能够监督这项工作的实施。

2009年，首尔市在向群众公开的廉政指数方面的排名剧烈下降，对此，国家专门出台《市政清廉度改善综合方案》，加大力度对首尔市的腐败程度进行改善，并对反腐措施采取了更为严厉的手段。此时韩国的总统正是李明博，面对国家的整体反腐，他不仅没有收敛，反而依仗着总统的地位肆意妄为，纵容手下贪污受贿，最终受到法律的制裁。

2012年7月24日，李明博接受电视采访，他为自己的亲属及亲信的腐败问题进行公开道歉。据报道，此次反腐行动涉及李明博的亲信及亲属有十余名，包括3名李明博的亲属、4名总统高级助理，以及前内阁的几名成员和国企高官。此次韩国高层出现的腐败问题引起了社会的广泛关注。

全国都在进行反腐行动，难道政府高层不知道？答案当然是否定的。以李明博为首的"统治阶层"不是不知道反腐的力度之大，而是被"胜利"蒙蔽了眼睛，冲昏了头脑。李明博能够坐上总统的宝座，也是经历了千难万险的，对他而言，成功当上总统就是"胜利"，"胜利"就代表着可以"掉以轻心、肆意妄为"。在"胜利"面前，他的所有警戒意识和防备观念都降低了，所以才促成了如此胆大妄为的举动。

这次韩国高层腐败问题一露出水面，就令全社会掀起轩然大波。有媒体报道，韩国高层的腐败问题是先天缺陷再加后天培养，韩国政府从朴正熙和全斗焕统治期间就存在着政府与大型财团相互勾结盘根交错的"恶习"，官员与商人相互为利，官员为商人"开道"，商人为官员"护航"，政治家和企业家可以算得上是"一根绳上的蚂蚱"。政治家想尽各种办法为企业家的利益寻找合适理由，企业家将非法得来的利益绞尽脑汁"孝敬"官员，就这样官商"联手"，腐败不止。

2003 年 1 月 29 日，即将离任的李明博不顾朴槿惠的反对与劝说，决定最后一次行使总统特赦权，将前国会议员朴焙太在内的多名落马的腐败犯罪分子进行特赦。对此，李明博官方给出的说法是："经详细调查，这些人只是在某些方面的行为有些含糊不清，并没有涉及政治问题，释放他们是经过慎密调查和多次探讨得出的结论，我并没有滥用特权。"

但是这个观点显然是说不通的，明显是李明博在离任之前利用最后的权力保全自己的亲信。对此，朴槿惠并没有善罢甘休。她通过新闻演讲，严厉地驳斥了李明博的观点，认为他的总统特赦是违背民意的行为。作为一个总统，滥用自己的特赦权让腐败分子成为漏网之鱼的行为实在是违背民心，有愧于总统的身份，让人对国家的未来深感忧虑。

日中而落，月盈则亏，最好的、最成功的时候往往是最危险、最脆弱的时候。物极必反，这虽然是中国人的说法，却是全世界颠扑不灭的大道理。李明博正是因为坐上了总统的宝座，才洋洋得意目中无人，缺乏了警惕意识和防范精神，所以才做出令众人不满的事情。这样的事情不仅引起了国民的强烈谴责，连总统职务接管委员会也对此进行了严厉的批评。朴槿惠更是以强硬的姿态回应这件"特赦之案"，她坚定地表明自己不能容忍腐败特权的立场，并会对此事追查到底。

朴槿惠对"胜利"的"防范"正是因为目睹了李明博被"胜利吞噬"的全过程。她说，人们在胜利的时候往往会淡薄警戒意识，其实这个时候尤其应当增强克制力，时刻保持一个清醒的头脑，切忌面对胜利掉以轻心，有多少人走过了大风大浪的艰险时期，却在风平浪静的"温柔湾"里翻了船。

回首朴槿惠的种种事迹，她也确实做到了自己说的话。无论是在巅峰还是低谷，朴槿惠都没有被任何贪污丑闻或者政治丑闻所牵连，她时刻保持强烈的警戒意识，秉承着她一贯的清廉和谦虚的作风。也正是如此，她才得以成为韩国的"第一夫人"，成为"嫁"给国家的女人。

这一点是非常难能可贵的，很多人在追求成功的路上能够战胜千难万险，但是得到胜利以后却被骄奢淫逸打得一败涂地。这足以说明，人最危险的时候不是失败的时候，而是"陶醉其中而忘乎所以"的胜利时刻，因此此刻毁灭的脚步正一点点向你接近，而你却全然无觉。朴槿惠正是因为看透了这一点，才能时刻守住自己的底线，不让敌人有可乘之机，最后成为韩国历史上首位女总统。希望她能继续保持这种良好的作风，为自己和韩国赢得更加辉煌的明天。

第八章 积极改革
——"冰公主"火热的革新之路

朴槿惠坚信自己的使命就是"创造新的希望","冰公主"也开始走起了火热的改革之路,走别人没有走过的路,将革新作为自己毕生的追求,缔造韩国的共感时代。

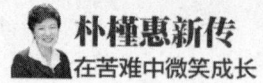

57. 走一条别人没有走过的路

发达国家究竟是什么样的？朴槿惠曾这样勾画它的蓝图：什么样的国家才称得上我们梦想中的理想国度？第一点就是国民能够过上富足的生活。这里的富裕不仅仅指的是人民经济条件上的富裕，更重要的是人民精神层面的富裕。在这个国家里的每个公民都拥有自己的原则和信仰，不说谎话，不做违背良心和道德的事，人民正直勇敢地追求自己的理想，品味幸福的生活，这才叫富足的生活。

另外一个是发达国家中的人民应该是为自己的国家由衷感到骄傲的，无论他处在社会上的什么地位，都对自己的生活感到满意，为自己的国家感到自豪。他不用担心妻子腹中的孩子该去哪家医院生产，因为国家早已为待生的婴儿准备好了医院；他不用担心孩子长大后没有学校上，因为国家为适龄儿童提供了足够的就学保障；他不用担心孩子毕业后的就业问题，因为国家为刚刚走出校门的学生提供了足够的就职岗位；他不用担心自己年老后的赡养问题，因为国家为老年人提供了充足的赡养保障。

这样的国家才是真正富足的国家，生活在这样的国家中的人民才是真正富足的人民，"流了多少汗水，就能有多少收获"，人人都可以凭着自己的努力获得想要的成功，这样的国家才是我梦想的发达国家，朴槿惠如是说,"我走的是一条别人没有走过的路"。她想要建设的是一个别人不曾设想过的国家,她想给韩国人民一个新的不一样的祖国。

为了建设新的大韩民国,朴槿惠走了一条别人都没有走过的路。2007年,朴槿惠第一次进行竞选总统演讲,她在这次演说中就提到了"这条别人没有走过的路"。她说:"我要从根本上扶正国家。"她认为要想真正建立一个新的大韩民国就应该从本质上进行改变,建立树立根本和原则的国家。要做到这一点首先应该做出表率的就是总统,身为这个大韩国家的总统应该以身作则,遵纪守法,做到在法律面前人人平等,从根本上铲除腐败滋生的根源和土壤,并致力于建设廉洁的政治和政府。

由此可以看出,朴槿惠一早便深知自己走的是一条别人没有走过的道路,她早就在为自己的"路"做准备了,她深刻地知道,若想国家从根本上强大起来,就应该彻底地改变,就应该从根本上除旧立新。因此,她勇敢地选择站在抉择的前沿迎接挑战,勇敢地为新的大韩民国绘制未来的蓝图:那个全新的国家应是"小而精"的未来型政府的国家,是用 21 世纪的新鲜血液和新鲜机器建设成的为众人所羡慕的先进的国家,是让全世界各国的人民都仰慕并愿意来此旅游、投资、工作和生活的国家。

当然,朴槿惠的这条"路"并不是一条"空路",她真心地为这条"路"规划实现的步骤,在领导韩国迈向新的大韩民国的过程中,朴槿惠走的第一步就是将自己最关心的女性福利政策进行了革新。

作为女性,朴槿惠一直非常重视女性的社会地位,并对女性的低出生率非常关心,因此,她在社会保育政策方面倾注了很多心血。作为一个对女性福利政策做出公开承诺的政党代表,朴槿惠公开提出了在党内设立幼儿园的提案,但是,朴槿惠的想法虽然非常好,但是实现起来却是举步维艰,充满艰辛。

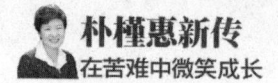

当朴槿惠将在党内提出设立幼儿园的提案时,大国家党内发出的声音是这样的:

"我们党部连办公的地方都很紧张,怎么会有设立幼儿园的空间?"

"这样的做法会有多大的利润?与办投资相比,其效果肯定是不能相提并论的吧。"

"员工是来工作的,带孩子进来像什么话?"

"我们现在财政这么紧张,哪有钱为孩子设立幼儿园?"

几乎全党上下都是反对的声音,似乎很少有人理解并支持她的想法。然而,乐观的朴槿惠并没有因此感到懊恼,她更没有为此而放弃这个想法,因为她深深地知道自己走的是一条前人没有走过的路,做的是一件前人未曾做过的事。在开创者面前,声讨和责难是人生最正常的事情,但是她如果就此向这些声讨和责难屈服,那就永远不能建成梦想中的大韩民国。

面对百般阻拦的她,充分发挥了自小学会的"微笑本色"。她义正言辞地对党内的相关负责人说:"在这个世界上,无论你想干什么事都会有一定的难度,但是我们就为此而什么都不做了么?答案当然是否定的,连试试的机会都不给自己,那结果只能是一事无成。一个人尚且如此,一个国家更应该坚定信念,不对困难屈服。信誓旦旦地对民众宣扬国家妇幼政策,却连一个幼儿园都不愿意建立,这样的政府怎么令百姓信服?又怎么能赢得民心?幼儿园的建立是势在必行,请务必做出妥善的安排和准备。"

在朴槿惠的坚持和施压下,2004年7月1日,为民众所期盼的幼儿园终于在大国家党党部内正式成立,这所"开心幼儿园"在民众的热烈欢迎中正式开始接收员工的子女,困扰朴槿惠多日的磐石终于落下心头。通过这件事,朴槿惠也明白了一个道理,自己梦想中的大韩民国本就是与众不同的，要想实现自己心中的梦想，建立这个新的大韩民国就必须能够承受众人的反对，并且坚韧不拔、不抛弃不放弃地坚持自己的理想，只有这样才能真正获得成功。

2007年6月22日，朴槿惠接受媒体记者俱乐部的邀请发表演讲，特别阐释并强调了自己的政治理念："在我梦想的发达国家里，诚实、正直的人都会获得成功，人人都为自己能够生在这样一个民主富强的国家里而感到骄傲和自豪。"

她在演讲中强调，若想实现这个大韩民国的梦想，不仅需要她一个人的努力，还要全体人民跟她一起努力，当所有国民都可以为了全社会的利益而勇于放弃个人私利之时，就是大韩民国真正实现之日。她认为，要建立这样先进的国家，就要打开三个大门："第一，打开通向世界的大门；第二，打开通向国民心中的大门；第三，打开通向未来的大门。"同时，朴槿惠表示，任何事情都要付出代价。为了增加就业，该牺牲的时候就要勇于牺牲，如果因为自己的一点点牺牲而为社会带来了巨大的收益，那么这样的牺牲就是值得的，而且是超值的。

在这个利己主义膨胀的世界和满是歪风邪气的政坛中，朴槿惠的话让很多人陷入深思。她的这条没有人走过的路确实给了国民和社会很多没有人给过的教育。而她自己也在这条路上摸索出了越来越多的经验，这样的路是值得冒险的。希望她真的能为韩国人民带来充满希望和朝霞灿烂的明天。

58. "我是朴槿惠,我为韩国创造新希望"

很多人都对朴槿惠远离政坛多年又重新返回感到迷惑,其实她回归政坛的原因只有一个,那就是改革。用朴槿惠自己的话说:"我要为韩国创造新的希望。"

2002年2月20日,朴槿惠参加斗山会议早餐演说。在这次演说中,她详细地阐述了自己涉足政界的理由,那就是要为韩国创造新的希望。她发现政党中存在着一些非常不可思议的问题,她想凭借自己的力量解决这些问题,让韩国有一个焕然一新的面貌。

朴槿惠说:"当我仔细审视这个政党的时候,我发现了很多令我惊讶的地方,我觉得这些地方对发展我们的国家是不利的,是要改变的。

"首先,我们政党有一个传统,就是每次参加选举时都会邀请很多社会各界有威望的专家,就以第15届和第16届总统选举为例,在这两次的总统选举中,初选和再选议员的比例几乎超过了60%。作为政治家来说,我们可能会觉得这样有利于促进政治的发展,可事实真是这样吗?我们的国民反而跟我们持有相反的观点,他们并没有觉得这么多名人进入政界就一定能对政治发展带来好处;相反,他们反而觉得这些议员好不容易了解了一点民情,等到下次选举时今年的这些议员就会被重新选拔出来的新的议员所代替，新的议员依旧不懂百姓疾苦，这样的制度对于反映民生而言，作用寥寥无几。

"其次，我们国家将国会作为参政人实现政治的舞台，国会是独立的宪法机关，经过挑选出来的国会议员不仅是地区代表还是国民代表。国会是集中自律、独立的国会议员们审议、讨论国政的地方。这么说来，作为国民代表的国会议员，自己本身并不需要有多么坚定的立场和信念，他们只要代表好国民的意志，反映国民的心声就可以了。然而事实并不是这样，与对国民负责人相比，议员们反而将重点转向观察总裁的脸色。因为他们的政治前途都'掌握'在总裁手里，如此一来国会的地位就受到了冲击，他被调侃成是某一个政党的下属机构，而议员们也因此被称为'举手党'。这样的一个国会怎么能促进国际政治的发展，又怎么能为亿万国民的明天做保证？

"最后，我们的议员总是很容易就将个人情感牵扯到政治讨论中去，我们要克制这种地区感情，议员之间要加强感情的交流，以此来促进地区间的融合。关于这一点，我认为全体国民都不会反对这个观点，而要肩负这个职责也应该是政治家的责任。可事实并不是我想象的那样，反而与之恰恰相反。我们都知道，在这个圈子里除了执政党还有在野党，但是无论哪个党派，他们并没有把服务国家当成政治立场的重点，反而偏向了代表特定地区利益的立场上，甚至动不动就以煽动地区感情作为筹码，令人不解的是这种风气不仅没有被制止，反而得到了广泛的传播。

"对于这些问题，我很是不解，因此常常陷入'为什么会经常出现这种情况'的迷惑。经过很长时间的思索和考量，我终于得出了结论，之所以会出现这些状况，最重要的原因就是我们政党结构的问题。当前所运行的这种政党结构使得总裁成为集提名权和财证权为一体的人员，党内的一

第八章 积极改革——『冰公主』火热的革新之路

切和地区都处于总裁一个人的支配下,这就使得我们的国会制度不能很好地运行。我们的政党之所以变得越来越僵化,一方面是因为政治利害关系,还有一方面就是因为一部分人利用地区主义。因此,这种以总裁为中心的一言堂的政党结构一天不革新,我上面提到的那些问题就一天不能从根本上解决。

"作为大国家党的代表人,我全力支持这场改革,并且,我向大家保证,国民会在这次改革中得到切实的好处,我们的国家也会因为这次改革而获得新的生机。这场改革,是为韩国创造新希望。

"金大中总统从执政党总裁位置上退下来以后,曾经对我们强调说,当前的政治形势会在日后出现大幅度的变革。民主党也在不久前宣布了他们的政治改革方案,即废除总裁制和向上式提名制度、实现政党财政透明化等一系列措施。其实,从执政党的生存角度考虑,这只是他们为巩固自己的地位而不得不做的大事情。

"从这件事情出发,我将有关政党改革的看法扩及整个政治圈,因为作为一个政治家来讲,我认为这是让我们的政治更加民主,让我们的政治有更加广阔的发展的一个重要契机。我们大国家党是在野党,但是与执政党相比,我认为我们做得并没有很逊色,我们心怀为国家、为政治的坚定信念进行了许多政治改革,我希望国民能够看到我们的努力,也希望我们能成为让国民信赖的先进政党。

"那么,在这样的情况下,我们的大国家党应该怎么做呢?这个问题同样困扰了我很长时间。毋庸置疑,大国家党也应该进行一次改革,但是改革的问题将由谁挺身而出呢?思考了很久,尽管我清楚地知道成为这个'出头鸟'是一件费力不讨好的事情,而且事情实施的本身会比预想中的复杂得多,但是我还是决定要宣布参加大国家党总统候选人竞争。可是,我又觉得没有进行政党改革就召开全党大会是一件不太妥当的事情。所以，我想出一个新的方法，就是在参加竞选的同时，提议设立一个能全面讨论政党改革的机构，这个机构的职能就是将总统候选人和总裁分离，实行公正的候选人竞选方法和向上式的提名制度、透明的政党财政运行方案等，并且保持这个机构的公正性，不让它成为那种只为了准备召开全党大会而组成的特别机构。

"值得庆幸的是，我的提议得到了党内的认可。最后决议的结果是，在全面讨论政党改革的前提下，同意组建一个除了全党大会规则以外的'2002年选举准备委员会'（简称'选准委'），委员们对这件事的实施都付出了很多努力，我对此深表谢意。但是我的立场是'除了优先改革政党外，竞选方式也在政党改革的框架内讨论'，这与有些人'首先应该尽快决定竞选方式，政党改革先放一放也未尝不可'的立场有些相悖，虽然对于这两种观点的争议还没有得到良好的解决，但是我对我的方案有信心和决心，因为我的方案是以国民的利益为出发点和落脚点的，它虽然有些风险，但我相信它会为韩国创造新的希望。"

第八章　积极改革——『冰公主』火热的革新之路

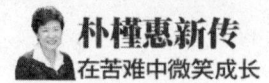

59. Never give up,将改革进行到底

关于改革的问题,朴槿惠并没有一笔带过或者只是说说而已,对她而言改革是个大问题,必须要详细尽快地实施。她在2002年2月20日举行的斗山会议早餐演说中就对此又进行了详细的说明。

在这次演说中,朴槿惠将改革分为两项,即政党改革和竞选改革。朴槿惠对政党改革的核心事项概括分为四点:第一,废除帝王般的总裁职位;第二,积极实施至少50%以上国民参与的预备竞选制度;第三,实行向上式提名制度;第四,党的财政运营透明化。关于这几项改革的方向,朴槿惠对此进行了详略有度的阐释。

朴槿惠说,政治民主化最为核心和关键的内容就是废除独占提名权和资金支配国会议员的总裁职位,废除总裁职位后,集体领导体制就会取而代之。朴槿惠特别强调,实行集体领导体制应该确立向上式的提名制度和实现党的财政运行透明化。因为即使实行集体领导体制也会存在各派老板们分占提名权和人事权的问题,这就是很多人主张维持现行的总裁体制的根本原因。

如果将向上式提名制度确立并实行党的财政透明化,就不会产生这样的问题。依靠合议制原则运行政党,通过向上式提名制度和透明的政党财政运营，能够最大限度地强化国会议员的自律性，也能够充实三权分立的民主主义原则。另外，我们当前的政治圈中存在着一个普遍的问题，那就是权力型腐败，而产生这种现象的一个根本原因就是"权利集中制"，即帝王般的总统和总裁体制，我们所提出的这个废除帝王般的总裁职位是解决这个问题的最好办法。

对于实施至少50%以上国民参与的预备竞选制度，朴槿惠这样解释：

"虽然每个国民都有自己喜欢的政党，但是切身加入党派的人数却不多，我认为这是政党排斥国民的一种表现。从长远看，一个好的政党还是应该与国民肩并肩，让国民广泛参与到对政治的讨论中，这一点广泛适用于不同政党的总统候选人的竞选。另外一点要特别注意的就是要随时保持国民舆论路径的畅通。很多时候，大众国民的想法和投票结果所反映的情况是不一样的，因为无论从选民的阶级还是数量来看，都不具备普遍性。而由一般国民参与的预备选举制度，因为国民代表性比较高，所以在这种选举制度下的候选人当选总统的可能性会比较大。"

为了避免引入了预备选举制度后选举代表团规模较小，甚至又重新回到依靠政党结构进行选举的现象，朴槿惠提出了至少10万人参与到选举团中去，但是这个提议并没有被党的选举准备委员会批准。尽管如此，朴槿惠还是对国民参与竞选制度充满希望。

朴槿惠对实行提名制度和党的财政运营透明化提出了这样的看法。她说："实行向上式提名制度是为了实现党的透明化、民主化，因为公开提名可以阻止提名权被少数人占用和滥用。而国家的财政更应该实现透明化，因为这些钱大部分是从国民税中得来，从百姓中得来的钱就要用到百姓那里去。"

在这次演讲中，朴槿惠还开创性地提出了"CEO总统"的概念。她认

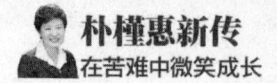

为,"CEO总统"的含义就是"国家经营者"或"国家调解人";换言之就是说,总统不能再向以前一样做发号施令目中无人的"最高领导者",而应该克服帝王般种种专制的缺点,成为一个国家的"CEO"。

从朴槿惠的这次长长的演讲中,我们可以看到她对政党改革耗费的心血和精力,从她的层层推论和精密的思维分析中,也看出了她改革的决心。当然,对于朴槿惠的言论,从来都是充满争论和异议的,这次改革的演讲也是一样,很多人对她的改革理念持强烈反对的意见,并谴责她这样的改革简直是自不量力。对此,从小在苦难中微笑成长的朴槿惠采取了一贯微笑倔强的作风,与反对者进行顽强的斗争。

当朴槿惠提出改革总统一言堂体制的要求时,几乎所有的议员都投了反对票,这令她对改革产生了无望的感觉。但是,她并没有沉溺于这种消极的态度,而是毅然决然地选择脱离大国家党,并在2002年5月创立了未来联合党。后来,因为她主张的改革事项被贯彻实施,她又于2002年11月重回大国家党。

然而这次的回归并不代表着她的改革之道走上了顺利的路途,此时的大国家党不仅在大选中失败,还因为非法政治资金事件和卢武铉总统弹劾风波陷入了濒临绝望的境地。2004年,朴槿惠在大国家党命悬一线之际毅然决定成为新的党代表,为拯救大国家党奉献自己的力量。

朴槿惠上任以后首先卖掉了十层高的党部大楼,用这笔钱偿还了大国家党收受的非法政治资金,并将党部搬到国会附近空地上的用帐篷和集装箱搭建的活动房里。经过朴槿惠的一系列拯救措施,大国家党的支持率终于有了回升,不仅在国会议员选举中保住了第一大在野党的地位,并且在之后的地方选举中取得了压倒性的胜利。而朴槿惠也因此获得了党内的威望,赢得了"选举女王"的称号。

改革过程中，四大法案被国会搁置，前总统卢武铉向朴槿惠伸出"合作的双手"，提议和大国家党联合执政，对此，朴槿惠进行了强烈的反对，她斥责卢武铉是"不合格的总统"，并表示："联合并不是救这个国家的出路，只有拯救了陷于困境中的民生才能真正拯救这个国家。"作为一个从政者，朴槿惠始终坚持自己心中的改革之路，即使面对权威，也没有动摇过自己的梦想，决心要将改革进行到底。

朴槿惠既与李明博对立，又坚持世宗市原案，赞同"自由贸易协定"。2008年，李明博在国会选举中对"亲朴系"进行了公开的"大屠杀"。对此，朴槿惠表示"国民和我都被骗了"之后和李明博进行了顽强的斗争。之后，又力图使当选议员的"亲朴系"恢复党籍，多次和李明博进行交锋洽谈。最后，经过朴槿惠不懈的努力和斗争，这些议员终于恢复了自己的党籍身份。

关于朴槿惠决定进行改革之后的难题如此种种，多不胜数。但是，无论前方的阻碍多么艰险，只要是涉及改革原则性的问题时，朴槿惠一步都没有退让过，她用自己的信念在改革，用自己的生命在改革。在她的心中，永远没有"放弃"这两个字，她心中只有一个念头，那就是"将改革进行到底"。

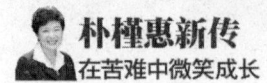

60. 国民幸福是一切政策的前提

朴槿惠执政期间，一直将国民幸福作为一切政策的前提。在朴槿惠的随笔集《点滴的人生》中曾记录着这样一段话："人一生追求的是什么呢？我们可能会被眼前的事物所迷惑而无法设定正确的目标。但生命总归会走向死亡，我们在死亡之前，不妨仔细考虑一下，人死后能够留下什么？思考清楚后，我们就会设定正确的目标。

"那么，我们希望留下的又是什么呢？应该留下的是什么呢？最终能够留下的又是什么呢？需要很大的名气吗？很显然，这不是很重要的问题。即使是问题也只能是次要的问题。我们一定要留下一个没有任何污点的清名。当与所有的事情挥手作别，丢下一切离开世界的时候，留下的也许只有一个名字而已。"

在朴槿惠的字里行间，可以感受到她对人生价值的某些观点。在内心深处，她追求的是两袖清风之态，即使没有虚名利禄也要做一个没有污点劣迹的清白之人。与其追求那些如同过眼云烟般的名声功利，不如踏踏实实地做一个没有污点之人，纵使过得清贫淡薄，也活得悠然自在、身心踏实。

也正是这样的价值观念，使得朴槿惠成为韩国第18任总统选举候选人名单中唯一一个没有腐败贪污的候选人，她也由此成为了保守派中最有利的候选人。在她看来，重要的不是被世人拥戴为伟大的君主，而是做一个对得起内心的统治者，留得一世清明，为国民百姓谋取幸福。因此，当朴槿惠成功击败竞争者成为韩国第一位女总统时，她立即将国民幸福作为自己首要的执政方针。

她曾经对民众发表过这样的言论："我一定会谨记曾经对大家许下的承诺，并且用尽我全部的力量去帮助大家实现这些诺言。我最不能容忍的就是那些轻诺寡信、背信弃义的从政者，他们为了自己的安危和利益，将自己曾经对国民许下的承诺像破鞋般随便丢弃，这样的领导者会带给人民幸福吗？他们只会让人民的生活更加凋敝，他们的存在迟早会成为国家发展的绊脚石。"

2012年，朴槿惠在韩国首尔参加第二次参选发言会，她这次演讲的主题便是"国民幸福"。在这次参选发言会上，朴槿惠强调了以国民幸福为先的主张，表示将要和韩国国民同呼吸共命运，共同分担痛苦，共同解决问题，她愿意为建设一个能使所有国民实现梦想的新的大韩民国而付出自己的一切。

她在会上表示，要想建立一个人人都能实现梦想的韩国，就应该从根本上改变韩国的运营模式，将韩国国政运营的模式的重心从国家转移到国民个体，把个人生活和幸福作为运营模式的中心和重点。因此，她在上任初始就提出了"国民幸福"的三个核心课题。

第一个课题：实行经济民主化，让那些出身于中小型企业，经济实力相对较弱的人重新树立梦想。朴槿惠说，近些年来，政府对于发展经济要求得过于严格，过分重视了经济发展的速度，而忽视了社会公平公正的重要性，使得不同的经济主体之间出现了较大的差异，造成了社会的不平衡发展。如此一来就打击了中小型企业个体的积极性,使国民的幸福指数下降。因此,韩国要建立一个公平、公正、果断的执法政府,维护市场经济秩序,使市场秩序逐渐透明化、公正化。这是实现经济民主化的时代性课题,它可以在最大程度上保证正当企业的合法经营活动,废除不必要的规章制度,让经济发展获得活力和动力,发挥具有影响力企业的领导优势,让他们承担一定的社会责任。

第二个课题:创造大量工作岗位,让想工作的人实现自己的人生梦想和价值。政府创建一个"以雇佣率为中心的国政运营体系",通过科学手段提高传统制造业的高附加值和服务型行业的竞争力,以此来为国民争取更多的就业岗位。由政府投资投力,加大对可以提供大量就业机会的文化和软件产业的扶植和培养。鼓励年轻人发挥创造力,增强创业意识,强化自主择业和自主创业的意识,以此来积极解决年轻人的就业问题,改变以往的经济结构单纯依靠出口的固定模式,促进出口和内需共同增长的双向经济,加大对内需中小型企业的培养。另外,充分发挥科学技术的重要性,大力发展未来将会主导世界的高新企业和高新技术,为未来经济的发展提供充足的资源和动力,让国民通过就业来实现自身的价值,提高幸福感。

第三个课题:建立一套与韩国当前实际情况相符合、能够切实帮助韩国国民的终身周期实用型福利制度。为国民提供良好的生活保障,免除国民的"后顾之忧",从而激发其自身力量,使国民有能力过上自给自足的生活,促进经济和福利的良性循环。

为了让国民能够更加深刻地理解"国民幸福",朴槿惠还在演讲中对"国民幸福"做出了更加详细的解说,她讲道:

"尊敬的国民们,为了实现国民幸福,我将设立并努力推行由'经济民主化—就业—福利'课题所组成的'5000万国民幸福计划'。希望全体国民都能够参与到这项计划中来，为实现'国民幸福'的伟大理想而共同努力。"

同时，为了对自己的执政理念进行更加深刻的阐释，朴槿惠还提出了"共同的幸福教育"，她说道：

"我提出的'经济民主化—就业—福利'三个课题的核心是以人为本。要真正做到以人为本，仅仅这些还是不够的，为了让国民幸福得到持续性发展，我还会将重心扩大到对'人'的投资上，提高对'人'的教育的重视。当前激烈的国际竞争，归根结底是文化的竞争、教育的竞争，教育是国家最基本、最重要的政策和福利。我要把当前竞争激烈的根深蒂固的应试教育，转变为'国民共同的幸福教育'。从幼儿教育开始摒除不平等教育，从根本上强化婴幼儿保育、教育的国家支援体系；把初中、高中的古板的应试教育转变为可以实现学生梦想，发挥学生创造力的开放教育；重点强化大学责任体制，支持大学生追求自身特性化发展，提高大学的全球竞争力；同时建立终身教育体制，以应对当前百岁时代、人生第二和第三阶段的社会问题。"

当然，对于朴槿惠的"国民幸福论"，依然有很多人持怀疑的态度，认为这只是她为了拉取选票而对国民编造的花言巧语。对此，朴槿惠表示："我从政以来的作风大家都有目共睹，我即使蒙受损失，也不会背弃自己许下的诺言。为了遵守与国民的约定，我赌上政治生涯进行坚决斗争，今后我依然会这样。"

朴槿惠的"国民幸福工程"还在轰轰烈烈地进行着，至于她能否真的实现对国民的承诺，世人正密切关注着一切。

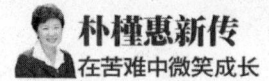

61. 权力是一把双刃剑

1990年9月2日，朴槿惠在日记中写道："权力是把刀，当权力越大时，这把刀也越锋利，轻轻一动就会伤及他人。因此权力使人惧怕，但真正需要惧怕的反而是手持那把刀的人，若不是怀有笃定哲学信念及修养并受到上天的护佑，任何人都无法正确地运用那强大的权力，倘若任意挥舞那把利刃，到头来积累的恨意、愤怒与报复欲，将会反过来使其窒息。"

一个人一旦拥有了权力就拥有了两个极端的命运。一方面，他可以利用手中的权力成就自己，功成名就、位高权重。另一方面，倘若权力运用得不好，他便会因此而位尊身危、财多命殆。出身于政治家庭的朴槿惠从小便深知这一点，她深深地知道权力的运用是一门很高的艺术，只有品德兼修素养极高的人才能运用好这把危险的双刃剑。

朴槿惠之所以会有这样清醒而理智的认识，要归功于母亲陆英修。陆英修不仅是一位品德兼优的贤内助，还是一位智勇双全的母亲。陆英修拥有十分良好的个性品质，同时具备内敛朴素的生活观念和聪明果敢的个性才智。这一点，从她对朴槿惠及其弟妹的教育中，就可以看出来。

陆英修从小就教育孩子要有清醒的权力意识。身为第一夫人，她见惯了太多政治生活中的尔虞我诈，清楚地知道权力这个东西就像一把双刃剑，既能救人于危难之中，又能害人于水火之中。作为一个母亲，她本能的反应是要保护自己的孩子，更要让孩子们学会自我保护，因此她从小对孩子们的教育就是内敛和朴素。

内敛，可谓是"朴家"的传统，无论是朴正熙，陆英修还是朴槿惠和他的弟妹们，都身体力行践行着内敛的传统。陆英修清楚地知道一个人如果太过于张扬，就一定会招来祸患。所谓"枪打出头鸟"，"木秀于林，风必摧之"。一个人可以有能力有思想，但要学会将这种能力和思想隐藏起来，做一个秀外慧中的人，不骄躁不张扬，才能完整地保全自己，在关键时刻一鸣惊人，赢得最终的胜利。

朴槿惠回忆说，母亲陆英修从小就教育她，低调的生活才是最安全的生活，你生活得越是与平民接近，越是能躲开众人的嫉妒和仇恨，正所谓"恭敬以避难者也"。

关于这一点，有一件事让朴槿惠印象非常深刻。那时朴正熙刚刚当上总统，朴槿惠一家刚刚搬到青瓦台，面对崭新的环境和宽敞明亮的房子，还处于童年时期的朴槿惠和弟妹们自然感到非常新奇和兴奋。但是，母亲陆英修一安顿下来就对朴槿惠和她的弟妹们耳提面命道："虽然我们搬进了这个新家，但是你们不要产生高人一等的感觉，不要以为你们比别的孩子尊贵，更不要对别人炫耀你们拥有什么……"

后来，当朴槿惠竞选总统成功重新搬回青瓦台时，她才真正明白母亲当年的用意。她曾这样描述自己的心境："对于母亲当年的叮嘱，当年的我并没有真正明白其中的用意，只是习惯性地顺从点头，直到我重新搬回新堂洞时，才明白母亲当年为什么要不停地叮嘱我们要谦虚又谦虚，谨慎又谨慎。因为青瓦台是权力的象征，而那个新堂洞更是权力的核心地带。母亲这样做是为了保护我们，她非常清楚在那个时期那个地点权力的重要性。作为一个总统的妻子，她担心使用过多的权力会给自己的丈夫带来不必要的麻烦，所以她在生活中不仅自己十分节制，办事小心谨慎，也从小教育我们要对权力保持谨慎的态度。她希望我们能够远离权力，希望我们能够像正常的孩子一样过正常的生活。只是她的良苦用心我直到30岁左右才真正领悟，现在看来，我的母亲真的不仅是一位温婉贤惠的贤内助，还是一位聪明智慧的母亲。"

然而，朴槿惠并没有像她的母亲希望的那样，远离权力，过正常人的平凡生活，宿命也注定她永远无法过那样的生活。恰恰相反，她的一生都在权力中挣扎拼搏，在大起大落中飘摇沉浮。由于接受了母亲耳濡目染的教育，朴槿惠22岁时就代替母亲行使"第一夫人"的职责，当她亲身体会权力的利害关系时，她对权力有了更加深刻的认识。

首先，朴槿惠认为权力的含义就是责任。她说，一个权力的拥有者——总统，他的一句话会决定到整个国家百姓的生活，甚至会改变很多人生活和奋斗的方向，他对国民起的是关键性作用。因此拥有权力的总统是一个极其重要的职位，他身上担负的是对整个国家的责任，一旦拥有这个称谓就要担负起这个责任，做到对百姓负责，对国家负责。

其次，朴槿惠对于人们追求权力的原因也有深刻的理解。她认为人们之所以会追求权力最重要的一点就是受了欲望的唆使，欲望像一团燃烧的烈火，无数追求权力的人如同飞蛾般扑向它，最后壮烈地烧死在权力的诱惑下。这一点在王室内部表现得尤为明显。

最后，朴槿惠深刻地认识到，人们之所以会互相残杀，根本原因就是人们对掌握王权成为最高统治者的追求。是权力的诱惑使他们蒙蔽了双眼，变得冷酷无情、是非不分、六亲不认。这就是权力这把双刃剑带来的危害。

因此，关于权力的运用问题就显得非常重要。对于权力如何正确使用的问题，朴槿惠也有自己的见解。她说，一个人如果真正拥有了权力，就应该把重心放在为国民做贡献上，如此它才能发挥权力有益的一面。倘若将这个重心偏执到个人利益上，那么体现出来的只能是权力有害的一面，这样的权力不论创造了多大的荣华富贵都是丑陋的，令人鄙视的。她说，权力、名声、荣誉都是身外之物，是次要的东西，权力就像一阵风，你不知道它什么时候会来，也不知道它什么时候会走，因此当你拥有权力的时候就要抓紧时间造福于民众，而不是惦记着怎么为自己"开通绿色通道"。对此，朴槿惠也常常在她的"神秘笔记本"上写下对权力的思考和见解，以便时常拿出来温习回顾。

权力就像一副中药，某些方面的特质能够对疾病的根源和发展起到克制的作用，有救死扶伤的功能；而某方面的特质却能对人体其他方面进行伤害，产生副作用，如果不注意将其排除，就会变成一味毒药，最后达到无药可救的结果。因此，这个拥有权力的人很重要，他一定要能做到为民所想、为民所用。多年来，朴槿惠一直努力成为这样一个人，尝试着不断行使好权力这把双刃剑，造福于百姓。

第八章 积极改革——"冰公主"火热的革新之路

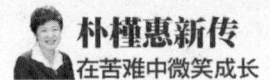

62. 高瞻远瞩，牵起未来的手

朴槿惠在2007年6月22日的媒体记者俱乐部演讲中说："21世纪是全球合作和竞争的时代，对于一个总统来讲，最基本的任务就是外交和安保工作。当今世界的形势和过去已经不一样了，若想发展经济只依靠自己的力量是远远不够的，只有具备与世界合作和竞争的外交能力，我们的经济才能有大的发展和进步。我是朴槿惠，我要用自己的力量为韩国创造新的希望。"干净利落的几句话简明扼要地表达了朴槿惠"面向世界和未来"的野心，表现了她为韩国创造新希望的决心。

作为一位女性政治家，朴槿惠这种大气磅礴的思想值得称赞。实际上，朴槿惠能够拥有如此高的境界是受了她的母亲陆英修女士的影响。当朴槿惠还是个孩子的时候，母亲陆英修就时常教导她："女儿啊，当今的时代和妈妈那时候的时代已经完全不一样了，我们那时候家庭和厨房就是女性的舞台，能够烧得一手好菜，把家庭成员照顾得安妥就是一个成功的女性。当今时代可不一样，作为一个新世纪的女性，她的视野应该是广阔的，她的未来应该是明亮的，她可以顺应国际化的发展登上世界的舞台。你应该好好读书，将时间和精力付诸在拓宽自己的视野，启发自己的思维上。从现在开始，时时刻刻都为能够进入世界的舞台做准备。"

母亲的话深深地印在了朴槿惠的心中，所以，她从小就比同龄人的思想成熟、深刻。她从小就有一种大局意识和世界意识，她的梦想舞台是世界而不是家庭。因此，她努力刻苦地学习各种文化知识，不仅如此，还学习了多种语言，如今成为精通四国语言的"女强人"。

朴槿惠曾写过一本名为《在绝望中成长，在希望中前进》的书，她在书中写道："当我真的有机会走向世界各国的时候，我才真正深切地感受到掌握一门语言的重要性，这时候我才下定决心学好英语。我没有完整的时间学英语，只能利用零碎的时间一点一点地学，搭公交车的时候、整理房间的时候、织毛衣的时候、刷牙的时候，只要有一点时间我就会背几个单词或者听一段录音。等到我的英语能力足以阅读理解《厄尼斯·海明威》《威廉·莎士比亚》、《塔木德》（Talmud，记载犹太民族思想结晶的犹太法典，集结许多圣哲之言，是认识犹太民族思想、文化的最佳门径）等原文著作后，我对英语的渴望才得到满足。对英语基本掌握后，我才有信心将学习的范围扩大到法文和西班牙文。"

同时，朴槿惠一直坚信，21世纪是国际合作和竞争的世纪，作为一个国家的领导人，只有将眼光转向世界，才能使这个国家有真正的发展，才能在国际舞台上占有一席之地。而与世界交流的最佳手段就是外交，外交的载体是什么？就是语言。能够熟练地理解、掌握和运用这个国家的语言，才有资本与这个国家对话，才能借助这个语言工具与对方开展沟通和对话，乃至实现合作共赢。

由此可以看出，学习一门语言的重要性。显然，早在学生时代，朴槿惠就将"面向世界和未来"的执政理念深深地埋在了自己心里，成为她日后从政的不二法则。对此，她还说过一句经典之语："若想让我们韩国进入发达国家的行列，我认为应该打开这三扇门：第一，应该打开走向世界之门；第二，应该打开国民内心之门；第三，应该打开通向未来之门。"由此，便能看出朴槿惠高瞻远瞩的未来意识。

朴槿惠高瞻远瞩的谋略意识还表现在她对世界各国的了解和分析，所谓"知己知彼，才能百战百胜"。朴槿惠曾在一本著作中对"面向世界"这个主题做了深刻的分析，其中还提到了对中国的看法。

在朴槿惠心里，中国是一个非常可怕的国家，它不仅拥有广袤的土地、丰富的资源，最重要的是还拥有众多的人才。这一点在这个注重科技的时代是非常重要的。中国几千年的历史，自古以来就留下很多的优良传统，例如"不耻下问"。中国人遇到不明白的事情就会虚心向他人请教学习，这极大地提高了中国民众的整体素质。又如，中国古代哲学家孔子说过一句话："择其善者而从之，其不善者而改之"。中国政府看见成功的、好的制度就会积极效仿并引入，以中国对待事物的热情和努力，其发展的速度肯定是超乎想象的，未来在世界中的地位也一定不容小觑，中国在未来肯定会创造更大的奇迹。不仅如此，倘若与中国合作，肯定能优势互补，达到双方共赢的局面。而作为一个韩国领导人而言，她的职责就是竭尽全力使韩国走在世界前列，让韩国实现21世纪的新崛起。

朴槿惠对韩国本身的了解也十分到位。她说，纵观世界格局，现在的韩国正在被世界各国所注视和期待着，说一个很粗俗的比喻，当前的韩国就像秃头上的虱子，所有的行动都被世界各国看得一清二楚。很多国家为了学习我们的先进经验和技术，用各种方式纷纷涌入韩国，这是一个机遇，也是一个挑战。机遇是：我们可以利用这些人才，让他们为我们的国家贡献出自己的力量，为我们的大韩民国效力；挑战是：这些人很可能在学得了更高的技术和能力之后就回到了自己的国家，那我们岂不是为别人培养了人才？我们要抓住这个机会，尽可能让更多优秀的人留在我们的国家，为我们大韩民国效力。这是经济全球化趋势中一个不可避免的问题，我们只有学会应对这个问题，才能在复杂的国际局势中占得优势。

在谈到面向未来问题的重要性时，朴槿惠还说，我们不应该纠结于过去，更重要的是面向未来，开启未来。过去的成就和失败都已经过去了，除了经验没有什么值得回味的，我们要做的是将过去的经验投入到对未来的建设中去。对此，朴槿惠也在多个场合表达了自己愿意成为新世纪女性领导者的意愿，为国家开创一个和解、和谐的历史新局面。

从朴槿惠种种演讲的言论中，可以看到她高瞻远瞩的思想和与未来牵手的憧憬。希望她真的能如自己所说，为韩国开创一个新的历史局面。

63. 沟通，从信任开始，以信任结束

2013年5月5日，朴槿惠第一次以韩国总统的身份前往美国，开始了上任后的第一次出访。而朴槿惠的这一次出访，有着重大的使命和任务，时值朝鲜半岛局势风云变幻之际，朴槿惠试图通过此次访美来为僵持不下的朝核问题寻求解决的办法。朴槿惠说自己的此次行程是以强硬寻求信任，以信任推进朝鲜半岛的和平与合作。

朴槿惠的来访受到了美国总统奥巴马的热烈欢迎，她此次来到美国活动丰富异常，先是与奥巴马进行了会谈，而后又在美国参众两院发表了演

讲。朴槿惠将此次访问的主题定为"在信任的基础上一起前进",而在接下来的活动中朴槿惠不断地深化"信任"的内涵,描绘出一幅基于"信任"的东北亚安全战略图景。

早在2002年,朴槿惠就决心以"信赖外交"解决朝核危机,那时朴槿惠以韩国育英财团理事的身份受到朝鲜的邀请,并乘坐金正日的专机前往朝鲜进行友好访问。为了和平政策,朝韩双方做了重大的努力,在《7.4朝韩共同声明》的原则下,双方就离散家族常设会面所、韩军俘虏生存确认政策、建立南北铁路连接事务协商组织以及金刚山水库共同调查事宜达成了协议。但是,2005年朝鲜半岛核危机爆发,那时还是第一在野党党首的朴槿惠先后于3月、5月出访美国和中国,就解决朝鲜核问题提出构想,意在游说美中两国能够积极努力,恢复美国与朝鲜之间的信任。

朝鲜半岛问题长期以来就一直困扰着东亚甚至是全球,而这无休止的纠纷的确很难解决。朝鲜半岛核危机问题由来已久,1953年10月,美国与朝鲜签订了《朝美共同防御条约》,获得了在韩国无限期驻军权。自1958年开始,美国开始在韩国部署核武器。20世纪90年代,朝鲜抱着殊死一搏的态度,爆发了第一次核危机,这次危机来势凶猛,搞得朝鲜半岛剑拔弩张。而朝鲜半岛的紧张局势自上世纪50年代开始到现在也有60多年的历史了,近几年来朝核问题不断升温,僵持局面一直搁置不下。

2004年,时值六方会谈之际,而朝鲜却突然宣布核武器开发。时任总统的卢武铉不以为意,认为朝鲜之所以这样做只是为了自我防卫,而到了2006年,卢武铉对朝鲜核试验依然保持毫不在意的态度。朴槿惠认为,绝不能对朝鲜核试验抱着掉以轻心的态度,她认为核武器是令人发指的毁灭性武器,一旦朝鲜将核武器武装起来,韩国的形势将岌岌可危。不管韩国拥有多少先进的武器,拥有多少精英的军队,在核武器面前都不堪一击,韩国将在瞬间内变为废墟。朝鲜研制核武器对韩国的安全来说是一个重大的威胁，而对韩国经济也是一个潜在的威胁，没有哪个外国投资商会愿意冒这样大的风险跑到一个具有核威胁的地方投资。所以，朴槿惠反对朝鲜核试验的态度十分坚决。

在朴槿惠实现和平共处的蓝图中，她极力主张能够通过互相信赖的原则来改变朝鲜半岛的局势。所谓的"信赖外交"指的是依据国际的有关规定履行朝韩双方之间所期待解决的问题。首先，朝韩双方要建立起彼此之间的信赖，朝鲜需要遵守约定，如果破坏约定，或者存在任何不利于和平的行为，都需要付出沉重的代价。绝不姑息朝鲜的暴力行动，朝鲜方面应该尽可能地克制所有的军事挑衅行为和核威胁。

多年前，朴槿惠来到美国访问就是为了朝鲜问题，而此次同样因为朝鲜问题，但是令人遗憾的是，朝鲜半岛局势与之前相比并无太多变化。朴槿惠在上任后，一直受到金正恩的挑战，连开城工业园也"历史性"地被关闭了，而美韩军演持续不断，朝鲜半岛的局势考验着韩国首位女总统的执政能力。朝鲜半岛缺少信任困扰着朴槿惠，而整个东北亚地区都需要尽快解决信任亏空的问题。2013年，是美韩建交60周年，美韩双方签署了《纪念韩美结盟60周年联合宣言》，在宣言中提出将韩美同盟打造成"朝鲜半岛和亚洲的和平安全轴心"，从而为韩美同盟作了"背书"。

韩国以其重要的地理战略位置和充满活力的经济使之成为美国在亚太地区不可或缺的盟友，而朴槿惠赴美寻求信任的第一步就是要加强美韩之间的同盟体系，在此基础上拓展信任的范围。朴槿惠赴美后的第一步就是前往联合国总部与潘基文会面。朴槿惠向潘基文阐述了自己的"信任外交"战略，联合国也先后通过了2087号和2094号决议，对朝鲜实施制裁。

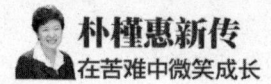

朴槿惠在与奥巴马的会谈中提出继续推进朝鲜半岛信任进程，所谓的信任并不是指绥靖，而是要美韩双方强强联合，以同盟之间紧密合作的关系打消金正恩敲诈大国的念头。奥巴马也表示，朝鲜曾经想要通过制造危机来取得好处的日子已经一去不复返了。在与奥巴马会谈之后，朴槿惠又来到美国国会发表了自己的演讲，她提出"东北亚和平合作构想"，即构筑朝鲜半岛和平与统一的基础；建立东北亚地区的和平合作体系；为世界和平做贡献。朴槿惠提出的愿景饱含着自己的希冀，这像是一种外交口号，她期待着朝鲜问题能够早日得到解决。而朴槿惠从美国引进的信任能否真正影响到朝鲜才是问题的关键，朝鲜半岛局势动荡的关键原因还在于朝鲜自身。而朴槿惠所谓的"信任外交"能否打动金正恩还不得而知，将"信任"注入跌至冰点的朝韩关系实属不易。

朝韩问题也一直牵动着韩国民众的心，成了韩国人民最大的心结。在李明博执政时期，韩国对待朝鲜一直采取强硬的政策，导致双方关系急转直下，随时都可能爆发战争，而在炮击延坪岛和"天安号"舰事件爆发后，朝韩关系更是到了崩溃的边缘。朴槿惠上任后，采取了大不相同的对朝政策，以她的观点来看，对待朝鲜半岛的关键还是应该韩国方面先做出让步，采取软硬兼施的策略。对待朝方的不断挑衅，除了以强硬姿态对待外，还应该积极地寻找出朝韩关系的新起点，从侧面摸索出一条能够建立互相信赖的方案，建立起朝韩双方之间可以互相沟通的平台。

如果想让"信任外交"真正地起到实效，国民的信任、韩朝之间的信任、与东北亚周边国家以及国际社会的信任必不可少。朴槿惠政府以信任来进行沟通，用信任促进合作，将外交格局的重点转移到信任与合作方面上来，这一举措是否有助于建设幸福安定的朝鲜半岛，能否为韩国外交打开新的局面，都有待时间去检验。

64. 沉船事故后女总统的危机应对

2014年4月16日上午8时58分，一艘载有470人的"岁月"号客轮在韩国西南海域发生浸水沉船事故。船上有325名中学生、15名教师、30名航务人员，以及89名其他乘客，另外还有150~180辆汽车和1157吨货物。这就是震惊韩国的4·16客轮沉没事故。面对这次事故，韩国总统表现出来的是沉着、担当和诚恳。

5月19日上午9时，在"岁月"号客轮沉没事故发生第34天，朴槿惠就"岁月"号客轮沉没事故首次对国民发表电视谈话。这半个小时的电视谈话由韩国广播公司（KBS）、文化广播电台（MBC）、首尔广播公司（SBS）三大电视台进行现场直播。在这次谈话中，朴槿惠心痛地流出了眼泪。她表示，这次沉船事故的责任都在自己，是自己没有提前做好意外事故的应对措施。身为总统，她没有在事故发生的时候守护好遇难者，没有尽到自己的责任保证好他们的旅行安全，这是自己的工作失误，她对此感到非常悲哀和心痛，真心诚意地向所有的韩国国民道歉，是自己的失职导致了这次沉船事故，事故既已发生，她会尽自己最大的努力处理好后续工作。

这是朴槿惠自2013年2月份上任以来首次以"对国民谈话"的形式

就某一件事道歉。在此之前，朴槿惠曾在不同时间不同场合至少三次对"岁月"号沉船事故进行道歉，但是舆论认为那并不是直接和正式的道歉，不能表现出朴槿惠的诚意，要求朴槿惠对此次沉船事故进行一次专门的道歉。

朴槿惠在这次"对国民谈话"中说，她非常清楚国民在过去的一个月经历了怎样的痛苦和愤怒，她也非常能理解国民产生这些情绪的原因。这些原因包括：首先是国民对海警内部结构性的不满。当事故发生的时候，海警并没有像群众想象的那样进行及时而有效的救援，反而引发了现场的混乱，这令人民感到失望；其次是搜救工作的拖延和低效。如果搜救行动能够迅速且积极地展开，那么也许可以大大减少遇难人数；然后是对监管人员的责备。监管人员没有尽到自己的责任尽早发现客轮超载，消除安全隐患，由此才产生了这次沉船事故的悲剧……

"许多国民在这次沉船事故中遇难，这令我十分难过，甚至夜不能寐。"朴槿惠说："作为一个总统，我没有尽到守护国民生命和安全的责任，我向因为我的失职而承受痛苦的人们表示由衷的歉意。这起事故本可以不发生，但是现在却发生了，最终责任将由我承担。"

在谈话的最后，朴槿惠将在此次"岁月"号沉没事故中舍己救人遇难人员的姓名一一念出，念出这些人的姓名的时候，朴槿惠的脸上不自觉地流出两行热泪。她是国民的"母亲"，现在自己的"孩子"遇难了，作为一个"母亲"，她是最痛苦的人。

朴槿惠在这次电视谈话中还表示，她决定解散被群众指责救援不力的韩国海洋警察厅，他们没有在群众发生危难的时候尽到自己的职责解救遇难群众，这也是他们的失职，他们失去了国民的信任，没有理由再存在下去。同时，朴槿惠也对取消海洋警察厅后的职能转移进行了具体的分配，她要将海洋警察厅的调查与情报搜集职能交给警察厅，要由即将设立的国家安全处来取代海洋警察厅的海洋救助、救难和海洋警备领域的功能。此外，国家安全处将同时承担原属安全行政部的安保任务，还要成立行政改革处，由它来承担原安全行政部的人事和组织功能，还要将海洋水产部的海洋交通管制中心移交到国家安全处，将海洋水产部作为只负责海洋产业和水产业发展的部门等。总之，她希望能通过这次职能的转移大幅加强海洋安全的专门性和责任感。

朴槿惠将这次"岁月"号客轮沉没事故归结为韩国社会许多角落"由来已久的不规范和根深蒂固的陋习"，最终酿成的大祸。这其中包括单纯地重视效率而轻视和忽视了安全监管，只提高了速度，而疏忽了质量，监管者与被监管的企业利益勾结，串通一气。这些都是在今后需要监督和严惩的问题。她向国民宣誓，要根除这些弊端和"官僚黑帮"等的腐败现象。

此外，朴槿惠还提议，要将海难发生的日期——4月16日设为祭奠遇难者和铭记生产安全重要性的"国民安全日"。她表示，政府会尽快向国会提交包含改革措施的政府组织法修订案。

然而，朴槿惠这次的道歉似乎并没有得到所有国民和党派的原谅。对于"对国民谈话"，韩国朝野政党对其评价褒贬不一。执政党新国际党发言人闵炫珠认为，这次谈话是"坦诚且真挚"的，朴槿惠是真心对这次沉船事故表示悔恨，她呼吁大家要改变一些偏执的想法，用宽容的态度去原谅朴槿惠。

然而也有一些党派对朴槿惠的做法"并不买账"。韩国最大在野党"新政治民主联合"发言人朴光温当天在新闻发布会上说："我们的国家现在发生了这么严重的事故，作为一个总统，她向国民道歉是应该的，但是她却将这道歉拖延了 34 天，这真令人感到失望和遗憾。如此还不是最糟糕的，最糟糕的是，她似乎将所有的责任都推到了海警身上，这是一个总统应该有的态度么？在"岁月"号失事海域附近的珍岛上，当遇难人员的家属还在对搜救抱有希望的时候，政府却决定要解散海警，这是不是有点不合时宜呢？"

另外，韩国联合通讯社也曾对此进行了"负面"的报道。报道称，当得知即将要被解散后，在事发海域搜救的部分海警人员的精神受到了一定程度的打击，有的海警说："不知道自己以后要干什么，也不知道自己以后的身份是什么。"这样的决议对海警搜救人员似乎有些残忍。

面对舆论的压力，韩国总理郑烘原 27 日宣布就"岁月"号沉船事故引咎辞职，他发表声明，为自己未能阻止事故发生以及应对不力向公众道歉，他说："这起事故让所有韩国人陷入极大的震惊和悲伤中。事故已发生多日，失踪者家人的尖叫声依然让我无法入睡。见证了家属的痛苦以及人们的悲痛和愤怒，作为总理，我觉得我应该做的事情是负全部责任并辞职。"

对此，朴槿惠批准了总理郑烘原的辞职请求，她这么做是为了大局考虑，为韩国在国际社会中的名声和地位考虑。此后，民心逐渐安抚，韩国社会也在朴槿惠的治理下逐步恢复正常状态。

65. 中国梦连着韩国梦，朴槿惠邀请习主席访韩

2013年3月14日，十二届全国人大一次会议在北京人民大会堂举行第四次全体会议。习近平被评选为中华人民共和国主席和中华人民共和国中央军事委员会主席。当天，韩国总统朴槿惠向习近平主席发来祝贺，同时邀请习近平主席在方便的时候访问韩国。朴槿惠表示，希望韩中两国继续深入发展战略合作伙伴关系，同时为推动和维护朝鲜半岛、东北亚地区以及世界的和平与繁荣而加强合作。

朴槿惠说，中国梦连着韩国梦，中韩两国在过去20年里取得了骄傲的成果，她希望中韩两国能继续保持这种良好的合作关系，为东北亚的发展做出更大的贡献。

5月26日，中国外交部长王毅访问韩国，主要目的是为习近平主席的访韩做最后的协调。王毅后来在面对记者的采访时表示，朴槿惠总统的态度非常平易近人，完全没有将总统的架子施加于他，朴槿惠总统向他表示，自己对习近平主席的访问抱有很大的期待。

其实，朴槿惠总统与习近平主席可以算得上是老朋友了。2013年6月朴槿惠就曾应邀到中国进行访问，那次访问期间不仅朴槿惠同习近平进行了政治方面的友好洽谈，习近平还专门携夫人彭丽媛与朴槿惠进行了单独

会见。访问结束后，双方共同发表了《中韩面向未来联合声明》，促进了中韩两国关系向着深度和广度进一步发展。

2014年以来，以习近平和朴槿惠为领导的中韩双方更是保持着密切的来往。3月23日，习近平主席和朴槿惠总统共同出席了在荷兰海牙举行的核安全峰会。峰会期间，朴槿惠与习近平进行了单独会见，两位领导人再次确认了持续中韩关系发展、维护地区和平稳定的共同意愿，两位"老朋友"还共同"约定"中韩双方要持续保持友好往来，在深厚的感情基础上创造新的交往默契。

2014年4月16号，韩国发生客轮沉没事件。4月23日，习近平主席与朴槿惠总统进行电话慰问。习近平主席说，韩国"岁月"号客轮不幸发生了严重事故，造成大量人员伤亡和失踪，其中包括4名中国人，令人深感痛心。他再次对遇难者表示深切哀悼，向遇难者和失踪人员家属及伤者致以诚挚慰问。他表示中方将尽力尽到友好邻国的责任，根据韩方的要求向韩方提供救援设备，并尽快运送至事故海域。对于习主席的慰问，朴槿惠深表感谢，同时，她也对马来西亚客机失联造成中国旅客遇难事件表示深切哀悼。

2014年7月3日，习近平主席正式进行对韩国的访问。这场原定为90分钟的首脑会谈最后被延长至170分钟，原定为45分钟的单独首脑会谈被延长到100分钟。从延长了一倍以上的时间中，我们就可以看出两国关系的密切和友好。

这场在青瓦台会客室举行的单独首脑会谈不仅是两国之间对政治的交流与协商，更是两位"老朋友"之间感情的"叙旧"和"深化"。

朴槿惠总统对习近平主席说："听说中国媒体最近用'亲民乐民'来形容主席阁下和国民在一起的情景。"对此习近平微笑着点了点头。朴槿惠接着说:"我还听说您因为工作太忙而感慨'时间都去哪儿了'。"当朴槿惠用不太地道的汉语说出习近平主席平时经常说的这个口头禅后,习近平以及在座的中方人士都开怀大笑。

朴槿惠在首脑会谈中拜托习近平主席更改中国的发酵食品卫生标准,以此为韩国出口泡菜提供方便,对此习近平表示:"我也喜欢吃泡菜。"

在扩大首脑会谈中,朴槿惠表示:"今天会谈的时间比原本预定的晚了将近一个小时,但是刚才和习主席一起乘坐电梯下来的时候我对他说:'此次访谈的超时情况表明了我们两国之间共同关心的事情越来越多,将来可以合作的机会也越来越多,不是么?'"习主席对此也表示深切的赞同。

中韩两国之间洽谈商议的态度是友好的、虔诚的,因为两国领导人都清楚地知道中国的发展离不开韩国,韩国的发展也离不开中国,只有中韩两国之间互相帮助,互相合作才能促使双方共同发展,实现共赢局面。对此,早在2013年,朴槿惠为中韩两国未来的发展方向做了合理的规划。

"中韩两国应该先学会做朋友,而后才能谈及做生意的问题。"这是朴槿惠在2013年6月出席中韩商务合作论坛开幕式时说的话。而朴槿惠本人也是这么做的。

2013年访华期间,朴槿惠曾多次引用中国典故事例以表示自己对中国文化的了解和欣赏。朴槿惠本人表示,她自己对中国文化非常感兴趣,尤其对中国哲学家冯友兰的作品小有研究,她觉得中国哲学充满了智慧,是值得用心参读考究的一门学问。正因为朴槿惠对中国文化的了解,她也被视为"韩国政界的中国通、知华派"。

美国著名亚太问题专家、卡内基国际和平基金会副会长包道格在接受《中国新闻周刊》采访时曾说过这样一句话,他说:"朴槿惠就任韩国总统

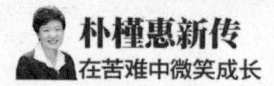

后的对华关系与其前任总统李明博是有显著差别的,对于同中国发展积极有效关系,朴槿惠有三重方面的考虑:首先当然是经济因素,其次是地区稳定因素,还有另外一点就是她个人因素。"

无独有偶,一位不愿透露姓名的中国资深外交人士也曾发表过和包道格相似的言论,他说:"国外有很多了解中文、了解中国的国家领导人,他们因为对中国有着深切的认识而被称为'知华派',其实这些'知华派'虽然'知华',但其政策主张却不一定'亲华',朴槿惠和他们的不同之处就在于,她不仅'知华',对中华文化有着深切的了解,而且对中国的哲学伦理有着强烈的认同感。"正是如此,朴槿惠在对华问题上表现得十分积极。

近一年来,中韩在"先做朋友"的问题上都表现出了自己真诚的态度。在政府方面,不仅两国元首和高层互动频繁,两国政府的外交层面也建立了良好的推动机制,成立了中国主管外交的国务院负责人和韩国总统府国家安保室长对话机制,开通了两国外长热线,而两国外交部门高级别战略对话也由之前的每年一次增加到每年两次。在非政府外交层面,双方对设立政党间的政策对话都持支持的态度,并就每年举行两国国家政策研究机构的联合战略达成一致意见。

韩国梦连着中国梦,相信中韩两国能继续携手,创造属于两国之间的美好明天。

附　录

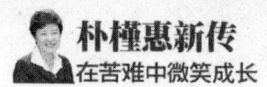

朴槿惠就职演讲稿全文

尊敬的各位国民、700万海外侨胞们：

我今天站在这里，满怀开创希望新时代的决心与憧憬，正式就任大韩民国第十八任总统。

感谢各位国民赋予我如此重大的历史使命，感谢出席就职仪式的李明博总统、各位前任总统，以及世界各国的恭贺使节和海内外来宾们。

作为大韩民国的总统，我将顺应民意，实现我国经济复兴、国民幸福、文化昌盛的伟大梦想，为建设一个国富民安的大韩民国而不懈努力。

尊敬的各位国民！今天的大韩民国是各位用鲜血与汗水孕育而成的。各位以坚强的意志与魄力完成了我国工业与民主化建设，实现了伟大的历史变革。"汉江奇迹"的出现正是因为有你们，那些在德国矿山里，在中东沙漠中，在零下几十度的战争前线坚守的人们，千千万万为家庭与祖国奉献一生的我国国民。感谢你们！

尊敬的各位国民！在风云激荡的近代史中，大韩民国在苦难与逆境中奋发崛起，走向现代。然而当前全球经济危机余波未平，朝鲜核问题悬而未决，资本主义市场面临新的挑战。克服危机需要努力开拓新的道路，这谈何容易！但是我相信我们的国民，相信我国国民在困难时期所迸发出的坚强、勇气与活力。

　　让我们携手面对挑战，共同开创希望的新时代，创造我国"第二个汉江奇迹"！在希望的新时代里，个人的幸福推动国家综合实力的提升，而一个强大的国家则永远属于建设她的国民。

　　尊敬的各位国民！新一届政府将通过经济复兴、国民幸福、文化昌盛三大梦想的实现开创一个新的时代。首先，为实现经济复兴，政府将大力推进创造经济和经济民主化的建设。其次，为实现国民幸福，政府将进一步增加社会福利，确保人人老有所养、少有所乐。最后，在文化昌盛方面，将加强精神文化建设，营造一个文化气息浓郁的社会环境。

　　尊敬的各位国民！从今天起，我将正式履行大韩民国第十八任总统的职责。总统肩负着治理国家的重任，而国民是国家命运的真正主宰。希望各位国民与我一起，为祖国的建设献计献策。

　　新一届政府即将扬帆起航，国家发展与国民幸福紧密相连。唯有政府与国民相互信任、相互扶持，未来的路才能越走越好。我将全力打造一个公开透明、务实有为的政府，坚决维护民众对政府的信赖。

　　尊敬的各位国民！希望各位在做好本职工作的同时，对他人、对社会多一份温情与责任。这是我们不变的传统美德与民族精神，也是资本主义社会迷失途中的指向标。

　　尊敬的各位国民！希望各位与我一起，与政府一起，共同开创希望的新时代，重现新时代的"汉江奇迹"！

2013年2月

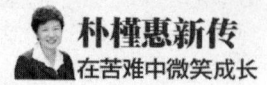

朴槿惠清华演讲稿全文

尊敬的清华大学校长陈吉宁、诸位教职员工，以及清华大学诸位学生，今天在此与中国名门学府清华大学的诸位相遇而感到高兴。

见到清华大学诸位，想起中国古谚《管子》中的一段句子："一年之计，莫如树谷；十年之计，莫如树木；百年之计，莫如树人。"

我知道清华大学的校训是"自强不息，厚德载物"，正如校训那样，从清华的校门走出了像习近平主席和诸多政治家领导人，也走出了中国第一位诺贝尔获奖。

相信清华诸位的思考、想法与热情，将开启中国光明之未来。

今天在此与诸位分享谈及韩中两国开创未来的话题而感到高兴。

诸位学生，韩中两国在共同经历数千年历史的过程中，曾交流过多元的文化及思想。因此，内心共享很多，文化相通也很多。

韩中两国自1992年建交虽然只有20多年，但是友好合作的发展速度在世界范围内也无前例。在此期间，两国的贸易额增长40倍，来往于中国与韩国的飞机和船舶，每天多达上百次。

现有约6万名的留学生，分别在韩中两国学习，在此清华大学有1400多名的韩国学生。很多韩国国民自小读过《三国演义》、《水浒传》、《楚汉志》等古典名著和卡通漫画，因此，韩国国民一来到中国观光旅游，就仿佛来到自己已经很熟悉的环境那样倍感亲切。

我在很多年前来过苏州，就想起"上有天堂，下有苏杭"的中国名句，心想果然如此美丽，所到之处倍感亲切。还诸如"易地思之"、"管鲍之交"、"三顾茅庐"等中国古典成语，也成为韩国国民日常所用的语言表达。

我想，中韩两国在仅仅20年的时间里如此快速亲近的原因在于根深蒂固的文化渊源，这种共感纽带不是果真无比珍贵的吗？

昨晚，我去看过在北京举办的韩中友好文艺演出，韩国的K-POP歌手和中国的大众歌手携手共演，目睹韩中两国年轻一代以文化交流为纽带心心相印的现场实况，真的非常高兴啊。我个人也拜读过很多中国先贤之士所写的书和文章，也喜爱中国歌曲，如此以文化为共感纽带，才算是通过真正的心灵交流和接近成为朋友。

学生诸位：我想，韩中关系从现在起走向更加成熟、务实和发展的伙伴关系。我在从事政务时觉得国民之间的相互信任最为重要，同时，也把"信任外交"作为外交基点。国家关系，通过加深国民之间和领导人之间的相互信赖，也能变得更加紧密。

2005年，我与习近平主席初次相见而认识。见到当时的浙江省委书记的习主席，有机会对包括新村运动和新农村建设等事关两国的诸多热点问题交换意见。我想，通过这次韩中两国领导人的高峰会谈，以与习主席加深信任为基础，今后更能加强两国发展的对话与合作。在以往成功的韩中关系基础上，准备开启新的20年信任之旅。

两天前，我与习主席共同完成的《关于韩中未来蓝图之共同声明》，正是为了完成这一旅程的设计与路线图。现在，我们两国政府正为实现贸易自由化而协商。韩中两国贸易自由化协议签订之日，两国经济关系将进入更加成熟的发展阶段，成为实现两国经济飞跃发展的基础，进而成为牵引东北亚地区共同繁荣发展和实现整个区域内经济一体化的火车头。此外，在为气候变化、环境、经济全球化领域的共同发展而加强合作。

我们两国的年轻人早已自发开启合作事业，如被称为"构筑韩中未来森林"的民间团体组织两国年轻人自2006年在内蒙古沙漠地区开展绿化种树，至今已经种下了600万棵树苗。为减缓中国内陆地区的沙漠化而努力，这是两国合作的好样板，将来还要扩大这种合作模式。

韩中两国根深蒂固的文化传统和力量，正通过被誉为"在韩国掀起汉风，在中国掀起韩流"的文化交流，更加拉近两国国民的心，期待着将来韩中两国共同促成更加绚丽的文化交流与合作之花盛开，带给全人类以更大的幸福。

学生诸位，目前全世界都在关注着亚洲，包括韩中两国的亚洲各国在各方面加强相互间的合作，将带来更好的连带互动作用。但是，现在包括韩半岛的东北亚地区局势还很不稳定，地区内和国家之间相互依存的领域虽然正在扩大，然而在历史与国家安全领域的合作却不相适应。对这一现象，称之为"亚洲的悖论"，现在东北亚地区和国家之间，还没有克服这一弊端、增进和平与合作的多方协商机制。

中庸之道教诲：君子之道，要想走得更远，就要从近处起步；要想攀登更高之处就要从低处起始（译成韩语的表述，原文是：君子之道，辟如行远，必自迩；辟如登高，必自卑）。国家之间，增进相互信任、共同克服困难、达成相同目标与结果的过程尤为重要。

我想，在东北亚地区各国坐在一起，共同研究气候变化、环境、赈灾、核电安全等问题，从相关、热门问题的合作开始构筑相互信任是必要的。因而，有必要逐渐构筑协商政治、国家安全等领域合作范围的多方对话程序，在这次韩中高峰会谈中也曾议论过包含这一理念的"东北亚和平与合作构想"。

我正期待着，韩中两国成为相互信任的忠实伙伴，共同构筑"新的东北亚"。

清华学子诸位：我想，要想促成东北亚地区真正的和平与合作，最为紧迫的课题是构筑"新的朝鲜半岛"，步入和平的稳定轨道，韩国与朝鲜人民自由来往，实现贡献于安定而富饶亚洲的朝鲜半岛，这是我所描绘的"新的朝鲜半岛"形象。

我正盼望着朝鲜半岛的真正变化。虽然，现在韩国与朝鲜没有摆脱相互不信任和对立的恶性循环，但是我想通过构筑新的南北关系，实现崭新的朝鲜半岛。为了实现这一目标，首先要解决危及朝鲜半岛和东北亚地区和平的朝鲜核问题，协助朝鲜在国际社会成为负责任的一员。朝鲜要倾听国际社会不能容忍其核拥有国的一致声音。为了经济发展，就要与世界交流，接受国际社会的投资。但是，世界上哪一国家愿意投资一个核开发的北韩？正因为如此，朝鲜提出的核开发与经济建设并行的路线，本来就不可能实现，还会成为自我孤立的道路。如果，朝鲜放弃核计划，成为国际社会负责任的一员，韩国将积极帮助北韩，东北亚各国也会共同繁荣与发展。

持久的和平降临朝鲜半岛，韩国与朝鲜人民自由来往，这对包括中国东北三省区域开发的中国的繁荣发展也有帮助。因朝鲜核问题形成的地缘风险也会随之消失，东北亚地区将结合丰富的劳动力和世界最好的资本与最高的技术，将成为推动世界经济繁荣发展的"地球村经济增长发动机"。

这对诸位的工作、生活将提供更多的互动共赢的成功机会。希望在此的清华诸位成为构筑这一"新的朝鲜半岛"和"新的东北亚"的合作伙伴。

学生诸位：韩国与中国的江水在同一片大海相遇。中国的江水自西向东流，韩国的江水自东向西流，流向西海汇集。

目前，中国在习主席的领导下，为实现中国梦而奋勇前进。韩国也为实现贡献于国民幸福时代和人类和平的朝鲜半岛这一韩国梦前进。韩国与中国都为实现国民幸福、人民幸福的目标共同前进。

正像韩中两国的江水都在同一片大海相遇那样，中国梦和韩国梦也是相连相通。我想，我们拥有互联相通的韩国梦和中国梦，确信东北亚的梦就能实现。韩国与中国共享的梦，是美丽的，韩国与中国一起携手努力实现的未来是光明的。

学生诸位：年轻有为的诸位学子们也许在今后的日子里会遇到各种考验和困惑，我也有过艰难而痛苦的年轻时代。我的梦想是专攻电子工学，成为国家的产业骨干，然而因妈妈的过世改变了人生，因失去父亲而经受了莫大的痛苦和考验。

在那艰难岁月里，我读了很多哲学与古典书籍，看到好的句子就记在本上，而且还经常拿出来再读。在这样的过程中，战胜了痛苦，找到了心中的平和，找到了人生中重要的价值。其中，留在记忆中的是诸葛亮写给儿子关于学习和修身的语句：非淡泊无以明志，非宁静无以致远。这句话，时常触动我的内心。在人生道路上艰难走过，人生走尽都会变成一把土，即使活了一百年，在历史长河中也不过是一小点，这是我在人生道路上所醒悟到的道理。

人生在世，重在正直而诚实，尽管经历多么艰难的沧桑岁月，将苦难当做朋友，将真实当做航标，其结果绝望也锻炼了自己。诸位，绝不屈从于任何困难，每天想着梦想，为了实现更大的未来和更加开阔的世界，鼓起勇气奋勇挺进。

最后，希望中国和韩国通过年轻一代在今后的文化与人文交流，发展成为更加亲近的国家，祝诸位前程光明。谢谢！

2013 年 6 月 29 日